현학연 학술총서 15

저서를 통해 본

이승만의 정치사상과 현실인식

송 복
오영섭
김용직
최정수 공저
장규식
고정휴
박명림

연세대학교출판부

간행사

널리 알려진 것처럼, 우남(雩南) 이승만(李承晩, 1875~1965)은 1919년 거족적인 3·1운동으로 분출된 한민족의 여망에 따라 국내외 각지에 설립된 여러 임시정부에서 지도급 인사로 임명되었다. 이어 1919년 9월 상해에 설립된 통합 대한민국임시정부의 초대대통령과 1948년 8월 수립된 대한민국의 건국대통령을 지냈다. 이는 이승만이 한국의 독립운동과 건국운동을 대표하는 민족지도자였음을 보여주는 것이다. 따라서 한국 근현대사를 올바르게 이해하기 위해서는 다른 어떤 인물이나 사건보다도 이승만의 사상과 활동에 대한 연구가 선행되어야 마땅하다.

이승만은 한국 근현대사에서 문필활동을 정력적으로 벌인 인물이다. 그가 남긴 중요 저서만 하더라도 『독립정신』, *Neutrality as Influenced by the United States* (『미국의 영향 하에 성립된 중립론』), 『한국교회핍박』, *Japan Inside Out* (『일본내막기』) 등 4권에 달한다. 이외에도 다수의 연설집, 번역서, 한시집, 계몽용 도서 등을 남겼으며, 또 국문·국한문·한문·영문으로 작성된 수 천 점의 서한과 논설문을 남겼다. 이중에서 이승만의 독립사상과 건국사상의 실체를 가장 잘 보여주는 것은 두말할 것도 없이 그의 저서들이다. 그러나 기왕의 이승만 연구에서는 그의 사상과 활동을 연구함에 있어 가장 중요한 일차자료인 저서들에 대한 집중적이며 분석적인 연구가 이루어지지 못한 아쉬움이 남아있었다.

연세대학교 현대한국학연구소는 지난 10여년 동안 이승만과 그의 시대에 관한 중요 문제들을 다루는 '우남학술회의'를 꾸준히 개최해 왔다. 이 학술회의에서는 "한국현대사 연구의 반성과 전망"이란 주제를 시작으로, "이승만의 독립운동과 대한민국 건국" "농지개혁의 역사적 재조명" "한국과 6·25전쟁" "이승만 대통령 재평가" "이승만과 대한민국임시정부" 등등 그간 연구가 미진했거나 쟁점으로 남아있던 주제들이 심도 있게 논의되었다. 그리고 이 학술회의 결과물들은 엄밀한 검토 작업을 거쳐 출판됨으로써 관련 학계의 연구 수준 제고에 상당한 기여를 하였다.

지난 2009년 11월에 현대한국학연구소는 제10차 학술회의를 기념하여 이승만의 저서들을 집중적으로 다루는 학술회의를 준비하였다. 이 학술회의에는 역사학자들과 정치학자들이 공동으로 참여하여 학제간 연구를 추진함으로써 이승만의 저서에 나타난 정치사상과 독립사상 및 현실인식의 실체를 구명해 보기 위해 노력하였다. 이 책은 당시 발표된 학술회의의 결과물을 편집하여 출판한 것이다.

끝으로 학술회의에서 훌륭한 논문을 발표해 주시고 발표논문에 대해 장기간에 걸쳐 수정·보완 작업을 가해 주신 여러 학자분들의 노고에 경의를 표한다. 아울러 학술회의 원고를 다듬고 교정하고 색인을 달아 출판 작업을 마쳐준 오영섭 연구교수에게 감사를 드린다. 부디 이 연구서가 이승만의 저서들에 나타난 독립사상과 건국사상을 제대로 이해하는데 작은 디딤돌이 되어주기를 기대해 마지않는다.

연세대학교 국제학대학원
현대한국학연구소 소장 이정민

차 례

이승만의 저술 활동과 역사적 의미

송 복*

〈목 차〉

Ⅰ. 기적의 탄생 : 대한민국

오늘날의 대한민국은 어떤 나라인가? 건국 60년의 이 나라는 대체 어떤 언어로 표상할 수 있는가? 미상불 기적(miracle)이라는 용어가 가장 적절한 표현이며 상징일 것이다. 기적적으로 탄생해서, 기적적으로 지켜내서, 기적적으로 발전한 나라, 그 나라가 바로 대한민국이라는 것이다. 도시 한 나라의 역사에서 이런 기적의 과정을 그 어떤 나라든 상상할 수 있는가. 나라의 역사가 개인 전기처럼 기적을 생각하고, 더구나 그 기적의 연속을 상정할 수 있는가.

대한민국이라는 나라는 그 탄생부터가 기적이었다. 1945년 종전 이후의 해방공간 3년은 그 어느 순간에도 대한민국의 탄생을 불가능케 했다.

* 宋復, 연세대 명예교수

국가 건립 2년 후 일어난 6·25라는 미증유의 대전쟁에서 대한민국을 지켜낸 것은 기적이라기보다는 차라리 불가사의였다. 그리고 60년대 이후 남쪽보다 2.5배에서 3배 이상의 경제력을 더 과시했던 북쪽을 이겨내고 세계 13위의 경제대국에 올라선 것 또한 더 이를 여지없이 기적의 발전이고 기적의 경국(經國)이었다. 모든 것이 오직 기적이라고 말할 수밖에 없는, 한치 앞을 내다 볼 수 없는 불확실성 속에서 일궈낸 대창출이고 대역사(大役事)였다. 4백 년전 임진왜란 당시 한 순간을 기약할 수 없는 대위난(大危難) 가운데서도 유성룡(柳成龍)이 "아 하늘이 우리의 국가 다시 만들기를 도와주셨습니다"[1)]라고 외쳤던 것과 하나도 다를 바 없었다.

이 기적이라는 말에 동의하든 하지 않든, 1948년 대한민국 국가건립 이래 지난 60년의 역사는 오로지 이 기적이라는 말로 설명할 수밖에 없는 대한민국의 현재가 있고, 그 현재의 실체인 대한민국의 현실이 있다. 이념에서든 감성에서든, 대한민국을 전혀 받아들이고 싶지 않은 사람도 그간 대한민국이 만들어 온 현실과 지금 대한민국에서 펼쳐지는 이 현실만은 밀쳐내고 떨쳐낼 수가 없다. 그 밀치고 떨칠 수 없는 그 현실에 눈감을 수 없는 한, 그 대한민국의 현실을 부정할 수도 거부할 수도 없다. 대한민국의 지난 60년을 부정하는 그 어떤 이념적 주창도 실제와는 동떨어지고, 그 60년을 거부하는 그 어떤 감성적 절규도 실체 앞에선 설득력을 잃기 때문이다. 어느 역사든 실제가 증빙하고, 실체가 검증하고, 실상이 밝혀준다.

그럼에도 대한민국에는 여전히 대한민국의 어제와 오늘을 부정하고 거부하는 이설자(異說者)나 반대자가 많다. 여전히 대한민국의 실제를 왜곡하고, 실체를 불신하고, 실상을 허상으로 여기는 세력들이 활개를

---

1) 柳成龍,『懲毖錄』. 噫 天贊國家再造之運.

치고, 그들의 목소리 또한 더없이 높고 거세다. 실지(實地)와의 크나큰 괴리를 인정하지도 인식하려고도 하지 않는 그 현실문맹자가 아직도 이 나라에는 헤아릴 수 없이 많다는 것이다. 그러나 그들 또한 낡은 이념의 옷을 벗고 바른 현실을 직시하고, 격한 감정의 분(憤)을 삼키고 있는 그대로의 실상에 접근할 때, 그때 비로소 되찾은 냉정과 분석력만으로 충분히 대한민국은 실상의 바로 그 대한민국으로 객관화할 수 있을 것이다. 기적의 탄생, 기적의 존속, 기적의 성장 또한 엄연한 사실로 수용될 것이다.

그러나 그들 이설자-반대자의 그 같은 개안(開眼), 그 같은 냉정의 되찾음, 그리고 그 같은 인식의 전환은 하루아침에 일어날 수도 없고, 일어나지도 않는다. 다음 한 세대 이상의 지루한 기다림이 있은 연후에도 크든 작든 벌어진 간격은 그대로 남아 인식갈등은 여전히 진행형으로 전개될 것이다. 역사는 하루아침에 이루어지지 않는다는 대명제는 역사의 주경향(major tendency)을 이끌어 가는 주류파에게만 해당되는 것이 아니다. 사회에는 언제나 역사의 반경향(counter-tendency)을 소리 높이 외치는 반주류 혹은 비주류가 있어 그들에게도 이 역사 대명제는 꼭 같이 적용된다. 하루아침에 역사 주경향으로 돌아서지도 않고, 또 동참하려는 의지도 갖지 않는다.

대한민국 탄생의 기적, 대한민국 지켜냄의 기적을 만들어 낸 건국대통령 이승만(李承晩)에 대한 올바른 평가는 그런 면에서 조급증을 가질 필요도 가질 이유도 없다. 평가는 그 어떤 평가든 조급을 금기시한다. 조급할수록 평가는 사실에서 멀어져 간다. 저평가, 왜곡 평가는 모두 조급증의 산물이다. 하지만 과거가 과거로 소멸되지 않고 현재와의 긴 대화로 이어지고 있는 한, 진실과 다른 판단이나 그릇된 평가는 그릇된 상태로 방치되거나 지속되지 않는다. 그것이 역사이고, 그것이 우리 모두의 역사적 경험이다.

이 글의 목적은 이 기적의 국가건립 기적의 탄생을 가져 온 파운딩 파더 이승만의 지적 원류를 캐는 것이다. 어째서 애초에 그렇게 생각했고, 무엇이 그렇게 생각하도록 했고, 그리고 그 생각이 어떻게 그 매운 풍상 그 치열한 역사의 곡절을 겪으면서도 늘 푸른 나무처럼 변하지 않고 건국의 청사진, 건국의 미래상으로 연결되었는가를 보는 것이다. 그 생각은 바로 자유민주주의이다. 자유민주주의는 벌써 20세기 이전 젊은 이승만의 국가초상이며 설계도였다. 따라서 그의 지식의 추적 의미는 이미 60년에서 100년 전의 과거에 있는 것이 아니라 지금의 우리, 바로 우리 현실과 우리 현주소에 있는 것이다.

지금의 우리, 굵은 줄기와 길게 뻗은 가지 그리고 무성한 잎들로 가득한 자유민주주의라는 나무, 그 한 그루 큰 나무에 지금 우리를 비유할 수 있다면, 어떻게 해서 우리가 다른 나무 아닌 자유민주주의라는 수종(樹種)으로, 그것도 시들고 야윈 작은 나무가 아닌, 싱싱하고 활기에 찬 큰 나무로, 그 많은 반대와 갈등 그 많은 투쟁과 방해, 심지어는 와해공작과 전쟁까지 극복하며, 성장할 수 있었고 또 성장해 왔는가를 이승만의 지식과 사상, 그 지식·사상을 담은 많은 저술들—그 지식의 원류를 따라 올라가 밝히는 것이다.

확실히 대한민국은 건국대통령답게 이승만이 만들어 낸 나라다. 그의 지식이 만든 나라이고, 그의 사상이 만든 나라이고 그리고 그 지식 그 사상을 실체화하는 그의 탁월한 구현능력이 만들어 낸 나라이다. 그가 없이도 오늘날 우리의 이 자유민주주의 시스템이 가능했을까? 역사에서 가정은 무의미하다고 아무리 말해도, '만일 그가 아니었으면' 하는 'if not 방식'으로[2] 역사를 되돌아보는 것만큼 많은 진실과 교훈, 많은 이해와 성찰을 가능케 하는 방법도 없다. 이 글은 참으로 그의 지식과 그의

---

2) Robert Cowley, *What if not?,* N.Y.: Penguin Putnam, 1999.

사상 그리고 그 지식-사상의 구현이 없었다면 오늘날의 대한민국은 존재하지 않는다는 대전제에서 출발한다.

Ⅱ. 지식의 전개 : 저술 활동

이승만은 왜 저술에 몰두했을까? 우리 일상에서 보는 일반적 의미의 학자가 아닌 그가 왜 그토록 저술에 전념했을까? 물론 여기서 전념(專念)은 전업의 학자처럼 학문하는 일념으로 오직 책을 썼다는 의미는 아니다. 그와는 전혀 다른 의미에서의 전념이 그의 저술 활동에 있었다는 것이다.

이승만은 독립운동가다. 독립운동을 하기 전에는 이항로(李恒老)·최익현(崔益鉉)·유인석(柳麟錫) 등의 위정척사파, 소위 말하는 화이관(華夷觀)에 철두철미한 앞세대 수구파와는 정면으로 대립되는 후기 개화파에 속하는 인물이다. 후기 개화파는 김옥균(金玉均)·박영효(朴泳孝) 등 전기 문명개화론의 전통을 이어 받은 서재필(徐載弼)·이승만·안창호(安昌浩)·윤치호(尹致昊)·이상재(李商在) 등 독립협회와 『독립신문』을 통해 문명개화의 이상을 전파하고 실현하려던 사람들이다. 이들 후기 개화파들 중에서 이승만처럼 그렇게 책을 쓴 사람은 없다. 물론 윤치호처럼 방대한 일기를 남긴 사람도 있지만 그것은 이승만이 쓴 저술과는 완전히 다르다.

독립운동가는 운동이라는 말처럼 저술과는 상반된 위치에 있는 사람들이다. 우선 시간적으로 저술이 가능하지 않고, 성격적으로도 잘 어울리지 않는다. 게다가 생리적으로 운동은 동태적인 것이고, 저술은 정태적인 것이다. 운동은 활력적으로 분주히 움직이는 것이고, 저술은 정관적(靜觀的)으로 조용히 앉아 사물을 투시하는 것이다. 한자리에 머물 수 없는 것이 운동이고, 한자리에 머물지 않으면 안되는 것이 저술이다. 저술 자체도 각고의 노력을 요하지만, 그 위에 독립운동은 위험 속에 항시 몸을 내맡기는 가시밭길이다. 뿐이랴, 주저 없이 생명마저 내던져야 하는 혈투도 비일비재하다. 그 가운데서 책을 쓴다는 것은 어렵고 어려운 일이다.

그래서 독립운동가들 중에서 저술한 사람은 아주 드물다. 『한국통사(韓國痛史)』를 쓴 박은식(朴殷植), 『조선상고사(朝鮮上古史)』를 쓴 신채호(申采浩)가 있지만, 이들은 독립운동가보다는 사학자로서의 면모가 더 역력하다. 물론 민족의식 고취라는 점에서 독립운동가와 사학자, 두 면모를 다 지니고 있지만, 역시 후자 쪽이 더 두드러진다. 역사저술이어서 불가피했다 해도, 책 내용 역시 흔히 운동가들이 갖는 미래 비전보다는 과거반성적이고 과거지향적이다. 두 사람의 저술들 모두 이승만 저술에서 예외 없이 보는 전향성prospective보다는 회구성retrospective이 훨씬 짙다.

외국의 사례로는 어느 독립운동가보다 우리에게 널리 알려져 있는 인도의 지도자 자와할랄 네루(Jawaharlal Nehru)를 들 수 있다. 그는 1947년 인도의 독립과 함께 수상직을 17년이나 역임한, 인도 국민들에게 간디와 더불어 가장 존경받는 지도자다. 그는 독립운동 중 9번이나 감옥을 드나들면서 『세계사 일별』(1936)·『인도의 통일』(1941)』·『인도의 발견』(1946) 등의 저술을 남겼다. 나중 수상을 하면서 간디 전기인 『마하트마 간디』(1948)도 썼다.

그러나 그의 저술 환경은 이승만의 그것과는 너무나 달랐다. 영국은 일본처럼 사람 숨을 못 쉬게 할 만큼 잔혹하지는 않았다. 서구 문명국답게 일본과는 비교할 수 없이 인도주의적이었다. 그렇게 강압적이지도 않았고, 그렇게 공포적이지도 않았고, 그렇게 비인권적이지도 않았다. 식민지국가들이 으레 자행하는 무단통치라는 말이 무색할 정도로 그들은 유화적이었다. 네루의 저서들은 그런 가운데 인도의 비전을 제시했고, 인도의 발견이 있었다. 그럼에도 그의 저서들은 이승만의 저술들에 비해 우선 글의 양부터 너무 적었고, 내용도 훨씬 부드럽고 덜 격동적이었다. 무엇보다 제시하는 미래상이 인도 국민들이 이미 오래 전부터 잘 알고 익숙해 있는 것이었다. 그러나 이승만의 저술들은 당시 백성들에게 하나같이 모두 새롭고, 모두 놀라운 것이었다.

그러면 이승만은 언제부터 저술을 했고, 왜 했고, 무엇이 그 저술들 속에 담겨 있는가? 저술 시기와 저술 목적 내지 동기와 저술 내용을 먼저 알아볼 필요가 있다. 전업 연구자인 학자들의 저술은 시기니 동기니 내용을 따로 따질 필요가 없다. 이들의 경우, 저술은 언제 어디서나 하고, 또 언제 어디서든 해야 하는 것이다. 지식 탐구와 그 지식의 이론적 체계화는 그들 일생의 업(業)이다. 저술 내용도 어떤 주제를 갖고 연구하느냐에 따라 그 방향과 윤곽도 정해진다. 다만 그 내용이 지금까지의 연구결과보다 얼마나 더 진전되고 질적으로 더 나아졌느냐만 문제될 뿐이다.

그러나 독립운동가들은 그런 연구물들을 내놓을 필요도 없고 또 누구도 요구하지도 않는다. 그들에게 중요한 것은 특정 상황에 대한 인식이고 진단이다. 저술도 그에 따라 시기도 목적도 내용도 달라진다. 그러면 이승만의 상황인식은 어떠했는가? 왜 그 상황에서 그는 저술하기로 결심했는가? 말할 것도 없이 그 상황에선 다른 어떤 행동보다 목적달성에 저술이 가장 효과적이라고 생각했기 때문일 것이다. 그러면 그것은 언제부터인가.

1. 오직 독립 그리고 자주

이승만의 많은 저서들 중에서도 첫 저서이며, 대표적으로 가장 널리 알려져 있는 저서는 『독립정신』이다. 이 저서가 탈고된 것은 1904년 6

월 29일이고, 출판된 것은 그로부터 4년 7개월이 지난 1910년 3월 미국 로스엔젤레스에서였다. 이 책은 감옥에서 쓰여진 이승만의 옥중저서다. 이승만이 고종 양위(讓位) 음모사건에 연루되어 1899년 1월 9일 한성감옥에 수감되고, 그로부터 5년 1개월이 지난 1904년 2월 19일 이 책을 집필하기 시작해서 4개월여 만에 4백 페이지가 넘는 책을 끝냈다.[3] 이때 그의 나이 29세, 네루가 47세가 되어서야 그의 첫 저서 『세계사 일별』을 낸 것에 비하면, 이승만의 저술 동기와 열정이 얼마나 치열했나를 짐작할 수 있다.

이승만이 『독립정신』의 서문에서 쓴 글을 보면, 당시 나라 사정과 주변 정세에 대해 그가 얼마나 절망적으로 느끼고 있었으며, 고종이나 조정 대신들과는 달리 그 절박성이 얼마나 심각했던가를 알 수 있다. 특히 러일전쟁의 결과를 정확히 예감하고, 그것이 한국에 미칠 영향을 감옥에서 미리 내다 보고 있었다는 것이 기이할 정도다. 이승만이 이 책을 시작할 때는 러일전쟁이 일어나고(1904.2.10) 불과 9일밖에 되지 않았고, 더구나 당시의 러시아 군세로 보아서 승패가 어떻게 되리라는 것은 국내는 물론 미국·영국 등지에서도 예측을 불허하는 상태였다. 그가 얼마나 울분을 머금고 그 결과를 생각하며 이 책을 썼는가를 그 서문에서 보면,

> 세상 형편이 돌아가는 것을 생각하면 울분이 치솟아 몇 권의 책을 번역하며 잊으려 했으나… 때마침 러일전쟁이 벌어지고 있어 남아(男兒)로써 세상에 나서 유익한 일을 할 만한 경륜은 없지만 가만히 앉아 있을 수가 없었다. 분노가 치밀어 눈물을 금치 못하여 그 동안 해오던 한영사전 작업을 중단하고 2월 19일부터 이 글을 쓰기 시작했다.

3) 이에 대한 연구는 유영익, 『젊은 날의 이승만』(2002)과 손세일, 『이승만과 김구』(2008)가 압권이다.

> 처음에는 일관된 내용으로 한 권의 책을 쓰려 했으나 감옥에서 참고 자료를 구하기도 어려워 주요한 주제들을 중심으로 쓰기로 했다. 내가 감옥에 있는 동안 여러 명의 죄수들이 사형에 처해지기도 했고, 내가 있는 감옥 방에 드나드는 죄수들도 많이 시끄럽기도 하여 쓰다가 중단하기도 해서, 내용에 부족한 점도 있고 일관성도 적지만 내용의 핵심은 독립이란 두 글자이다.[4)]

이승만은 왜 독립을 그토록 강조하고 외쳤을까? 왜 독립협회를 만들고 『독립신문』을 발간하고 독립문을 세웠을까? 이는 모두 한일병합 되기 10년도 훨씬 전 일이다. 이승만이 『독립정신』을 쓰기 시작한 1904년 2월도 한일병합 6년 반 전의 일이다. 그때는 또 고종이 중국과 마찬가지로 황제의 지위에 올라 선지도 7년이 지난 때이다. 그로써 보면 조선은 어엿한 독립국이고, 청국·일본과 대등한 위치에서 국제법상의 모든 권리를 자유로이 주장할 수 있는 나라이다. 그런데 왜 이승만은 그토록 독립을 절규하며 『독립정신』이란 책까지 썼을까?

형식적으로 당시 조선은 독립국이었지만 그 형식도 일본이 만들어준 형식이었다. 실질적으로 조선은 독립국이 아니었을 뿐 아니라 무엇보다 될 수가 없었다. 이유는 그 누구도 아닌 조선 자신에 있었다. 당시 조선의 관리와 백성들은 독립의 개념도 없었고, 독립의식도 없었다. 조정 관리와 백성만 그런 것이 아니라 지식인이라고 할 수 있는 이항로·최익현·유인석 등 위정척사파들이 다 그러했다. 그들은 철저한 화이관에 사로 잡혀, 중국은 세계의 중심이고 상국(上國)이고 종주국(宗主國)이고, 반대로 우리는 변방이고 소국(小國)이고 속국(屬國)이라는 의식에 차 있었다. 우리가 그런 중국과 대등한 입장에 선다는 것은 어불성설이고, 그

---

4) 『독립정신』, 머리말, 건국 4237(1904)년 6월 29일 한성감옥에서 죄수 리승만 씀.

대등을 나타내는 독립이라는 말부터가 상국에 대한 의리의 저버림이며 배신이라고 생각했다. 그들에게는 자기 나라 의식도 없었고, 자기 민족의 자존(自存)도 자존(自尊)도 없었다. 더구나 자기 문화에 대한 정체성은 꿈에도 생각할 수 없는 것이었다. 『독립정신』의 매장마다 이런 조선의 실정, 당시 사람들의 심리와 마음가짐이 다 스며들어 있다. 그 중 대표적이라 할 것도 없이 무작위로 골라 보아도 이런 것이 있다.

> 원세개(袁世凱)는 오만하고 무례한 태도로 우리나라의 크고 작은 일에 모두 간섭했다. 그는 자신의 지위가 조선왕 위에 있다 하여 임금님 앞에서 무례하게 행동했다. 각국 공사들이 이를 못 마땅히 여겨 조선 관리들에게 청나라 사람들의 무례함을 받아들이지 말라고 하면, 우리 관리들은 부끄러운 줄도 모르고 오히려 영광스럽게 하는 말이 "소국(小國)은 마땅히 대국(大國)을 겸손히 섬기는 것이 옳다"고 했다. 어떤 외국 공사들은 말하기를 "귀국은 당당한 자주 독립국인데 어찌 청나라보다 못한가" 하며…"귀국도 다른 나라들과 똑같은 독립국이니 그 같은 권리를 잃지 말라"고 하면, 조선 관리들은 퉁명스럽게 "우리에게 어찌 신의 없이 상국 청나라에 무례하게 행동하라고 하는가" 라고 말했다.[5)]

이처럼 조선은 자청해서 청국을 상국으로 떠받들고, 그들의 무례를 속국으로써 당연한 것으로 받아들였다. 청국공사들도 으레 다른 나라 공사들을 보고 조선은 예로부터 우리의 속국이고, 조선 또한 그들 스스로 속국의 예로써 자기들을 대접하니 다른 나라 공사들은 결코 상관할 바 아니라고 말하곤 했다. 이런 청국의 상국 의식과 오만함, 그런 조선의 비자주 비독립 의식과 무지함이 이승만의 지적대로 당시의 동양정세를 더욱 위태롭게 만들고 있었다.[6)]

---

5) 『독립정신』, 제34장.

『독립정신』 안에는 들어 있지 않지만, 사실 일본의 입장에서 보면 "조선이 중국의 속국으로 있으나 그들과 합방해서 식민지로 있으나 무엇이 다르랴" 라는 생각을 절로 갖게 했고, 그들이 그러한 생각을 갖도록 한 원인 제공자는 독립이 무엇인지 몰랐던 바로 조선인 자신이었으며, 그리고 그 조선인들의 타성에 젖을대로 젖은 속국의식, 비자주 비독립정신이었다고 할 수 있다. 이승만이 『독립정신』에서 피눈물이 흐르도록 독립정신을 그토록 고취한 이유도 미구에 조선에 닥쳐 올 대재난·대비극이 모두 이 독립을 깨우치지 못하는 데서 자초하는 것이라 생각했기 때문이다.

그러나 이승만의 이 『독립정신』은 1백 년전 우리 선인들만이 꼭 읽었어야 할 책은 아니었다. 지금 특히 우리 젊은이들이 반드시 읽어야 할 필독의 책이다. 한국인이면 언제 어디서 읽어도 터질 듯한 분노와 울분, 회한과 격한 자탄, 가슴 저미는 반성과 새로운 각오 그리고 진한 감동과 피 끓는 열정을 불러일으키는 고전 중의 고전이다. 그럼에도 이 책은 오랫동안 모두 잊고 있었고, 제대로 평가도 하지 않았다. 김구의 『백범일지』와는 너무 대조가 된다. 유(類)가 다르고 비전이 다른데도, 많은 사람들의 왜곡된 반대에 짓눌려 눈을 감고 있었다. 이제 눈을 뜨고 읽을 때다.

2. 계몽 그리고 자유 · 평등 · 정의의 기지

시간적으로 두 번째 들 수 있는 이승만 저서는 『한국교회핍박』이다. 이 책은 서문에 「리승만 ᄌᆞ셔(自序)」라고 쓴 날짜가 1913년 3월로 되어 있는 것으로 보아, 그해 2월 8일 하와이에 도착하자마자 쓰기 시작해서 한 달 남짓한 사이에 완성된 것이다. 대단한 능력의 소지자임에 틀림없

6) 위와 같음.

다. 이 책은 '105인사건'(이승만이 미국으로 떠나오기 직전인 1912년 윤치호·양기탁(梁起鐸)·이승훈(李昇薰) 등 신민회 회원 105인을 구속한 사건)의 경위와 배경, 재판과정과 사건에 대한 미국, 영국의 여론 등을 자세히 소개하면서 궁극적으로 일제가 한국교회를 핍박하기 위해 조작한 '한국교회 핍박사건'이라고 이승만은 이 사건을 명명하고 있다.

따라서 이 책은 "105인사건의 진상보고로 집필된 것이 아니라 하와이 동포들에게 이승만 자신의 신앙과 정치적 비전을 천명한 메시지"[7]로 쓰여진 것이라 할 수 있다. 이승만은 이 책의 앞부분에서 한국 교회가 지금 한국에서 얼마나 눈부시게 성장하고 있고, 또 한국에서 얼마나 엄청난 일을 하고 있는가를 상세히 기술하고 있다.

> 통상한지 30년이 다 못되어 우리 교회가 어떻게 흥왕하였던지 전국에 교인 총 수가 25만 명에 달하였으며 (작년 12월 14일 아웃룩 지(誌)에서 보고한 바를 보면 37만 명에 달한다) 외국 선교사가 3백여 명이오, 예배당이 500곳이오, 교회학교가 962개, 의학교가 1개, 간호부 학교가 1개, 병원이 13곳, 병 보는 곳이 18개이며 고아원이 1, 소경학교가 1, 문둥병원이 1, 인쇄소가 1이며, 한국 교회 재산이 100만(미국금전)원에 달하고, 매년 경비가 25만원 가량이다.
>
> 이렇듯 굉장히 진취된 교회는 실로 고금에 희한한 바로, 각국 교회에서 말하기를 하느님이 한국 백성을 이스라엘 백성 같이 특별히 택하여 동양에 처음 예수교 나라를 만들어 아시아 주에 예수교 문명을 발전시킬 책임을 매기심이라. 그러므로 한국교회를 돕는 것이 이후 일본과 청국을 문명시키는 기초가 된다 할 것이니…[8]

이같이 이승만은 일찍부터 한국인의 계몽, 한국의 근대화와 산업화 그

7) 손세일, 앞 책, 제3권, 148-161쪽.

8) 『한국교회핍박』, 12-13쪽.

리고 자유민주주의를 이룩하는데 교회만큼 크게 기여하는 것이 없다고 보았다. 기존의 유교·불교와는 비교할 수 없는 힘이 기독교에서 나온다고 보고, 교회와 한국 국민 계몽, 교회와 한국 사회 변화, 나아가 교회와 한일 관계 등의 생각을 이 책에 집약하고 있다. 앞 인용에서도 보듯이 아시아 국가들이 한국 기독교의 영향을 받아 기독교 국가가 될 것이라는 예언은 지금 한국의 선교활동으로 미루어 볼 때 놀랄 만한 예언이라 할 수 있다. 기독교에 대한 그의 이같은 믿음은 그의 자서전 초록에서도 잘 나타나 있다.

> 오로지 남은 하나의 희망은 한국 사람을 거듭나게 하는 것이고, 그 길은 기독교 교육이라고 나는 믿는다. 나의 (인생) 목적은 이 길을 위해 준비하는 것이었다.[9)]

그렇다면 그는 왜 그토록 기독교에 희망을 걸었을까? 한국이 거듭 태어나고, 한국이 일본의 식민지로부터 다시 살아나는 길을 그는 어째서 그토록 기독교에 의지해서 찾았을까? 이 저서 『한국교회핍박』에서 그는 8가지의 이유를 들고 있다. 이 8가지 이유는 한국인의 희망이며 가능성이기도 하다. 그리고 일본이 아무리 조선을 먹으려 해도 결코 먹을 수 없다는 강한 메시지로 천명된다.

첫째로 교회에는 자유가 있다. 모임의 자유가 있고, 공론(公論)을 만들어내는 자유가 있다. 일본관리의 허락을 받기 전에는 한국인은 4-5명 이상의 단체를 만들 자유가 없다. 그러나 교회에는 있다. 둘째로 교회에는 동력(動力)이 있다. 그것도 아주 왕성한 활동력이다. 무한경쟁에서 이 활동력 없이는 살아남을 수 없다. 일본에 합병당한 후 무슨 활동력이 한국에 생겨날 수 있겠는가. 그러나 기독교에서는 한량없는 활력과 스스로

9) 손세일, 앞 책, 제2권 385쪽에서 재인용.

충만시킬 수 있는 능력이 있다.

셋째로 교회에서는 합심 단합하는 힘이 있다. 나라마다 정치적인 당파가 있어 중대 사안일수록 분쟁이 자주 일어난다. 특히 한국인들은 지난 30년 동안 외국과 한 번도 싸워 본 적도 없으면서 언제나 자기들끼리 싸움에 외국을 끌어 들였다. 그러나 기독교국인 미국과 영국은 상호간 논쟁이 격할수록 국가에 이익을 가져오는 합심능력이 있었다.

넷째로 교회는 국민의 원기를 유지하게 한다. 원기가 쇠하면 민심이 사악해지고 음란 방탕해지며 모두가 쇠잔한 지경에 이른다. 옛날에는 도덕으로 백성의 원기를 배양했다. 지금 일본은 음주와 담배·도박 등으로 오히려 한국인 원기 쇠잔을 재촉하고 있다. 교회는 일본 관리들과 충돌하며 원기 회복을 위한 윤리적인 풍토개선에 누구보다 앞장서고 있다.

다섯째로 교회는 청년교육에 힘쓰고 있다. 나라의 힘은 학문에서 나온다. 일본은 진작부터 그것을 알고 있었다. 그래서 한국인들에게 고등교육을 시키지 않을 방침을 세웠다. 그러나 오직 기독교 계통 학교만이 독립 자격을 유지해서 그들 제도 밖에서 사립으로 고등교육을 시키고 있다. 여섯째로 교회에서는 우상을 섬기지 않는다. 일본 신도의 본색은 일본천황을 숭배하는 것이다. 그들 천황을 하느님 같이 섬기며 반대자를 불충한 백성이라고 한다. 그러나 교회는 그것을 가르치지 않는다.

일곱째로 교회에는 덕성과 정의를 지닌 선교사들의 영향력이 있다. 그 영향력으로 덕성과 정의를 지닌 세력이 확장되고 있다. 선교사는 모두 대학 졸업자들이어서 한국인의 교사가 되기에 그 자격이 충분한 사람들이다. 그래서 한국인과 선교사 사이에는 신의가 두텁고 어떤 신도는 선교사를 하느님같이 추앙하기도 한다. 일본인들은 이 선교사들이 한국인들에게 덕성과 정의 그리고 애국사상을 고취한다고 방해하고 있다. 여덟째로 교회는 '혁명사상'을 전파한다. 혁명은 백성들이 들고 일어나 정부를 뒤집고 자신들의 뜻에 맞는 정부를 세우는 것이다. 이는 동양 역사에는 없는 일이다. 그러나 자유 · 평등의 사상을 가진 서양역사는 혁명이 자주 있다. 이유는 오직 종교의 차이다. 기독교의 자유 · 평등 사상이 그렇게 만든 것이다.[10)]

요약하면 기독교에는 자유와 활동력, 단합과 윤리정신, 교육과 전제권력적 우상숭배 거부 그리고 정의세력의 확장과 혁명사상의 전파 등이다. 3세대, 거의 1세기 전, 그가 한 말, 그의 진단과 예언이 지금 우리에게 진실로 다가와 있지 않은가. 지금 바로 우리가 꼭 그러하지 않은가. 교회가 바로 국민 계몽의 터전이며 자유 · 평등의 기지였음을 그는 어떻게 거울을 보듯 1세기 후를 내다보며 말했을까? 당시 우리 지식인들 중 몇이나 교회와 기독교가 1세기 후 한국 자유민주주의 국가 건설의 보루가 될 것이라는 것을 생각했을까. 앞의 『독립정신』과 더불어 이 책의 역사적 의미는 1백 년 전의 과거가 아니라 지금 현재 우리를 말해주고 있다는데서 너무나 심대하다.

3. 개혁 · 개명, 민족 정체성

『청일전기』는 이승만이 탐독한 역사관계 서적의 하나로 미국인 선교사 알렌(Young J. Allen, 林樂知)이 중국인 채이강(蔡爾康)과 함께 편술한 청일전쟁사론이다. 원제목은 『중동전기본말』로, 청일전쟁과 관련된 포고문, 조약문, 청일 양국간 왕래 공문, 그리고 전쟁상황과 외교교섭과정, 당시 신문기사 등 각종 자료와 편자들의 논평 등으로 구성되어 있다. 이승만은 이 책을 『청일전기』(당시 표기는 청일젼긔)라는 제목으로 바꾸어 번역했다. 그러나 그냥 번역한 것이 아니라 원본에 없는 여러 가지 다른 내용들, 특히 조선 지배층의 부패와 무능 그리고 조선민중들의 무지와 몽매를 신랄히 비판하면서 그 각성을 촉구하는 내용들로 보완되

---

10) 『한국교회핍박』, 이 여덟 개는 내치상의 관계 부분 요약한 것임.

어 있다.

이 『청일전기』는 1900년 7월 한성감옥에서 번역이 모두 완료되었지만 출판된 것은 그로부터 17년이 지난 1917년 하와이에서였다. 먼저 이 책의 서문을 보면, 그가 왜 그동안 해오던 다른 책들의 저술작업을 중단하고 이 책을 그렇게 앞서 내려고 했는지 알 수 있다.[11)]

> 조선 역사에서 제일 큰 난리는 임진왜란이오 한인들이 제일 통분히 여기는 전쟁도 임진왜란이라. … 임진에 (일본이) 한번 시험하다가 실패한 후 3백년 동안을 다시 예비하야 갑오전쟁(청일전쟁:필자)에 그 욕심을 이루었도다. 그런즉 임진왜란보다 더 큰 난리가 갑오전쟁이오 한인에게 더욱 통분히 여길 바가 갑오전쟁이라. 이 전쟁에 한국이 잔멸을 당하였고 이 전쟁에 한국이 독립을 잃었은즉, 오늘날 한국이 당하고 앉은 것이 곧 갑오전쟁에 된 것이다.[12)]

그럼에도 이 전쟁이 어떻게 시작되고 어떻게 전개되고 그 결말이 어떻게 났는지, 전쟁 경위와 경과와 결과를 아는 사람이 너무 적고, 거기에 전쟁 전 조선을 둘러싸고 청일간에 벌어진 외교전에서 조선이 어떻게 취급되고 있는지 아는 사람은 더 더욱 적어서, 이 책의 시작과 함께 청일간에 내왕한 공문들을 먼저 적고 있다. 그 내용을 보면, 청국은 일본에 대해서는 하나같이 '대일본 외부대신 육오종광(陸奧宗光) 각하'로 적고 있고, 반면 조선에 대해서는 '속국(屬國)'이라고 칭하고 있을 뿐 아니라 자기들은 조선에 대해 꼭 '상국(上國)'이라고 하고 있다.

"동학란의 형세가 창궐하여 그저 두었다가 상국(淸國)에 근심이 될까

---

11) 보다 상세한 내용은 손세일, 앞 책, 제2권, 107-126쪽, '독서의 시작과 저술' 참조.

12) 『청일전기』, 「셔문」.

저어하여…" 혹은 "우리나라(淸國)가 본래 속국을 보호하는 처지에 있어 어찌 속국의 위태함을 보고 있으리오" 등이 그것이다. 이에 반해 일본은 "조선이 본래 자유국으로 행세하거늘 귀국은 속국이라 하니 심히 괴이하고 의심스럽다"고 답하고, 청국이 또 "우리가 잠시 동병(動兵)함은 속국을 보호하는 전례"라고 하면, 일본은 "본국(일본)은 본래 조선을 청국의 속국으로 대접하지 않았고…본국에서 보내는 군사가 어디에 들어가고 안들어 가는 것은 귀국이 상관할 바 아니다"[13]라고 강경히 맞서고 있다.

청국이 진작 개명해서 세계가 어떻게 돌아가는지 잘 알았다면, 먼저 개명한 일본의 의도를 미리 알아 조선을 그들의 속국이라고 계속 주장하지는 않았을 것이고, 조선 또한 일찍 개명해서 세계 형편을 잘 간파하고 있었다면 아무런 힘도 없는 청국에 매달리는 그 같은 어리석음을 범하지는 않았을 것이라는 것이 이 책 행간에 깊이 박혀 있는 이승만의 개탄이다. 그러나 아이러니컬하게도 조선이 독립하는 것은 이 청일전쟁에 의해서고, 그것도 조선은 독립국이라고 주장한 일본의 승리에 의해서다. 일본의 승리에 의해 조선은 청국의 속국에서 풀려 나와 자주국이 되고 왕이 아닌 황제의 칭호까지도 갖는다. 그러나 그것이 우리의 힘에 의해서인가.

이 책의 전쟁원인 항목에서 이승만은 독립이지만 그 영광은 오로지 일본에 있고 우리에게는 오로지 수치만 있다고 통분해 한다. "대한 신민들이 이 수치를 분히 여겨 내 나라 독립을 우리 손으로 빛내어 보기를 일심하면 이 수치를 한번 씻어 볼 날이 있을 터인데, 이것을 분히 여길 줄 안다면…아무쪼록 이 책을 많이 보아 외국 형편과 내 나라 사정을 자세히 공부하는 것이 급선무라" 하고 있다.[14] 이 책의 발간 이유와 주

---

13) 『청일전기』, 「젼쟁 시작되기 젼에 량국간 래왕한 공문」.

장의 요지는 개명·개혁만이 살길이고 자주 독립한 한국인으로 정체성을 갖는 것만이 목표요 최선의 길이라는 것이다.

4. 민주주의 대 전체주의 전쟁

1941년 7월, 일본의 진주만 공격 5개월 전에 나온 *Japan Inside Out*(『일본내막기』)의 결론은 한마디로 "전쟁이 임박했다"였다. 이런 급박한 상황을 그는 서문에서 "산불은 저절로 꺼지지 않는다. 타오르는 불길은 점점 가까이 다가오고 있다"로 비유해 장(章)을 열었다. 일본의 군사적 팽창은 아무런 저항도 받지 않고 모든 방면에서 진행되고 있다. 그들의 위협이 태평양상의 미국의 영토는 물론, 미국 본토에까지 가까웠는데도 미국은 아무런 조치를 취하지 않고 있다며 이승만은 미국인들의 각성을 촉구했다.

일본의 목적은 오직 하나, 그들이 군사적으로 미국에 압도적인 우위를 차지할 때까지 미국을 방심케 하는 것, 미국의 반전주의자 및 평화주의자에게 갖은 방법으로 유화정책을 써서 그들의 반전의식을 최대한 북돋우는 것, 그렇게 해서 정작으로 미국이 일본의 술책을 깨닫고 그들과 정면충돌을 시작할 때는 이미 효과적으로 그들의 군사력을 대항할 수 없도록 만드는 것 바로 그것이라고, 이승만은 이 책에서 어떤 부분은 울분으로 어떤 부분은 냉정으로, 어떤 부분은 절규로 또 어떤 부분은 차분한 설명으로, 능란한 구사와 유려한 필치, 설득력 넘치는 문장으로 써내려가고 있다.

그럼에도 미국은 개인주의의 늪에 빠져 민주주의가 얼마나 위협받고 있는지 모르고 있다고 비판했다. 1776년의 미국 독립정신도, 링컨의 of the people, by the people, for the people의 정신도, 우드로 윌슨의

14) 『청일전기』, 「전쟁의 원인」.

"세계 민주주의 안전을 위한 투쟁정신"도 모두 잊고 있는 것이 지금의 미국이라고 신랄히 공격했다. 미국이 좀 더 일찍이 일본에 대해 정확한 정보를 입수해서 좀 더 초기에 적극적인 행동을 취했다면, 그리고 1882년 일찍이 한국과 맺은 조약을 저버리지 않고 처음부터 지켰더라면,[15] 일본의 발걸음은 이미 오래 전에 멈추었을 것이고, 중국 또한 지금과 같은 쓰라린 고통과 고뇌는 덜 겪었을 것이라고 말했다.

더 적나라한 공격은 1905년 을사늑약에 대한 미국의 용인이다. 오늘날 일본 제국주의 군사적 팽창 그리고 아시아 전역에서의 그들의 창궐과 만행, 그들을 개명시킨 서구인의 가슴에 거꾸로 비수를 꽂는 적의를 가득히 품은 행동, 그 배신의 아이러니, 이 모두 미국이 한국과 신의를 깨고 이 조약을 허용한 데서 온 결과이며, 따라서 미국은 이에 대해 응분의 책임을 져야 한다는 것이다. 이미 36년 전, 미국인도 모두 까맣게 잊고 있었던 이 조약에 대한 미국의 무신함과 무상한 행위, 퓨리탄 국가로써 도저히 용납할 수 없는 비기독교적 처사, 이승만은 이를 무섭도록 따졌다.

마지막 장에서 그는 현재의 위기상황은 '민주주의 대 전체주의'의 대결이라고 규정하고, 이런 상태가 진행되면 미국의 민주주의는 "전체주의 바다에 떠 있는 하나의 섬"에 불과할 것이라고 내다보았다. 놀라운 것은 전체주의 국가 범주 안에 일본·독일·이태리 등 세 추축국 뿐 아니라 당시로서는 상상도 하지 않았던 소련까지 포함시켜 보았다는 것이다. 세계정세에 대한 괄목할 만한 지식과 뛰어난 통찰력을 남김없이 보여준 책이 바로 이 책이고, 당시 국제정세의 현황과 문제점을 핵심만 골라 일목요연하게 밝혀준 책이 이 책이었다.

---

15) 1882년 미국과 통상할 것을 처음으로 협정한 조미수호통상조약(朝美修好通商條約)의 제1조는 양국은 영구히 화평우호를 지키되, 만약 타국이 불공경멸(不公輕蔑)하는 일이 있으면 즉각 필히 도운다 하는 것임.

이 책이 출간되자마자 『대지(大地)』의 작가 펄벅은 '무서운 책'이라고 극찬했고, 반면 상당수의 미국인들 특히 반전주의자 및 평화주의자들은 일본의 유화정책을 그대로 받아들여 전쟁을 선동한다고 비방했다. 그러나 출간 다섯달 뒤 일본의 진주만 공격이 있자 이승만을 '예언자'라고 격찬했고, 단번에 베스트셀러가 됐다.[16] 그리고 민주주의 수호를 위한 미국의 역사적 책임을 통감하는 글들이 이승만이 처음 강조한 그대로 쏟아져 나왔다.

5. 국가정통성과 자유민주주의 그리고 내란 일으키고 말 공산주의

1945년 12월 12일 안재홍(安在鴻) 서문 '민중에게 부탁하는 말씀'으로 시작되는 이승만의 『건국과 이상』은 이승만이 귀국 후 2달 동안 행한 연설 10편을 묶은 책이다. 이 10편의 연설문은 각기 행한 시간과 장소가 다르지만 일관되게 흐르는 주지(主旨)가 있다. 요약하면 첫째로 앞으로 새로이 건국될 국가의 정통성이다. 물론 요사이 흔히 쓰는 이 정통성이라는 용어를 여기에선 사용하고 있지 않지만, 새로 세우는 국가(이때는 남북 통일된 국가)는 상해임시정부의 맥을 잇는다는 강한 시사가 있다.

> 임시정부가 들어 와서 인심을 집중하고 정권을 잡게 되었다면 모든 문제가 다 차차로 해결되고 미국 군정부에서도 아무 어려운 일 없이 우리 정부로 넘기고 말았을 것인데, 임시정부는 들어오지 않고 나라는 로군과 미군이 반씩 갈라 점령하게 됨에, 민심이 자연 흔들리고 여러 정당이 생겨나서 각각 기치를 들고 주의 주장을 세우기에 이르렀다. 그래서 금일 국제신탁이라는 말도 이런 관계로 나온 것이다.[17]

16) 『일본내막기(日本內幕記)』는 『일본, 그 가면의 실체』라는 제목으로 대한언론인회에서 2007년 3월 간행된 것이 있고, 특히 손세일, 앞 책 중, 『월간조선』, 2007년 3월호, 568-590쪽에 번역과 해설이 두드러진다.

17) 이승만, 『建國과 理想』, 11-12쪽.

> 우리 임시정부는 기미독립운동 후에 우리 애국 남녀의 의혈(義血)로 세운 것입니다.…자고로 혁명이라는 것은 인명을 살해하고 폭력으로 정부를 번복하는 것인데 기미년 만세시위운동은 우리 원수를 살해하지 말고 우리가 죽기로 함께 해서 적을 몰아내자는 주의이며 역사상 처음 있는 빛나는 운동입니다. 우리 임시정부는 이 운동에서 보여준 몇 천 몇 만 동포의 보배로운 피로써 세운 것입니다.[18)]

둘째로 공화정치·자유민주주의이다. 당시 자유민주주의라는 말은 일반 국민들에게 너무 생소하고, 그래도 당시 국민들에게 조금 더 익숙하고 친근한 용어는 공화정치였다. 여기서 이승만이 말하는 공화정치는 바로 자유민주주의로, 이를 이승만은 알기 쉽게 풀어 설명하면서 바로 그런 나라를 세울 것을 다짐했다.

> 공화정치 아래서는 높고 귀한 이도 없고 낮고 천한 이도 없다. 경향(京鄕)의 구별도 지위의 등분도 다 없다. 중앙정부나 지방정부의 잘 되고 못되고는 그 정부 밑에 사는 남녀 일체의 책임이다. 이유는 그 정부 당국을 인민이 공통으로 투표하여 선정한 까닭이다. 인민이 각각 그 직책을 다하여 그른 사람을 파면하고 옳은 사람을 보호하면 나라가 잘 되고 지방이 잘 된다. 이는 인민 각각의 여론을 따라서 하기 때문이다.[19)]

셋째로 공산주의를 구분해 보는 것이다. 이승만은 공산주의를 무조건 반대하거나 거부하는 것이 아니라, 2개로 나눠 보았다. 하나는 공산주의의 정책이고 다른 하나는 공산주의 정치이다. 그는 정책과 정치를 철저히 구분해서 전자는 찬성하고 후자는 반대했다. 전자의 경우 장차 우리 정부가 경제정책을 수립할 때 농민의 토지 소유, 근로대중의 복지 증진

---

18) 윗 책, 26-28쪽.

19) 윗 책, 17쪽.

등 공산주의에서 채용할 것이 여러 가지 있다고 그는 말하고 있다.

그러나 후자의 경우, 경제정책의 이해는 불문하고 공산정부를 세우기 위해 무책임하게 선동하고 무분별하게 행동하는 것이다. 그들은 갖은 방법으로 음모하고, 온갖 술책을 다 동원하여 분쟁을 일으키고, 국사에 손해를 끼치고, 분열을 조장해서 우리 스스로 자치할 능력을 상실케 한다. 미주와 중국에 거주하는 한인들 사이에 이런 극열분자들이 있어서 내외 국민의 인심을 현혹시키는 바가 이루 말할 수 없었다며, 이들 극열 공산주의자들은 종당에는 민족간 내란을 일으켜 동족상잔의 피를 흘리게 한다고 했다.[20] 마침내 내란을 일으키고 마는 이런 공산주의자를 반대한다고 한 이승만의 이 연설은 6·25전쟁이 일어나기 4년반 전이다. 그는 일본의 진주만 공격을 예언했듯, 이 또한 미리 내다보고 있었다 할 수 있다.

Ⅲ. 오늘의 성립 : 역사를 만들다

1. 독립자주국

오늘날 우리에게 독립자주라는 말은 너무나 당연하고 익숙한 개념이지만, 조선조는 물론이고 19세기 말 20세기 초의 우리나라 사람들에게는 이런 개념이 없었다. 철저히 화이관에 사로 잡혀서 청국이 상국(上國)이고 우리는 그의 속국이고, 국제적인 주요 사안은 반드시 상국의 지시를 받아서 행하고 우리가 자주적으로 해서는 안된다고 생각하는 '비독립, 비자주'의 사고에 젖어 있었다. 그 사고는 존재론적일 뿐 아니라 당위론적이었다. 우리가 힘이 없고 약하니까 그럴 수밖에 없다는 것일 뿐 아니라 마땅히 그러하니 당연히 그들을 섬기고 모셔야 한다는 사고였다.

---

20) 윗 책, 22-25쪽.

이 사고는 수세기 동안 지배층에 마약처럼 중독되어 있었다. 일반 백성은 관심도 의식도 자각도 없었다. 이승만이 서재필 등과 함께 독립협회를 만들고 독립정신을 부르짖었을 때 중국만이 최고며 유일이라 생각했던 위정척사파는 물론 당시의 지배층들에게 이는 맑은 하늘에 날벼락이며 사문난적(斯文亂賊) 중에서도 대적(大賊)이었다. 이승만이 사형언도를 받고 5년 7개월을 감옥살이를 하는 그 배경에는 이러한 '비독립 비자주'의 심리상태, 물신화보다 더 강한 마음의 종속이 있었다.

이것을 부수고 나온 것이 이승만의 독립정신이며 독립, 자주에 대한 절규였다. 오늘날 우리의 독립자주정신이며 개념, 그 사고의 원류는 이 이승만의 독립정신과 그 절규, 그를 위해 불속을 뛰어들 듯한 그의 의혈(義血)과 열렬(熱烈), 울분과 실천에서 찾아야 한다. 그가 아니었어도 오늘날 우리가 너무나 당연시하는 이 독립자주의 정신과 생활을 하고 있을까? 어엿한 독립자주국 행세를 할 수 있을까? 미상불 더 많은 반대와 왜곡, 갈등과 분열, 피나는 싸움, 그러고도 많은 학습시간을 들였어야 하지 않았을까?

2. 자유평등사상

자유라는 말도 평등이라는 말도 없었을 때, 그 같은 말이 없으니 그런 개념도 없고 사상도 없던 시대에, 그 누군가가 자유와 평등을 부르짖고 나왔다면, 그는 그 어떤 대접을 받기 이전에 이단시되었을 것임에 틀림없다. 이승만은 그의 『독립정신』에서는 말할 것도 없고, 일찍부터 "자유를 목숨처럼 여기며 남에게 의지하지 말아야 한다"고 했다. 이승만은 자유의 개념을 '자립이며 책임'으로 보았다. "제멋대로 행동해서 다른 사람의 권리를 침해하는 것"은 자유가 아니라 속박이라고 했다. 물론 이런 말, 이런 주장이 당시 사람들에게도 그럴 듯하게 들렸을지는 모르지만 생소할 것임에 틀림없고, 그러나 그것을 시작으로 해서 오늘날 우리의 자유, 그 자유의 개념이 우리에게 내재화된 것이다. 그렇다면 오늘날 우리의 자유 또한 그에 연원하고, 그와 뜻을 같이 했던 그 시대 그 사람들에게서 연원한다.

만인평등, 신분의 차별을 철폐해야 한다는 주장은 이승만을 포함해 당시 개화파들이 다 제기했지만, 이승만의 경우 이를 가장 극명하게 드러내는 말이 '세 가지 시원한 것'이다. 그가 말한 이 '세 가지 시원한 것'은 1910년 10월 미국으로부터 귀국한 직후 570명이 모인 강연회장에서 한 연설내용 중 하나로, 첫째로 임금이 없어진 것, 둘째로 양반이 없어진 것, 셋째로 상투가 없어진 것이었다.[21] 왕조가 멸망하고 임금이 없어져 비분강개해서 몇몇 자결하는 사람도 있고 의병도 일어나고 있는 상황에서 이 '세 가지 시원한 것' 발언은 물러난 지배층뿐 아니라 그 자리에 있던 청중들까지도 깜짝 놀라게 했을 만큼 충격적인 말이라 할 수 있다.

그만큼 그는 공화주의자(자유민주주의자)이고 평등주의자였다. 공화주의는 군주주의·군주제의 반대이다. 고종과 같은 지배군주는 신분제—불평등의 시작이며 끝이다. 지배군주가 있음으로써 그 밑에 신하가 있고 양반이 있다. 임금의 신하는 만백성의 벼리가 아니고 올가미다. 백성의 목을 짓누르고 옭아매고 있는 것이다. 이 신하가 있으면 반드시 양반이 생겨난다. 최고의 불평등, 그것은 오로지 귀속적이기만 한 신분제이고 그 신분제의 기득권자인 양반은 임금이 사라지지 않는 한 없어지지 않는다. 그 임금이 없어졌다 해서 자결하는 사람과 그 임금이 없어져서 너무나 시원하다고 하는 사람의 사회인식은 하늘과 땅이다. 실제 우리의 양반 상놈의 그 신분제 의식은 해방을 맞고 6·25를 거치면서 끝이 나지만, 그것을 없애야 한다는 것의 시작은 그로부터 반세기도 더 전인,

---

21) 金一善, 「이승만 博士는 渾身都是熱」, 『開闢』, 1925년 8월호, 19쪽. 손세일, 앞 책, 제3권, 75쪽에서 재인용.

19세기 말 이승만에서 가장 극명하게 드러난다.

3. 자유민주주의

우리 역사 최고의 위업 중의 하나는 자유민주주의를 이 땅에 뿌리내리게 한 것이고, 그 실현의 위업은 오로지 이승만에 의해서다. 이 오로지에 대해서 격렬한 반대자 혹은 부인자가 없을 수 없지만, 사실을 엄밀히 점검하는 랑케(Leopold Von Ranke)류의 엄밀 점검주의자라면 그가 사학자든 사회과학자든 이 실제만은 부인할 수 없을 것이다. 이승만에게 자유민주주의는 유일한 정치사상이고 정치제도며, 그 무엇과도 바꿀 수 없는 절대적인 것이었다. 그것은 그가 배재학당에서 미국 선교사에게서 배우고, 그리고 우리나라 최초로 미국 대학에서 정식교육 받은 박사학위 소지자이고, 또 무엇보다 자유민주주의 본산에서 배우고 체득해 그 신념이 확고했기 때문이라 할 수 있다.

중요한 것은 그와 동시대인으로 누가 자유민주주의에 대한 지식과 믿음을 가지고 있었느냐 하는 것이다. 우리 독립투사들의 집결지인 상해임시정부에서 만든 건국강령을 보면, 거기엔 자유민주주의는 없고, 사회주의 내지 사회민주주의만 있을 뿐이다. 토지・항만・철도・광산 및 주요산업은 모두 국유화이고, 사유재산권은 극히 제한되어 있다. 다만 정치제도에서 절차적 민주주의를 받아들이고 있다는 것을 제하면, 경제와 사회는 시장경제 영역이 극히 제한된 사회주의다. 그 사회주의도 공산주의와 별로 다를 것이 없다 할 만큼 극히 좌경화되고 경직화된 사회주의다. 당장 상해임시정부 자체가 소비에트 러시아를 이상으로 하는 이동휘를 국무총리로 한 좌우합작의 연립정부로 출발하는 것부터 자유민주주의의 기본개념이 없었다는 것을 말해준다.

그러나 오늘날 우리는 자유민주주의 국가다. 그 자유민주주의가 어떤 우여곡절, 어떤 기적의 과정을 밟으며 오늘날 이같이 정착되었는지 그 연원을 따져 올라가면 오직 이승만에 가 닿는다. 그가 아니었다면, 자유민주주의 지식과 신념이 없던 시대 정치지도자들의 좌우합작 열풍에 휘말려, 당시 동구가 모두 공산화되듯이 우리 또한 공산화되었을 것은 불을 보듯 분명하다. 오로지 이승만의 확고한 자유민주주의 신념과 비전이 공산화를 막고, 오늘의 한국으로 살려 낸 것이다.

4. 개방화와 세계화

이승만의 『독립정신』의 실천 6대 강령의 첫째가 "우리는 세계에 대하여 개방해야 한다" 이다. 지금은 너무나 보편화되고 생활화되었지만, 지금부터 백년 그리고 그 이전의 조선은 개방은 곧 죽음의 길이고 쇠망의 길이며 사악해지는 길로 생각했다. 대원군의 쇄국정책을 생각하고, 그보다 한 세대를 지나서까지도 위력을 크게 떨쳤던 위정척사파들의 강경대응을 생각하면, 당시 사람들이 개방을 얼마나 나쁘게 생각하고 두렵게 생각했나를 알 수 있다. 오늘날 북한과 하나도 다를 바가 없다. 개방하지 않으면 뒤떨어지고, 그래서 비참해지고, 끝내 망할 수밖에 없다고 아무리 말해도 듣지 않는 북한, 그러다가 결국 망하고 만 백년 전의 조선과 서로 무엇이 다르랴.

그때 바로 이승만은 넓은 세상이 있다는 것을 알아야 한다고 외쳤다. 미개한 인종들까지도 새로운 문명을 받아들여 나날이 발전하고 있다, 그리고 개화를 받아들인 나라는 점차 번창하여 다른 나라와 대등한 지위를 누리고 있다고 부르짖었다. 더 나아가, 다른 나라와 통상은 서로에게 이익이 된다는 것을 깨달아야 한다, 오늘날 통상은 나라를 부강하게 만드는 근본이다고 요처 요처에 말하고 가는 데마다 소리를 높였다. 외국인들이 우리나라에 오는 것은 우리를 해치려고 오는 것이 아니라 우리와 그들 서로에게 이롭게 하기 위해서 오는 것이다, 외국인들을 원수같이 여기는 것은 말할 수 없이 위험한 것이다고 했다.[22)]

물론 그것이 그 때 쉽게 반응될 리도 없고 통할 수도 없었지만, 그런 절규, 그런 노력, 그런 설득으로 해서 국민은 점차 개안이 되고, 개방의 중요성을 알고, 드넓은 세상, 더 발전한 지식과 사상 그리고 문물을 깨우쳐 갔다. 오늘날 우리의 개방화·세계화가 그런 역사적 고난, 그런 선각자들의 박해와 수난, 그리고 거기서 얻어낸 혜안을 통해서 된 것이라는 것을 안다면, 그 연원은 역시 이승만으로 거슬러 올라가야 한다. 거기서 개방과 세계화가 가져다 준 오늘의 한국 번영과 발전을 찾아야 한다.

5. 종교에 의한 근대화

한국의 개명·개화 그리고, 한국 근대화의 길을 이승만은 기독교에서 찾았다. 이승만은 유가의 후손이고 유교 교육을 체득하고 체화한 사람이다. 어머니는 독실한 불교신도였다. 그런데 왜 기독교를 나라 살리는 유일의 길로 생각했을까? 왜 기독교가 아니면 한국 사람은 결코 거듭나게 할 수 없다고 생각했을까? 이에 대해선 『한국교회핍박』에 자세히 소개되고 또 설명도 되었다. 이승만의 예언대로 한국은 기독교국가라 칭할 정도로 교인수도 많고 교세도 번창하였다. 또 이승만의 예언대로 한국에서의 선교사업이 아시아 여러 나라들을 기독교 국가로 만들고 있다.

그럼에도 풀리지 않는 의문이 있다면, 이승만은 왜 당시 일본이나 중국에서 지식인들간에 크게 유행했던 화혼양재(和魂洋才)·동도서기(東道西器)나 중체서용(中體西用)을 받아들이지 않고, 바로 기독교에 몰입했을까이다. 앞서 말한대로 유교교육으로 체화되고, 심지어는 일생 동안 한시를 짓고 붓글씨를 생활화하던 사람이 어째서 '기독교에 의해서만'의 개명·개화·근대화를 생각했을까? 그것은 오늘날 사회과학에서 흔히 말하는 정신과 기능의 일치를 생각한 것이 아닌가, 동도서기나 중체서용

22) 이승만, 『독립정신』, 후록, 「독립정신 실천 6대 강령」 참조.

이 그 이론과 주장에서 실패하는 이유와 같다 할 수 있다.

근대화는 바로 서구화다. 개명이니 개화 또한 그 실체는 서구화다. 그것은 기술에서의 서구화만이 아니라 정신에서의 서구화며 심리적 작용 과정에서의 서구화다. 기술 · 기능과 정신 심리작용이 각기 분리될 수 있는가. 있다고 생각한 것이 동도서기이고 중체서용이고 화혼양재다. 그러나 그것은 실패하지 않았는가. 서구의 기술 · 기능은 서구문화의 기술이며 기능이다. 서구문화의 대종, 서구정신과 서구 생활양식 · 서구 행위유형, 서구 사고방식의 대종은 기독교다. 그렇다면 기독교인이 되고 기독교를 생활화하는 것이 서양을 배우는 지름길이고, 개명되고 개화되는 지름길이 아니겠는가. 사실 오늘날 한국의 근대화, 산업화 그리고 민주화에 기여한 기독교인의 공로는 이루 말할 수 없다. 그 연원을 따져 올라가면 역시 이승만에 이르지 않는가.[23)]

---

23) 이승만 대통령의 업적에 대해 지금까지 나온 글로는 『한국논단』, 2005년 1월호부터 연재된 유영익 교수의 글이 독보적이라 할 수 있다.

이승만의 『청일전기』 번역 · 간행과 자주독립론

오 영 섭*

〈목 차〉

Ⅰ. 머리말

동서양의 걸출한 인물들의 사례에서 흔히 보듯이 중년 이전에 이승만(1875~1965)은 몇 차례 인생의 고비와 전기를 맞았다. 중년 이전 이승만의 인생행로를 결정지은 중요 요인들을 꼽아보면, 첫째, 청일전쟁 발발 후에 과거공부를 포기하고 배재학당에 들어가 영어와 신학문을 배우며 서양인들과 교제한 경험이다. 둘째, 독립협회운동에 가담하여 반외세 · 반체제활동을 벌이며 청년명사로 이름을 날린 일이다. 셋째, 한성감

* 吳瑛燮, 연세대 현대한국학연구소 연구교수

옥에 갇혀 있을 때 문필활동을 활발히 벌이며 독립사상과 정치사상을 정립하고 기독교를 신앙으로 받아들인 사실이다. 넷째, 고종의 밀사로 도미하여 미국의 대통령과 국무장관을 상대로 국권수호 외교활동을 벌이고 미국의 명문 대학에 들어가 근대학문을 제대로 이수한 경험이다. 다섯째, 박사학위 취득 후 국내로 돌아와 황성기독교청년회(YMCA)의 학생부 학감으로서 활동하며 국내 청소년들의 역할모델로 부상함과 동시에 국내 기독교세력과 깊은 인연을 맺은 일이다. 여섯째, 1912년 세계감리교대표회의에 참석하기 위해 도미했다가 이듬해 평생 자신의 독립운동 근거지가 되어준 하와이에 둥지를 틀었던 일이다. 이처럼 이승만은 인생의 고비와 전기를 적절히 활용·극복해 가면서 40대 이전에 이미 한국독립운동의 최고기관인 대한민국임시정부의 수장에 선출될 만한 위상과 명망을 갖추어 나갔다.

중년기 이전 이승만의 인생 역정에서 가장 인상 깊고 의미 있는 시기는 단연 한성감옥에서의 수감생활(1899.1~1904.8)이라고 말할 수 있다. 그 자신이 '복당감옥(福堂監獄)'이라고 표현한 한성감옥에서 이승만은 ① 영어를 마스터할 정도로 영어공부에 매달렸고, ② 근대 학문과 기독교 관련 서적을 섭렵했으며, ③ 기독교로 개종하고 서양선교사들과 친분을 두터이 하였고, ④『제국신문』·『신학월보』 등 신문과 잡지에 수시로 논설을 집필하여 계몽활동을 펼쳤고, ⑤ 감옥서장과 서양선교사들의 도움으로 옥중에 학당과 도서관을 설치하여 평민 죄수를 상대로 계몽운동을 벌였고, ⑥ 투옥 중인 정치범들을 상대로 기독교 전도활동을 펼쳤으며, ⑦ 여러 권의 책을 번역하고 저술하여 민지 발달에 기여하고자 하였고, ⑧ 달빛이 교교한 한밤에 한시를 다수 지어 옥중의 답답함을 토로하였고, ⑨ 그리고 무엇보다도 기독교로 국민통합을 이룩하고 국가의 문명부강과 자주독립을 달성하자고 하는 기독교민족주의를 정립하였다.[1] 이처럼 다채로운 감옥활동을 통하여 20대 중후반의 이승만은 어느새 민족의 앞날을 걸머질 어엿한 민족운동가로 성장해 가고 있었다.

옥중에서 이승만은 인민들의 계몽과 학습을 위해 여러 권의 책을 저술하고 번역하였다. 저서로는 25% 정도만 마친 미완성의 한영사전인 『신영한사전』, 개화독립사상이 집약된 주저 『독립정신』, 한시 모음집 『체역집(替役集)』 등이 있다. 그리고 편찬서로는 한중 역대 명시구 모음집인 『적주채벽(摘珠採璧)』, 초보자용 산수교과서인 『산술(算術)』 등이 있다. 이 밖에도 번역서로는 청일전쟁 관련 국제관계사를 번역한 『청일전기』, 한역 기독교 교리서 『주복담도(主僕談道)』를 번역한 『주복문답(主僕問答)』, 스윈턴(William Swinton)의 *Outline of the World's History*의 내용을 발췌한 『만국사략(萬國史略)』 등이 있다.[2] 이중에서 저서인 『신영한사전』·『독립정신』과 순한글 번역서인 『중동전기(中東戰記)』·『주복문답』·『만국사략』은 학설사적 내지 계몽적 가치가 있다.

5년 7개월간의 긴 투옥기간 중에서 비교적 짧은 기간이 할애된 옥중 번역활동은 이승만의 옥중 문필활동사에서 일정한 의미가 있다. 무엇보다도 그가 당시 수많은 개화자강서 및 신학서 가운데 위의 3권을 번역 대상으로 골랐다는 사실은 주목을 요한다. 이 책들 중에 『중동전기』는 그 자신이 근대 한국의 운명을 결판지은 대사건이라고 판단한 청일전쟁

1) 이승만의 옥중활동에 대해서는, 유영익, 『젊은 날의 이승만』, 연세대 출판부, 2002, 제3장 참조.

2) 이승만, 「譯著名錄」, 『獄中雜記』. 이외에도 문양목의 『독립정신』(1910) 서평에 의하면, 이승만이 옥중에서 만국공법 책을 번역했다고 하는데, 이 번역본은 현재 전해지지 않는다. 아마 이승만이 원본으로 삼은 공법서는 한성감옥의 도서관에 비치되어 있던 얄팍한 분량의 『萬國公法要略』이었을 것이다. 이 책은 여러 공법서를 약술한 영국의 공법학자 로렌스(T. G. Laurence, 勞麟賜)의 *A Handbook of International Law*를 알렌과 蔡爾康이 번역하여 1903년에 상해 광학회에서 출판한 것이다. 오영섭, 「개항 후 만국공법 인식의 추이」, 『동방학지』 124, 2004, 456-457쪽.

전후 동아시아의 국제관계사를 다룬 것이요, 『주복문답』은 한국 민족에게 근대화의 원천이라고 판단한 기독교를 다룬 것이요, 『만국사략』은 전통학문을 벗어나 신학문을 수용하기 위해서는 반드시 알아야 하는 세계사를 다룬 것이다. 이를 보면 이승만은 한국의 쇠망 원인을 제대로 파악하고, 동양과 세계의 변화상에 능동적으로 대처하며, 기독교 교리의 학습을 통한 의식개혁을 이룸으로써 문명부강하고 자주적인 독립국가를 만드는데 도움을 주고자 이 책들을 번역대상으로 선정했던 것이다.

이상의 번역서들이 다룬 주제나 사건 중에서 이승만의 사상전환에 결정적 영향을 미쳤을 뿐더러 시기상 그와 가장 먼저 인연을 맺은 것은 청일전쟁이다. 다시 말해 이승만이 위정척사계 보수유림에서 애국계몽론을 수용한 청년명사로 거듭 태어나는데 직결된 사건은 청국과 일본간에 벌어진 청일전쟁이었다.[3] 그렇게 때문에 이승만은 *Outline of the World's History*을 한문으로 번역하다가 이내 중단하고 청일전쟁이 조선의 독립과 불가분의 관계가 있다는 인식 하에 청일전쟁을 다룬 책을 우선적으로 번역하려 하였던 것이다. 그리고 옥중에서 초기에 번역한 다른 책들의 원고는 분실한 상태에서도 청일전쟁의 원고만은 온전히 보관하였던 것으로 판단된다.

『청일전기』(원제 : 청일젼긔)[4]에 대해서는 그간 전문적 연구가 이루어지지 못했다. 『독립정신』을 제외한 이승만의 다른 저서들이 별달리 주목을 받지 못한 것처럼, 『청일전기』도 학자들의 관심권 밖에 있었다. 게다가 『청일전기』에 대한 여러 학자들의 주장에는 다소 부정확한 표현들과 소소한 오류들이 엿보인다.[5] 이로 인해 『청일전기』가 "『중동전기본말(中

3) 오영섭, 「이승만 대통령의 문인적 면모」, 『이승만 대통령 재평가』, 연세대 출판부, 2006, 444-448쪽.

4) 이 책은 1917년 하와이 태평양잡지사에서 출판되었으며, 『우남이승만문서 : 동문편』 2(연세대 현대한국학연구소, 1998)에 영인 수록되었다.

東戰紀本末)』과 『중동전기(中東戰記)』를 어느 정도나 참고한 책인가? 『청일전기』는 과연 이승만이 혼자서 번역한 것인가? 번역본 『청일전기』의 정확도나 학문적 가치는 어느 정도인가? 이승만이 『청일전기』의 여러 곳에서 자기 주장을 피력해 놓았다는 말은 타당한 것인가? 『청일전기』의 궁극적 편찬의도는 무엇인가? 이승만의 지적 성장사에서 『청일전기』는 어떤 의미가 있는가?"하는 여러 의문점들이 미해결의 과제로 남아 있었다. 본고에서는 이러한 의문점들을 염두에 두면서 논의를 전개하려 한다.

Ⅱ. 『청일전기』의 번역·간행 경위

이승만은 한국 근현대의 주요 인물들 가운데 문필활동을 가장 활발히 벌인 인물이다. 그가 남긴 중요 저서만 하더라도 『독립정신』, *Neutrality as Influenced by the United States* 『미국의 영향 하에 성립된 중립론』), 『한국교회핍박』, *Japan Inside Out* (『일본내막기』) 등 4권에 달한다. 이외에도 『청일전기』를 비롯한 몇 권의 번역서, 2권의 한시집과 자잘한 계몽용 도서, 한말부터 해방 전까지 신문·잡지에 기고한 수 백 편의 논설, 『건국과 이상』·『이대통령훈화록』·『대통령이승만박사담화집』 등 대통령 재임 전과 재임 중에 직접 작성한 5권 분량의 담화·연설문, 한말부터 하야 전까지 국내외 요인·지인·친구 및 각국 정부와 국제회의에 보낸 수천 점의 공사(公私) 서한 등이 있다. 이는 이승만의 독립활동과 정치활동이 끊임없는 문서생산과정이었음을 보여준다. 여기서 다루는 『청

5) 이제까지 이승만의 『청일전기』 번역문제를 가장 자세히 논급한 연구로는 고정휴, 「개화기 이승만의 사상형성과 활동」, 『역사학보』 109, 1986, 제3장 제2절; 손세일, 『이승만과 김구』, 1부 2권, 나남, 2008, 123-125쪽.

일전기』의 번역과 간행 문제는 이승만의 평생에 걸친 문필활동에서 아주 작은 부분을 점하고 있을 뿐이다.

1898년 12월 25일 조선의 자주독립과 문명개화를 부르짖은 독립협회와 만민공동회가 고종과 그 측근들에 의해 강제 해체된 후에 이승만은 박영효 지지세력과 연대하여 고종폐위운동을 벌였다. 그러나 그는 친러 수구세력의 탄압에 밀려 1899년 1월 9일 체포·투옥되었다. 곧이어 1월 30일 최정식(崔廷植)·서상대(徐相大) 등과 함께 전덕기(全德基) 목사와 주시경(周時經)이 넣어준 권총을 가지고 탈옥을 감행하였다가 실패하여 재수감되고 말았다. 그는 경무청 감방에서 혹독한 고문을 당한 후 2월 1일 한성감옥으로 이감되어 목에 10kg 정도 무게의 나무칼을 쓰고 손발은 수갑과 족쇄에 묶인 상태에서 초초하게 사형집행을 기다리는 가련한 신세가 되었다. 이어 7월 11일 홍종우 주재 하의 평리원 재판에서 "종범(從犯)에 대한 형률"을 적용받아 곤장 1백대, 종신형의 선고를 받았다. 이날부터 이승만은 목과 팔다리를 묶었던 사슬을 벗고 평범한 장기 감옥생활에 들어갔다.[6]

한성감옥에 수감되기 직전부터 1900년 5월 『청일전기』 번역에 착수할 때까지 이승만은 외부세력의 특별 지원을 받았다. 우선, 미국공사 알렌(Horace N. Allen)은 미국 의료선교사 셔만(Harry C. Sherman)의 권고에 따라 1899년 1월 17일 외부대신 박제순에게 이승만의 석방을 공식 요청하였다. 대한제국황실과 우호관계를 유지하던 알렌공사와 미국선교사들의 비호와 지원은 종신범 이승만에게 큰 도움이 되었을 것이다. 다음, 이승만의 부인 음죽 박씨는 덕수궁 앞에서 "남편 대신 자신을 가둬달라"는 복합상소를 올렸는데, 이것도 이승만에 대한 동정 여론의 진작에 일정한 도움이 되었을 것이다.[7] 이런 지원활동이 주효한 덕분인지

6) 유영익, 『젊은 날의 이승만』, 14-19쪽.

는 모르겠으나, 이승만은 1899년 12월 13일과 22일에 김창수(김구) 등 21명과 함께 연이어 감1등의 특사조치를 받아 형기가 10년으로 단축되었다.[8)]

이승만의 옥중생활은 1900년 2월 14일 김영선(金英善)이 신임 감옥서장에 임명되면서부터 크게 변하였다. 전 통정대부, 3품 주임관 김영선 서장은 부임하자마자 "도적을 기르는 곳이다"는 악명을 듣고 있던 한성감옥의 옥정 전반에 대한 개선작업에 착수하였다. 이것은 갑오경장의 일부 성과를 계승한 대한제국의 근대화정책과 "옥정을 개선하고 장기수를 석방하라"는 외국공사들의 요구가 맞물려 나타난 결과였다. 김영선은 죄수들의 마음을 어루만지고 보살펴 주는 한편, 휘하의 관원들과 하인들로 하여금 죄수들을 사랑으로 보살피도록 하였다.[9)] 또한 아래에서 보는 것처럼, 그는 죄수들에 대한 급식 여건을 개선하고, 가혹한 학대를 금지하고, 옥리들의 불법행위를 단속하고, 조명시설을 확충하였다. 이중 조명시설의 확충은 이승만의 번역활동과 직결된 것이었다.

> 감옥서의 죄수들에게 주는 밥은 반조반미(半租半米)요 국은 국물만 주고, 또 죄수를 학대함이 극심하고, 또 밤이면 불을 보지 못함에 비록 죄는 짓고 갇혔으나 더욱 견딜 수 없다고 호원(呼冤)이 낭자하였다. 그러다가 지금 김영선씨가 서장으로 들어온 후에 옥정(獄政)을 밝히 살펴서 음식을 먹도록 하여 주고 죄수가 잘못하는 일이 있더라도 전과 같이 형벌을 쓰지 않고 압뢰(押牢)들을 단속하여 불법행위를 금지하였다. 또 이전에는 장명등(長明燈)을 규모 없이 세워서 죄수간에 불이 비추지 아니하던 것을 지금은 일제히 죄수간 창문 앞마다 세워서 죄수들이 광명을 보게 하였다. 이로

---

7) 유영익, 『젊은 날의 이승만』, 20-21쪽.

8) 『고종시대사』 4, 국사편찬위원회, 1970, 1038-1039, 1044쪽.

9) 이승만, 『옥중잡기』, 「寄本署長書」.

인해 김서장을 위하여 송성(頌聲)이 훤자(喧藉)하더라.[10)]

김영선은 옥정 전반을 개선하면서 이승만에게 특별대우를 베풀어 주었다. 당시 이승만은 고종 측근 한규설에게 누차 편지를 보내 자신이 한성감옥으로 이감되어 고생이 막심하다고 하소연하며 도움을 요청하였다. 이에 대해 궁내부 특진관을 지내고 있던 한규설은 "신임 감옥서장 김영선은 자신이 잘 아는 사람이며 공사석에서 그를 만날 때마다 잘 보살펴 달라고 부탁했다"는 곡진한 답변을 이승만에게 보내왔다.[11)] 그런데 한규설이 국사범 이승만에게 각별한 호의를 베푼 것은, 그가 독립협회운동에 가담한 인사들에게 호의적인 태도를 보였다는 점과 미국 선교사들이 엄비(嚴妃)에게 이승만에 대한 선처를 부탁했을 것이라는 점이 복합적으로 작용한 결과로 보인다. 또한 엄비가 이승만이 논설을 기고하던 『제국신문』의 애독자였고, 이승만의 장모 이씨가 엄비의 침모로 입궁하여 활동한 사실 등이 일정한 영향을 미친 것으로 보인다.[12)] 하여튼 엄비의 심복으로 알려진 감옥서장 김영선과 간수장 이중진의 도움으로 이승만은 옥중에서 본격적으로 문필작업에 착수할 기회를 얻었다.

감옥서장 김영선은 이승만에게 지필묵 사용을 허가하고, 옥중에서 독서와 신문 논설의 집필 및 저술 활동을 허가하였다. 이승만은 김영선이 자신의 문필활동을 허가한 것에 대해 "죽는 날까지 잊지 않을 것을 다짐한다"고 말했을 정도로 감동을 받았던 것으로 보인다. 뿐만 아니라 김영선은 이승만의 서역(書役, 집필작업)에 대해 일종의 보상금까지 지급함으로써 간접적으로 이승만 가족의 생계를 도왔다.

---

10) 『제국신문』, 1900년 4월 2일.

11) 유영익 · 송병기 · 이명래 · 오영섭 편, 『이승만 東文 서한집』, 연세대 출판부, 2008, 356-363쪽.

12) 정병준, 『우남 이승만 연구』, 역사비평사, 2005, 75-76쪽.

> 서역을 시작한 이후로 무릇 교육 등에 관계된 책 몇 질을 그동안 이미 번역을 완료하여 바야흐로 간행을 논의하는 중입니다. 그런데 각하께서 또한 수고에 보답하는 뜻에서 돈까지 주시어 부모를 봉양하는데 보태게 해주셨으니 이는 혜택을 보여주심이 아니겠습니까? 그러나 이목이 많아서 남들이 이러쿵저러쿵하는 것을 면하기 어려울 것입니다. 그런데도 각하께서 유독 지론을 고집하시어 계속 돌보아 주셨습니다. 실로 입이 백 개라도 감사함을 다 말할 수는 없을 것입니다.[13]

이승만은 주위의 반대에도 불구하고 자신의 번역활동을 도와주고 경제적 후원을 베풀어 준 김영선에게 깊은 감사를 표함과 동시에 옥중학당의 개설을 허가해 달라는 건의서를 올렸다. 그는 "학교를 세워 학문을 권장하는 훌륭한 뜻을 본받으십시오. 특별히 한 칸의 방을 허락하시어 학문에 뜻을 둔 사람들을 골라서 한 곳에 모아 수업을 받게 하고, 아울러 등에 불을 켜는 것을 윤허해 주십시오. 필요한 화구(火具)는 모두 자력으로 준비할 것입니다"고 하였다. 이로써 한국 초유의 옥중학교와 옥중도서관이 설립되는 계기를 맞았다.[14] 이에 대해 이승만이 관계하고 있던 『제국신문』은 감옥서장 김영선과 간수장 이중진 · 박진영의 도움과 이승만 · 양기탁 등의 교육으로 감옥서에 학당이 설치되어 잘 운영되고 있다는 사실을 특필하기도 하였다.[15]

감옥생활에서 여유를 찾아갈 무렵에 부임한 김영선 서장의 지원 하에 이승만은 번역작업에 돌입하였다. 그가 번역에 착수한 동기는 청국 상해에서 활동 중인 미국선교사 알렌과 청국 선비 채이강(蔡爾康)이 다량의 책을 저술 · 번역 · 출판하여 청국인들을 계몽시킨 것을 매우 중시했기

---

13) 『옥중잡기』, 「寄本署長書」.

14) 『옥중잡기』, 「寄本署長書」.

15) 『제국신문』, 1903년 1월 10일, 「희한한 일」,

때문이다. 그는 “알렌과 채이강이 각국의 신문과 전보를 모아 『중동전기[본말]』이라는 책을 만들어 청국인을 위해 큰 공을 세웠다. 그러나 우리나라에는 이런 사업을 하는 사람이 없어 인민이 세계형편을 알지 못하고 있는 것을 항상 한탄하였다”고 하였다. 따라서 그는 “옥중에서 한가한 시기를 만났으니 평생에 원하던 번역을 해보겠다”는 각오로 번역작업을 벌이게 되었다. 이때 김영선은 “동포들을 위하여 사업을 도모할진대 힘대로 찬조하기를 진실로 원하는 바다”며 적극 찬조의사를 나타냈다.[16)]

옥중에서 이승만은 최초의 번역사업으로서 영문 『만국사기』를 한문으로 번역하기 시작하였다. 그러다가 러시아와 일본이 한반도와 만주의 패권을 놓고 각축하는 국제정세 하에서 청일전쟁 관련 국제관계사를 국문으로 번역하여 국민들에게 대한제국의 독립문제를 환기시키는 것이 더 시급한 문제라고 판단하여 『만국사기』의 번역을 중단하고 『청일전기』의 번역에 몰입하였다. 그러나 번역대본으로 삼은 한문본 『중동전기본말』이 너무 호번하여 다 번역하기 어렵기 때문에 그중에서 중요한 것만을 뽑아 번역하려 하였으나 이것조차도 간단한 작업이 아니었다. 그러던 차에 유근(柳瑾)과 현채(玄采) 두 사람이 『중동전기본말』을 초역하여 국한문 2권으로 번역・출판한 것을 보고 이것을 대본으로 삼아 쉬운 우리말로 번역하여 작업을 마쳤다.[17)] 그리하여 1900년 5월 2일(음 4.4)에 시작한 작업이 만 3달 만인 7월 31일(음 7.6)에 끝났다.

이승만은 『청일전기』를 번역할 때에 혼자 번역한 것이 아니라 ‘몇몇 친구’들의 도움을 받았다. 그는 번역작업 중에 종이가 없어서 영어신문지에 번역문을 기록해 두었다. 또 밤이면 초를 구해다가 석유통에 넣어

---

16) 이승만 편역, 『청일전기』, 「서문」(1900.음7.20), 하와이: 태평양잡지사, 1917.
17) 『청일전기』, 「권고하는 글」, 151쪽.

서 간수들이 보지 못하게 장치를 하고서 등서하였다. 작업 도중에 심한 고열로 고통을 겪었고, 이따금 이러저런 사건을 겪기도 했으며, 서양선교사들의 갑작스런 부탁으로 『주복문답』으로 보이는 기독교 서책을 도중에 갑자기 번역하느라 시일을 지체하기도 하였다. 그러나 "침침한 옥중에서 춥고 더운 것을 모르고 심력을 허비하여" 번역을 마칠 수 있었던 것은 전적으로 김영선의 후의와 "옆에서 서역(書役)하기에 조력한 힘이 적지 않은 몇몇 친구"의 도움 덕분이었다.[18] 이 점에서 『청일전기』 번역작업은 이승만의 단독작업이라기보다는 한성감옥에 갇혀있던 문필에 능한 죄수들, 아마 국사범들의 공동작품이라고 말할 수 있을 것이다.

『청일전기』를 번역할 때 이승만을 도운 '몇몇 친구'에 대한 자세한 정보는 알 수 없다. 이들은 1900년 5월 번역사업 개시 이전에 한성감옥에 들어와 있던 인사들로서, 1898년 11월 이규완·황철·강성형 등을 중심으로 시도된 황제폐위 및 박영효 추대운동(일명 무술년정변) 가담자들이거나, 1899년 6월 고영근·임병길 등이 주도한 조병식·신기선 등 수구파 고관암살 미수사건 관련자들로 보인다. 다만 전자의 사건에 관련되었다가 체포·투옥된 정순만(鄭淳萬, 1876~1911)이 이승만의 옥중 동지로서 번역사업에 가담하여 끝날 때까지 상당한 역할을 했던 사실은 확인되고 있다. 이승만에 의하면, 그는 "우리의 동지로 감옥서에 갇혀 있을 때에 틈틈이 서역을 힘써 도와 작업을 마친 것이다"고 하였다.[19]

영자신문지에 쓰인 『청일전기』 번역원고는 현채가 출판에 부치기 위

---

18) 위와 같음.

19) 『청일전기』, 「서문」(1917.8.6). 정순만은 1898년 12월 이승만·박용만·전덕기 등과 함께 박영효세력의 후원을 받아 상동청년회 이름으로 고종폐위활동을 벌였다가 체포·투옥되었다. 신세라, 「정순만의 생애와 민족운동」, 『한국근현대사연구』 25, 2003, 1234-1235쪽; 유영익, 『젊은 날의 이승만』, 13-14쪽.

해 가져갔다가 다시 좋은 종이에 옮겨 정서하여 놓았다. 이승만이 작성한 『청일전기』 출판계획서에 의하면, "한글역 중동전기(中東戰記) 인쇄비. 대주자(大鑄字) 유선획(有線畫), 매질 2권, 5백질 388원, 1천질 491원 50전, 2천질 740원. 소주자 무선획, 5백질 236원, 1천질 312원, 2천질 5백원. 총합은 화폐의 값으로 정함"[20]이라고 되어 있다. 이것은 『청일전기』를 큰 활자와 작은 활자로 2본을 인쇄하되, 가능하면 각기 2천부까지 인쇄하여 널리 배포할 생각이었음을 알 수 있다. 상황에 따라 대소 활자로 각기 2천부라는 당시로서는 상당히 많은 책을 인쇄하여 판매하려 했던 것은, 이승만이 이 책의 판매대금으로 옥중 학당 운영과 도서관 설치에 필요한 자금을 충당하려는 구상을 갖고 있었기 때문으로 보인다.[21]

『청일전기』는 이승만의 의도와 달리 번역 직후에 출판되지 못하고 1917년에 가서야 하와이에서 출판되었다. 번역 직후에 이승만은 "화로같은 감옥에 수감된 몸으로 더위를 무릅쓰고 땀을 뿌리면서 아침저녁으로 부지런히 힘써 다행히 붓을 마쳤다"며 큰 기대를 갖고 동지와 군자들에게 편집・출판비의 지원을 요청했으나 실효를 거두지 못하였다.[22] 『청일전기』가 고종정부가 꺼려하는 감옥안의 국사범들이 번역한 책이라는 사실, 현채의 『중동전기』가 이미 출판되어 널리 판매되고 있던 사실 때문에 출판비 마련이 어려웠던 것으로 보인다. 이어 을사늑약 후부터 일제 초기까지 일제가 한국민의 반일의식과 독립사상을 부추기는 도서의 발

---

20) 『옥중잡기』, 「諺譯 中東戰記 印刷費」.

21) 『옥중잡기』, 「寄本署長書」. 惟願閣下 憐此情況 兼效設塾勸學之美意 另許一間 擇有留心文學者 團聚受業 幷允點燈 則所需火具 均可自備 晝宵勸勉 得求切磋之益 兼成消受之方 且譯書作工 賴允費用 他日言謝 皆爲閣下所賜矣.

22) 『옥중잡기』, 「新譯戰記附錄」.

간이나 판매를 일체 금압하고 기왕에 민간에 나돌던 역사서나 계몽서까지 모조리 압수하여 불태우는 혹독한 사상탄압정책을 펼치고 있었으며, 게다가 이승만이 고종의 밀사로서 미국으로 건너가 외교청원활동을 벌이고 있던 상황이었기 때문에 『청일전기』 출판은 더욱 힘들었을 것으로 보인다.[23)]

이승만이 미국에 있는 동안 『청일전기』 번역원고는 현채가 보관하고 있었다. 그러다가 현채는 1910년 10월 이승만이 박사학위를 취득하고 귀국한 후에 그에게 원고를 내주며 해외에서 출판할 것을 부탁하였다. 이승만은 1913년 2월 하와이에 정착한 다음, 번역원고를 하와이로 어렵게 가져와서 여러 번 출판에 붙이고자 하였으나 그때마다 비용문제로 여의치 못하였다. 그러다가 1917년 3월에 『독립정신』 재판본을 발행하고 곧이어 8월 "번역 원본의 본문을 대강 줄인" 다음, 자신이 관할하는 태평양잡지사에서 『청일전기』를 출판하였다.[24)]

『청일전기』가 출판된 1917년은 이승만이 심혈을 쏟아 발간하던 자신의 분신과도 같은 『태평양잡지』가 재정곤란 문제로 휴간하고 있던 때이며,[25)] 무장투쟁론을 지지하는 박용만세력과 하와이 한인사회의 패권을 놓고 적대적인 경쟁을 벌이던 때였다. 이처럼 어려운 시기에 이승만은 자신의 독립활동을 하와이 한인사회에 홍보하고 적대세력에 대해 사상적 우월성을 확보하고 자신의 지도자로서의 정치사회적 위상을 굳건히 하는 한편, 하와이 한인사회에 독립사상을 효과적으로 고취·선전하기 위해 『청일전기』의 출판을 마친 것으로 보인다.

---

23) 이승만, 「제2차 서문」(1917.3.1), 『독립정신』, 서울: 태평양출판사, 1954, 236-237쪽.

24) 『청일전기』, 「서문」(1917.8.6).

25) 오영섭, 「이승만의 하와이에서의 언론활동」, 연세대 현대한국학연구소 학술회의 발표논문, 2007.11, 33-40쪽.

Ⅲ. 『청일전기』의 체제와 내용

한성감옥에서 이승만은 다방면의 서책들을 독파해 나가는 가운데 특별히 역사·기독교 관계 서적과 신문·잡지 등을 탐독하였다. 이때 그가 읽은 것으로 확인되는 사서들은 『태서신사람요(泰西新史攬要)』[26]·『만국략사(萬國略史)』[27]·『만국사략(萬國史略)』[28]·『조선사기 : 안처사국(朝鮮史記 : 顔處士國)』[29]·『중동전기』·『중동전기본말』 등이다. 이 책들은 영문원서 혹은 영문판을 한역한 한문본이거나 영문·일문·한문 등에 관한 책을 한문으로 중역한 것들이다. 이승만은 이 사서들 중에서 『중동전기본말』과 『중동전기』를 적절히 참고하여 순한글로 『청일전기』를 번역하였고, 아울러 『만국사략』도 번역하였다. 이를 보면 이승만은 1904년 미국으로 건너가기 이전에 동·서양 역사에 대해 깊은 관심을 보였음을 알 수 있다.

그러면 『청일전기』는 『중동전기본말』·『중동전기』와 구체적으로 어떠한 차이가 있는가? 먼저 『중동전기본말』은 미국 감리교 선교사 알렌

26) 『泰西新史攬要』(상하 2책, 1897)는 Robert Mackenzie의 *Nineteenth Century : A History,* London : Henry S. King & Co., 1877를 상해 광학회에서 한역하여 출판한 『泰西近百年來大史記』(1895.5)를 중간한 것이며, 『태서신사』는 『泰西新史攬要』의 한글 번역본이다. 이 책들은 대한제국기에 베스트셀러로서 한국인의 근대화의식 고취에 지대한 공헌을 하였다.

27) Peter Parleyd, *Universal History*, Massachusetts: The Heirs of S.G. Goodrich, 1877.

28) William Swinton, *Outline of the World's History,* New York and Chicago: Ivison, Blakeman & Company, 1874.

29) William Elliot Griffis, *Corea : The Hermit Nation*, New York : Charles Scriner's Sons, 1882.

(Young J. Allen, 林樂知, 1836~1907)[30]과 청국의 독서인으로 문장에 능했던 채이강(1852~?)[31]이 공동으로 번역·편집·저술하여 1897년에 상해 광학회에서 출판한 책이다. 이 책은 전편 8권, 속편 4권, 3편 4권, 부록(『문학흥국책[文學興國策]』) 2권으로 이루어진 방대한 분량이다. 이중 전편 8권이 청일전쟁 시기를, 속편 이하는 청일전쟁 이후 시기를 다루고 있다. 한국에서는 전편 8권과 속편 4권, 도합 12권이 유행하였다.[32] 이 책은 청일전쟁 이후 중한 양국인의 현실인식의 변화, 국제정세관 정립, 변법자강운동의 착수, 그리고 개화자강론의 전개에 큰 영향을 미쳤다.

다음, 『중동전기』(상하 2책, 황성신문사, 1899)는 개화기 한국의 사학자 현채(1856~1925)가 『중동전기본말』의 내용 가운데 한국에 직접 관계되는 부분을 골라 번역하여 국한문으로 출판한 책이다.[33] 현채는 청

---

30) 알렌은 1860년에 중국으로 건너와 선교사 겸 번역관으로 활동하였다. 1868년에 중국어 신문인 『教會新聞』(1875년에 『萬國公報』로 개칭)을 창간하여 편집자로서 사거할 때까지 주관하였다. 『萬國公報』는 청국의 정치개혁을 권장하는 기사를 자주 게재하여 강유위·양계초 등의 변법파에 영향을 미쳤다. 또한 윤치호도 수학한 상해 中西學院(The Anglo-Chinese College)의 원장을 지냈으며, 1887년 계몽운동단체인 廣學會를 설립하여 『萬國公報』를 기관지로 삼고 수많은 한역 개화자강서와 기독교서를 출판하였다. 「近世中國關係西洋人名錄」, 『東洋史學硏究』 3. 1969.3, 76쪽.

31) 채이강은 중국 嘉定府 南翔縣 출신의 士人으로 향시에 번번이 떨어진 낙방거사였다. 20세 이후 언론계에 투신하여 광학회의 총간사인 리차드(Timothy Richard, 李提馬太)의 서기를 지내며 광학회 간행물의 번역·편집작업과 『만국공보』의 편찬을 도왔다. 나중에 알렌과 함께 『중동전기본말』을 공동으로 번역·편집·저술하였다. 馬軍, 「蔡爾康與萬國公報」, 『近代中國基督教史東硏究集刊』, 1999, 5-17쪽.

32) 김병철, 『한국근대번역문학사연구』, 을유문화사, 1975, 191-192쪽.

33) 현채의 저술·출판 활동을 다룬 연구자들의 논문에는 『중동전기』에 대한 언급이 빠져있다. 현채의 저술 활동에 대해서는, 노수자, 「白堂玄采硏究」,

일전쟁이 한국문제에서 비롯되었으며 전쟁의 원인과 전개과정 및 결과를 비롯한 동양 3국의 국제관계를 깊이 연구하여 한국의 '자수자강(自修自强)'의 기초로 삼아야 한다는 생각에서 『중동전기』를 편찬·번역하였다. 『중동전기』의 상권에는 『중동전기본말』 전편 제1-6권이, 하권에는 『중동전기본말』 전편 제7-8권과 속편 제1-3권의 내용이 초역되어 있다. 이 책은 한성감옥의 죄수들이 많이 읽었고, 이승만이 이를 참고하여 순한글본 『청일전기』를 펴냈을 정도로 대한제국기에 일정한 영향을 미쳤다.

이승만은 『청일전기』 번역작업이 끝난 지 2주일 후인 1900년 8월 20일에 지은 서문에서 『청일전기』 번역대본의 문제를 밝혀놓았다. 그에 의하면, "(『청일전기』를 번역할 때에) 『중동전기본말』을 참고하다가 본문이 너무 잡다하여 모두 번역하기 곤란하였다. 그 때문에 『중동전기본말』의 내용 중에서 중요한 것만을 골라 번역하려 하였으나 그것도 만만치 않은 작업이라서 결국 이를 중단하였다. 그 대신 『중동전기본말』을 초역하여 국한문으로 펴낸 『중동전기』가 원문에 상당히 충실하다고 판단하여 이를 순한글로 변역했다"고 하였다. 이를 보면 『청일전기』는 『중동전기본말』을 약간만 참고하고 거의 대부분 『중동전기』를 그대로 번역해 놓은 것임을 알 수 있다. 이와 같은 사실은 세 책의 서술양태를 직접 비교해 보면 쉽게 알 수 있다.[34)]

『이대사원』 8, 81-98쪽; 박성수, 「현채의 생애와 저술 활동」, 『萬國史記』, 한국정신문화연구원, 1996, 5-15쪽.

34) 지명·국명·인명·숫자 등에서 『중동전기』는 『중동전기본말』과 일치하여 정확도가 높은 반면, 『청일전기』에는 이따금 오류가 엿보인다. 이는 『청일전기』 번역원고 자체의 문제 때문인지, 하와이 태평양잡지사에서 출판할 때에 생긴 출판상 오류 때문인지 잘 알 수 없다.

〈표 1〉 『중동전기본말』·『중동전기』·『청일전기』의 내용 비교

	『中東戰紀本末』		『중동전기』	『청일전기』
권1	(A) 大日本帝國 外務卿 陸奥宗光 爲咨請事 竊照 本大臣昨與貴大臣面晤談及朝鮮之事 目下 貴國與本國合力 驅除東學黨之亂 亂事旣定 所有朝鮮內政 亟應代爲修整 兩國擬各簡命數大臣 前往朝鮮 同心稽察各弊 其分應整頓 俾朝鮮日起有功者 如國庫出納款項 如遴選大小官吏 如募練彈壓內亂兵額等 皆是除晤談外 合卽咨請貴大臣 煩爲備案 奏請施行 須至咨者. 右咨大淸欽差大臣 汪鳳藻 明治二十七年 六月 十七日	권1	(A) 日本 外務大臣이 駐日汪公使의에 照會라 大日本帝國 外務卿 陸奥宗光은 大淸欽差大臣 汪鳳藻 前에 咨請ᄒᆞ노라. 本 大臣이 昨日에 貴 大臣과 朝鮮事ᄅᆞᆯ 面譚ᄒᆞ얏거니와 目下에 貴國이 本國으로 더부러 東學黨을 驅除ᄒᆞ야 亂事ㅣ 旣定ᄒᆞ얏스니 至今에 朝鮮을 代ᄒᆞ야 內政을 急히 修整ᄒᆞᆯ지라. 兩國이 各其 數大臣을 簡命ᄒᆞ야 朝鮮에 前往ᄒᆞ야 各弊를 稽察ᄒᆞ야 國庫의 出納款項과 大小官吏 選用ᄒᆞᆷ과 內亂을 彈壓ᄒᆞᆯ 兵額 等事를 整頓ᄒᆞ야 朝鮮으로 ᄒᆞ야곰 振興케 ᄒᆞ리니 請컨대 貴 大臣은 貴朝廷에 奏請ᄒᆞ야 施行케함을 望ᄒᆞ노라. 明治 二十七年 甲午 六月 十七日	(A) 일본 외무대신 륙오종광의 조회 우리가 어졔 합동[ᄒᆞ]야 죠션 일을 의론ᄒᆞ엿거니와 두 나라이 합력ᄒᆞ야 동학란을 평뎡ᄒᆞᆫ 후에 죠션 ᄂᆡ졍을 급히 졍돈ᄒᆞ여 줄 일이며 량국이 각기 공ᄉᆞ를 ᄲᅩᆸ아 죠션에 보ᄂᆡ여 동심합력ᄒᆞ야 각ᄉᆡᆨ 폐단을 살펴 다사리게 ᄒᆞ며 재졍을 맡길 일과 대쇼 관원을 ᄐᆡᆨᄒᆞ야 쓸 일과 군사를 ᄲᅩᆸ아 교련ᄒᆞ야 관민을 탄압ᄒᆞ게 ᄒᆞᆯ 일이며 죠션에 유죠ᄒᆞᆯ 일을 날로 흥왕케 ᄒᆞ자ᄂᆞᆫ 사건에 ᄃᆡᄒᆞ여 낫낫치 들어 졍부에 쥬품ᄒᆞ야 시ᄒᆡᆼ케 ᄒᆞ고 일변 답자문을 ᄒᆞ심을 무망. 명치 27년 6월 17일 대청국공사 왕봉죠 각하
권5 권5	(B) 傅相徂東公牘 光緖二十一年二月二十八日 致伊藤陸奥照會云 大日本帝國大皇帝 欽差全權辦理大臣閣下 本日下午 本大臣自會議處所歸途忽遇意外可悼之事 致使面訂 明日上午十點會議之期 未能躬親殊爲抱歉 是以 特此知會貴大臣明日於所定之時 由本大臣委派	권4 권4	(B) 李傅相이 日本大臣과 往來照會라 光緖 二十一年 乙未 二月 二十八日에 李鴻章은 伊藤陸奥 兩大臣閣下의게 照會ᄒᆞ노라. 本日 下午에 本大臣이 歸途에 猝然이 意外 事故를 當ᄒᆞ야 明日 相約ᄒᆞᆫ 期限을 躬踐키 難ᄒᆞ기로 屆期ᄒᆞ야 李經芳을 代送ᄒᆞᆯ 터이니 議和條款을 交付ᄒᆞ야	(B) 리홍장이 일본대신들과 왕복ᄒᆞᆫ 죠회 광서 21년 을미 2월 28일에 리홍장은 이등과 륙오 두 대신각하에 죠회ᄒᆞ노라. 오날 오후에 본 대신이 도라오ᄂᆞᆫ 길에 졸연히 의외 일을 당ᄒᆞ야 명일 상약ᄒᆞᆫ 긔한에 몸쇼 참예치 못ᄒᆞ겟기로 리경방을 ᄃᆡ신 보낼 것이니 화친 죠약을 주어 보ᄂᆡ여

	李經方 趨候貴大臣 祈將已承允諸出示大日本國擬結和局要款之節略 交由李經方齎回 本大臣一經接到貴大臣應允見示之和款節略 卽當迅速細加察覈 幷望早日能見與貴大臣會議也 手此幷頌日佳.	本大臣으로 ᄒᆞ야곰 披閱케ᄒᆞᆷ을 望ᄒᆞ노라.	본 대신으로 ᄒᆞ여금 보게 ᄒᆞ기를 바라노라 ᄒᆞ엿더라.

〈표 1〉에서 사료A는 일본 외무대신 무쓰 무네미쓰(陸奧宗光)가 주일 청국공사 왕봉조(汪鳳藻)에게 보낸 조회문이다. 그 내용은 일본 외무대신과 주일청국공사가 회동하여 조선문제를 의논한 결과, 양국군의 활동으로 동학농민군이 진압되었으니, 이제 조선을 대신하여 내정을 다스리되, 양국에서 대신을 파견하여 조선의 폐단을 구제하게 하고, 재정관리·관료선발 및 내란 진압용 군대의 선발과 훈련 등의 문제를 해결하여 조선을 진흥케 해야 하니, 이러한 사실을 귀하가 청국정부에 보고하여 처리하도록 하라는 것이었다.

그런데 〈표 1〉의 사료A에서 『중동전기』는 『중동전기본말』의 기사 중에서 중국식 한문의 번삽한 구절을 생략하면서도 비교적 직역에 가깝게 번역하려고 노력했음을 알 수 있다. 이에 반해 『청일전기』는 『중동전기본말』의 내용을 그대로 번역하면서 유려하고도 간명한 스타일의 순한글로 번역하려 애썼던 것으로 보인다. 또 이승만의 특유한 문체인 마침표 없는 지루한 장문으로 번역되어 있음을 알 수 있다. 아마 이러한 점들이 이승반이 『청일전기』를 번역할 때에 『중동전기본말』을 참고했다고 말한 대목일 것이다.

그러나 『중동전기본말』을 그대로 순한글로 번역한 것은 『청일전기』 앞부분 「전쟁 시작 전에 양국간에 내왕한 공문」(4.3쪽 분량) 일부분과 그 나머지 부분에서 「조선사신 민영환씨의 어록」처럼 이승만 특유의 쉽표 없는 문체로 번역된 것들이 여기에 해당한다. 이것들을 제외하면, 『청일전기』의 거의 대부분은 『중동전기』의 국한문 기사를 그대로 순한글 기사로 바꾸어 놓은 것에 다름 아니라고 말할 수 있다. 또한 〈표 1〉 사료B의 기사들을 비교해 보면, 『중동전기』가 『중동전기본말』의 기사들을 그대로 번역하거나 축약 번역한 것임을 알 수 있으며, 아울러 『청일전기』가 『중동전기』의 국한문을 그대로 순한글로 바꾼 것임을 알 수 있다. 이를 보면 『청일전기』는 대체로 국한문 『중동전기』를 순한글로 충실히 번역한 책이라고 말할 수 있다.

그러면 『중동전기본말』을 초역한 『중동전기』와 『중동전기』를 그대로 번역한 『청일전기』는 체제와 구성에서 어떤 차이가 있는가? 아래 〈표 2〉를 보면, 첫째, 『중동전기』는 각 권의 체제를 『중동전기본말』과 동일하게 잡은 반면, 『청일전기』에는 각 권의 구분이 없다. 이로 인해 『중동전기』의 목차는 일목요연한 반면, 『청일전기』의 목차는 체계성이 결여되어 있다. 둘째, 이승만의 논설 2편을 제외하면, 『청일전기』의 목차는 『중동전기』의 전체 항목에서 조선문제와 연관성이 적은 일부 항목들을 뺀 것임을 알 수 있다. 셋째, 각 권에 수록된 기사 제목에서 『중동전기』는 『중동전기본말』의 한자 제목을 그대로 따른 반면, 『청일전기』는 『중동전기』의 번역 제목을 참고하되 완전히 새로운 순한글 제목으로 바꾸어 놓았다. 이는 『청일전기』가 『중동전기』보다 한글 독자를 의식했기 때문일 것이다. 넷째, 『청일전기』는 『중동전기본말』을 초역·출판한 『중동전기』의 기사를 다시 선별하여 순한글로 번역한 것임을 알 수 있다. 이는 『청일전기』의 번역이 거의 전적으로 『중동전기』에 의지하고 있음을 보여주는 것이다. 다섯째, 『청일전기』가 『중동전기』보다 분량이 많은 유일한 부분은 『중동전기』 권2의 청국황제 조칙 부분이다. 『중동전기』에는 황제 조칙이 16점 실려 있는 반면, 『청일전기』에는 황제와 황태후 조칙 21점이 실려 있다. 여섯째, 『청일전기』에는 이승만이 지은 「전쟁의 원인」·「권고하는 글」 등 2편의 논설과 일본천황의 선전조칙에 대한 비판적 논평 3행[35]이 나온다. 이것은 이승만의 논설 두 편을 제외하면, 『청일전기』의 거의 대부분이 『중동전기』와 동일하다는 것을 보여주는 것이다.

이상을 살펴보면, 『청일전기』는 거의 대부분 국한문 『중동전기』를 순한글로 번역해 놓은 것임을 알 수 있다. 이는 이승만이 자신의 친필로 작성한 '역저명록(譯著名錄)'에서 '중동전기 순한글역'이라고 적어 놓았던 사실로도 입증된다. 『청일전기』 번역기간 3개월 동안에 이승만은 고열로 앓은 적이 있고, 잡다한 사건으로 고생했으며, 선교사들의 부탁으로 기독교 서책을 번역하였다. 이는 이승만이 『청일전기』 번역에 전적으로 매달리지 못했음을 보여주는 것이다. 그렇기 때문에 『청일전기』 번역작업에는 정순만 등을 비롯한 옥중동지들이 중요 역할을 수행할 수 밖에 없었으며, 이승만은 『청일전기』의 맨 앞부분을 번역하고 전체 번역원고를 감수하는 역할만을 맡았고, 『청일전기』가 완성된 후 2주일 동안에 「전쟁의 원인」·「권고하는 글」 등의 논설을 직접 집필하여 덧붙인 것으로 보인다.

〈표 2〉 『중동전기』와 『청일전기』의 체제와 목차

	『중동전기』	『청일전기』
서문	*柳 瑾(1899.2) *林樂知(1896) *張 甫(1896.음11)	청일전기 간행본 서문 (1917.8.6, 이승만) (1쪽) 청일전기 원고 서문 (1900.7.20, 이승만) (2쪽)
권1	*청국이 일본을 제어코자 함이라 1. 張學士佩綸이 日本을 預防하는 上疏라	

35) 이 3행은 "기자왈 이 글을 보면 세상 사람들의 이목을 족히 속일만 한지라. 일본이 조선의 독립을 위하여 싸운다 하는 것이 실상은 세상도 속이는 말뿐이더라" 이다. 『청일전기』, 「일황의 선전조칙」, 44쪽.

	2. 李傅相鴻章이 東患을 預防함과 겸하여 東征하는 良策疏라 *中東이 失和하기 前에 往來한 公文이라	*전쟁 시작 전에 양국간에 내왕한 공문 (4.3쪽)
		*전쟁의 원인(이승만)(4.5쪽)
권 2	*皇帝 勅諭라.(1895.4.10) *淸國皇帝 諭旨라 1. 皇帝諭旨(1894.4,27) 2. 皇帝諭旨(1894.7.1) 3. 皇帝諭旨(1894.7.3) 4. 皇帝諭旨(1894.7.26) 5. 皇帝諭旨(1894.7.28) 6. 皇帝諭旨(1894.8.24) 7. 皇帝諭旨(1894.9.2) 8. 皇帝諭旨(1894.11.20) 9. 皇帝諭旨(1894.12.1) 10. 皇帝諭旨(1894.12.13) 11. 皇帝諭旨(1894.12.14) 12. 皇帝諭旨(1894.12.19) 13. 皇帝諭旨(1894.12.21) 14. 皇帝諭旨(1895.1.21) 15. 皇帝諭旨(1895.3.22) 16. 皇帝諭旨(1894.10.17)	*청국 관보에 반포한 조칙 1. 황제조칙(1894.7.1) 2. 황태후조칙(7.3) 3. 황제조칙(7.26) 4. 황제조칙(1894.7.28) 5. 황태후조칙(7.29) 6. 황제조칙(7.29) 7. 황태후조칙(8.22) 8. 황제조칙(8.29) 9. 황제조칙(8.29) 10. 황제조칙(8.29) 11. 황제조칙(9.2) 12. 황제조칙(11.20) 13. 황제조칙(12.1) 14. 황제조칙(12.14) 15. 황제조칙(12.14) 16. 황제조칙(12.19) 17. 황제조칙(12.21) 18. 황제조칙(1895.1.21) 19. 황제조칙(3.22) 20. 황제조칙(4.14) 21. 황제조칙(10.17) (6.3쪽)
권 3	*전보 288점 (1894.7.1-1895.11.16)	*전보 285점[36] (1894.7.1-1895.11.16) (27쪽)
권 4	*日本宣戰書(윤치호역) *朝警記 (1-12)	*일황의 선전조칙 (附記 3행 : 이승만) (2쪽) *조선난리사적 (1-12) (35쪽)
권 5	*問答節略(李中堂이 日本大臣과 問答記라) *李鴻章의 遇刺事實이라 *李傅相이 日本大臣과 往來照會라 *伊藤博文의 答照會	*양국 사신의 문답 대개 (6쪽) *이홍장의 봉변한 사실 (3쪽) *이홍장이 일본대신들과 왕복한 조회 (6쪽) *이등박문의 답조회 (0.5쪽)

	*李鴻章氏가 日本의 和約元稿를 擬改하야 伊藤博文氏에게 照覆한 說帖이라	*이홍장이 다시 고쳐 보낸 약조초 (2쪽)
	*伊藤大臣이 李中堂에게 說帖을 面交하고 元稿 更改함을 不願함이라	*약조서 초본 (3쪽)
	*續問答節略	*회의문답 (9.5쪽)
	*講和條約이라	*평화약조 (3.5쪽)
	*議訂한 專條라	*평화약조에 첨부한 조목 (0.3쪽)
	*停戰條款이라	*평화약조 정하기 전에 전쟁 정지할 조약 (1쪽)
	*奉天省 南邊地方을 交換하는 約條라	*평화약조 정한 후 봉천성을 돌려보내는 약조 (1쪽)
	*日本이 止戰하는 訓勅이라	일본황제의 전쟁 파하는 조칙 (0.5쪽)
	*日本이 遼東을 交換하는 訓勅이라	*일본이 요동을 청국에 돌려보내고 반포한 조칙 (0.4쪽)
	*韓日의 小約이라	*대한과 일본 사이에 잠시 약조 (0.3쪽)
	*日本 海軍司令官 伊東祐亨이 清國 海軍提督 丁汝昌에게 送致하는 書函이라	*일본 해군사령관 이등우형이 청국 해군제독 정여창에게 항복받기 전에 편지한 사연 (1.4쪽)
	*丁汝昌이 伊東祐亨에게 答函이라	*정여창이 이등우형에게 회답한 글 (0.2쪽)
	*伊東司令官이 丁汝昌에게 答函이라	*이등우형이 정제독에게 다시 회답한 글 (0.2쪽)
	*日本 伊東中將에게 覆函이라	*정제독이 이등중장에게 회답한 글 (0.2쪽)
	*朝鮮 大君主陛下 誓廟辭	*조선 대군주폐하께서 종묘에 명서하여 고하신 글 (1.5쪽)
권 6	*清日韓 三國의 兵禍를 推原窮本하는 說이라	*한청일 3국 전쟁의 근원을 궁구한 의론 (7.5쪽)
	*清日 兩國의 政治가 互異한 論이라	*청일 양국 정치의 서로 같지 안이한 의론 (5.5쪽)
	*滿은 招損하고 謙은 受益이 是乃天道論이라	
	*寬恕로써 仇怨을 釋하는 論이라	
	*亞細亞洲 局勢를 統籌하는 說이라	*아세아 형편을 통합한 의론 (2쪽)
	*俄國論이라	*아국론 (2쪽)
권 7	*宋儒가 中國에 貽禍한 論이리	
	*杜司勳牧之의 罪言을 擬倣하야 作함이라	
	*西敎를 論함이라	
	*英國 威妥瑪大臣이 清國을 議論함이라	
	*美國 麥吉芬游戎의 語錄이라	*미국사람 맥길분유융의 지난 일 (2.4쪽)
권 8	*治安新策 (1-3)	

續권1	*學校를 推廣코자 하는 上疏라 *種植을 廣開코자 하는 上疏라 *淸俄密約 譯文이라 *光緖 丙申에 淸俄 兩國이 特訂한 條約이라 *俄羅詞 前皇 大彼得의 顧命이라 *俄國이 波蘭을 滅함과 및 瑞典과 交涉이라 *電報 (1896.2.12-1898.10.3) (55점)	 *청아의 비밀약조 (2쪽) *청아의 특별약조 (2쪽) *전보 (1896.2.12-1897.10.8) (21점) (3.5쪽)
續권2	*臺灣을 讓與하는 記라 *私議를 集하야 公見을 廣하는 論이라 (1-4) *日本雜誌라 *朝鮮雜誌라 *朝鮮에 駐在한 俄日使臣의 約條라 *日使 山縣有朋이 俄相 魯八諾甫와 定約이라 *朝鮮使臣 閔泳煥氏의 語錄이라 *淸皇 國書라 *德皇이 膠州灣을 奪據한 記라 (1-4)	 *한성조약 (1.5쪽) *모스카우조약 (0.7쪽) *조선사신 민영환씨의 어록 (1쪽) *청국황제의 국서 (0.7쪽)
續권3	*德皇이 奪膠한 後 日本輿論이라 *德皇이 奪膠한 後 各國輿論이라 *俄國이 旅順口를 占領한 記라 (1-3) *英國이 威海衛를 占領한 記라 *英國 議院의 朝鮮論이라	 *영국 의회의 외교론 (1쪽)
		*권고하는 글(이승만) (2.7쪽)

『청일전기』에는 1894년 6월 6일 청국 특명전권대신 왕봉조의 조회로부터 1899년 1월 20일 청국공사 서순보가 서울에 들어와 고종에게 바친 청국황제의 국서에 이르기까지 다양한 주제에 걸쳐 많은 내용이 담겨있다. 『청일전기』에 나오는 잡다한 사실들을 시간 순으로 갈래지어 살펴보면 아래와 같다.

---

36) 『중동전기』보다 전보가 3점 적은 것은 번역상 오류로 보인다. 빠진 3점은 1-2줄 정도의 짧은 전보이며 그 내용도 국제관계에서 문제될 것이 없는 것들이다.

1. 이승만의 논설: 청일전쟁의 원인을 논급하고 한국민에게 혁신을 권고하는 논설 2편.
2. 청일 양국군 철병문제와 속방문제: 1894년 6월 6일부터 7월 14일까지 청일전쟁 개시 전에 청일 양군 공동 철군문제와 조선에 대한 속방-자주국 문제를 주제로 청일 양국 간에 주고받은 조회문 9점.
3. 청국황제와 황태후의 조칙: 1894년 8월 1일 청국황제의 선전포고 조칙부터 1895년 12월 3일 청국 이부시랑 왕홍란과 호부시랑 장린의 파직을 명하는 청국황제의 조칙까지 청일전쟁 관련 조칙 20점.
4. 청일전쟁 관련 및 동북아문제 관련 전보: 1894년 7월 1일 이홍장의 군대동원 요청 전보부터 1895년 11월 16일 영국인 '양위리'를 수군제독으로 삼는 문제를 다룬 전보까지 전보 285점. 1896년 2월 12일 청국 해군제독 정여창(丁汝昌) 부인의 자결 전보부터 1897년 11월 7일 주한러시아공사의 한국 내정간섭에 대한 전보까지 21점.
5. 일본천황의 선전포고: 윤치호(尹致昊)가 번역한 일본천황의 선전포고 조칙.
6. 청일전쟁 관련 논설: 알렌과 채이강이 각국 신문 보도와 외교문서를 토대로 공동 저술한 1) 청일전쟁 이전 조선의 상황, 2) 청일전쟁의 발발원인, 발발과정과 전투상황, 3) 강화조약 체결과정, 4) 청일 양국과 구미 각국 정부와 신문의 청일전쟁에 대한 여론과 대응, 5) 청일전쟁의 종결과 결과, 6) 청국이 청일전쟁에서 패배한 원인 등을 논한 12편의 청일전쟁 관련 소논설.
7. 마관조약(馬關條約:下關條約)의 전말: 1) 1895년 3월 20일 이홍장(李鴻章)의 일본 파견경위와 청국대표 이홍장과 일본의 이토 히로부미(伊藤博文)·무쓰 무네미쓰와의 마관조약 체결관련 문답기. 2) 1895년 3월 24일 이홍장이 동경에서 피격당한 사실과 청일 양국의 반응. 3) 1895년 3월 24일부터 4월 5일까지 이홍장이 일본대신들과 주고받은 조회 5점과 4월 6일 이토 히로부미의 답조회 1점. 4) 이홍장이 다시 고쳐 보낸 약조문과 1895년 4월 9일 이토 히로부미가 이홍장의 강화조약 체결 제안

을 거부한 약조서 초본. 5) 4월 10일과 15일 이홍장과 이토 히로부미가 강화조약 체결한 최종 회의 내용. 6) 마관조약 조약문 9개조와 첨부한 조목 2개조. 7) 마관조약 체결 전 청일전쟁 정지 조약과 마관조약 체결 후 일본의 봉천성 반환 조약. 8) 일본 천황의 전쟁 종료 조칙, 일본의 요동반도 반환 반포 조칙. 9) 1894년 8월 26일 일본과 조선의 청병 철퇴 약속.

8. 청일 제독들의 편지: 일본 해군사령관 이동우형(伊東祐亨)과 청국 해군 제독 정여창이 주고받은 편지 4점.
9. 홍범 14조: 1895년 1월 7일 고종이 종묘에 고한 독립서고문(獨立誓告文)과 홍범(洪範) 14조.
10. 청일전쟁의 원인 논설: 동양 3국의 전쟁 원인을 궁구한 논설.
11. 동아시아 국제관계론: 청일 양국 정치의 차이점, 아시아 형편을 통합한 의론, 청일전쟁 전후 러시아의 극동정책을 논급한 아국론(俄國論).
12. 미국 함장의 용맹성: 청일전쟁 당시 압록강전투에서 청국군함 진원함 함장 미국인 맥길분유융의 용맹성 칭송.
13. 청일전쟁 이후 국제조약과 협정서: 1) 1896년 6월 3일 일본의 공격에 대한 공동방위를 밀약한 이홍장과 로바노프 간에 체결된 청러조약(淸露密約)과 9월 청러특별조약. 2) 1896년 5월 14일 청국과 일본간 한국문제를 두고 서울에서 조인된 한성조약. 3) 1896년 6월 9일 러시아 수도에서 체결된 노바노프와 야마가타 아리토모(山縣有朋) 간의 협정서.
14. 민영환의 회견기: 1896년 여름 러시아특명전권공사 민영환이 영국신문과 회견한 내용.
15. 청국공사의 국서: 1899년 1월 20일 청국공사 서순보가 서울에 들어와 고종에게 바친 청국황제의 국서.
16. 영국의 러시아대책: 러시아의 한국진출을 우려하는 영국 의회의 외교 대책.

이상의 내용을 보면, 『청일전기』는 기왕에 학자들이 주장하듯이 청일전쟁사를 다룬 책이라기보다는 1894~1897년간 동아시아 국제관계사를 전반적으로 다룬 책이라고 말하는 것이 타당할 것이다. 여기에는 계몽논설, 조회문, 조칙, 전보, 청일전쟁 당시 및 그 이후 조약문과 협정서, 마관조약 체결관련 여러 사항들, 동양 3국에 관련된 국제정세 문제, 구미열강의 외교대책, 청일 제독들의 편지, 고종의 서고문, 미국인 함장의 용맹기사, 민영환의 회견기 등등 실로 다양한 기사들이 실려 있다. 이중에서 가장 큰 분량을 차지하는 것은 청일간 전보문, 마관조약 체결관련 내용, 채이강과 알렌이 공동 집필한 청일전쟁 관련 논설이다.

그러면 『중동전기본말』·『중동전기』·『청일전기』는 한국의 독립문제, 내치문제, 근대화문제 등에 대해 어떻게 서술했는가? 다시 말해 알렌과 채이강이 함께 한문으로 번역·편집·저술한 『중동전기본말』과 그 책의 내용을 선별하여 국한문으로 번역한 『중동전기』, 그리고 『중동전기』의 내용을 거의 그대로 초역한 이승만의 순한글 번역본 『청일전기』에서 그 문제들이 어떻게 다뤄졌는가? 이것은 『청일전기』 번역·출판의 궁극적 목적과 긴밀한 연관이 있는 문제로서 청일간에 주고받은 전보문과 각종 공사(公私) 문서 및 『중동전기본말』에 수록된 채이강의 한·중·일 국제문제에 대한 장문의 논설들을 살펴보면 쉽게 알 수 있다.

먼저, 한국의 독립문제에 대해 일본과 주고받은 조회문에서 청국지도부는 일관되게 한국을 자신들의 속방이라고 표현하고 있다. 『중동전기본말』·『중동전기』에서 청국지도부는 청국을 상국(上國)으로, 조선을 번속(藩屬)·번복(藩服)·번국(藩國)·속번(屬藩)·속방(屬邦)으로 쓰고 있으며, 이승만은 『청일전기』에서 한글로 이를 모두 속방이라고 번역하였다. 이에 대해 채이강은 자신이 집필한 「조경기(朝警記)」를 비롯한 여러 논설에서 청국지도부의 한국관과 동일한 입장을 드러냈다. 이처럼 청일전쟁 종결 이전 조선의 지위를 중국의 속방으로 간주한 것은 『중동전기본말』·『중동전기』·『청일전기』가 모두 동일하다. 다만 『중동전기』

나 『청일전기』는 『중동전기본말』의 지나친 표현을 약간 축소 내지 완화시켰음이 확인된다.

『중동전기본말』 「조경기(朝警記)」(1)의 앞머리에 나오는 〈표 3〉의 사료 A는 동학농민군의 봉기과정을 기술한 것이다. 이 사료가 나오는 『중동전기본말』의 「조경기」 12개절은 원래 제1-5절을 채이강이 단독으로,

〈표 3〉 『중동전기본말』·『중동전기』·『청일전기』의 '속방' 구절 비교

	『中東戰紀本末』	『중동전기』	『청일전기』
권 4	(A)朝警記(1) 上海 蔡爾康 屬稿 朝鮮爲箕子古都 向稱藩於中國 我朝龍興 東土 其王又首先效順 不侵不叛 垂三百年 他人妄肆覬覦 實中國臣民所同憤 乃朝鮮自開關互市以來 中國雖卵而翼之 而民氣漸肆囂陵 卽外患時虞騷擾 東學黨者守舊黨之滋蔓也 恒與開化黨之爲仇 光緒二十年三月間 其黨魁崔時亨 自號緯大夫 猝稱亂於全羅之高阜 有衆五六萬 首蒙白巾 手執黃旗 殺三地方官.	(A) 朝警記(1) 上海 蔡爾康稿 朝鮮은 箕子古都라. 清國에 稱藩혼지 三百年에 不侵不叛ᄒᆞ더니 光緒 二十年 甲午 三月間에 東學黨 魁首 崔時亨이 猝然이 全羅 高阜에셔 稱亂ᄒᆞ니 衆이 五六萬이라. 首蒙白巾ᄒᆞ고 手執黃旗ᄒᆞ며 地方官 三人을 殺ᄒᆞ다.	(A) 조선관리사적 (1)미국인 림락지 져술 조선은 기자의 도읍혼 녯 나라이라. 청국과 교의가 친밀히 지낸지 오래더니 광셔 20년 갑오 3월에 동학당의 괴수 최시형이 젼라도 고부에셔 졸연이 란을 지으니 당이 5-6만이라. 머리에 흰 수건을 쓰고 손에 황긔를 들고 떼를 지어다니며 디방관을 셋시나 죽엿다.
권 6	(B) 中日朝兵禍推本窮原說 (上略)且夫 中國廣土衆民之大國也 日本發憤爲雄之新國也 朝鮮闇弱無能 甘居人下之藩國也 迺者 朝鮮釁起於黃池 禍延於宗社.	(B)淸日韓 三國의 兵禍를 推原窮本ᄒᆞᄂᆞᆫ 說이라. 大抵 淸國은 土廣民衆혼 大國이오, 일本은 發憤爲雄ᄒᆞᄂᆞᆫ 新國이며, 祖先은 闇弱無能ᄒᆞ야 人下에 甘居ᄒᆞᄂᆞᆫ 藩國이라.	(B) 한·청·일 3국 젼쟁의 근원을 궁구혼 의론 대저 청국은 땅이 넙고 백셩이 만흔 큰 나라이오. 일본은 발분망식ᄒᆞ고 새로 홍ᄒᆞᄂᆞᆫ 나라이오. 됴션은 암약간패ᄒᆞ야 남의 아래 거ᄒᆞ기를 달게 녁이 ᄂᆞᆫ 쇽국이라.

제7-12절을 임락지(알렌)와 채이강이 공동으로 저술한 것이다. 그런데 『중동전기』는 『중동전기본말』에 나오는 각 절의 필자 이름을 그대로 기술한 반면, 『청일전기』는 채이강의 이름을 빼고 '미국인 림락지'가 저술했다고 하였다. 이는 청국과 조선의 관계를 상국(上國)과 속국(屬國)의 관계로 간주하는 청국인 채이강의 중국중심적 서술태도를 완화하려는 의도적인 편집으로 보인다.

〈표 3〉의 사료A는 『중동전기본말』에 자주 나오는 갑오경장 이전의 한국을 중국의 속국으로 간주하는 채이강의 입장을 잘 보여준다. 그 구절은 "조선은 기자조선(箕子朝鮮)의 옛 도읍지이다. 예전부터 조선은 중국에 번속이라고 칭했으며 우리 청나라가 동쪽에서 일어나자 조선왕이 또 먼저 충성을 바쳐 우리를 침범하지도 않고 반란을 일으키지도 않은 지가 거의 3백년이나 되었다. 일본이 망령되이 조선을 넘보는 것은 실로 중국 신민들이 모두 분통해 하는 바이다. 조선이 나라를 세워 중국과 무역한 시작한 이래 중국이 보듬어 안아주고 도와주었으나 조선의 민기(民氣)가 점차 거칠어지고 방자해져 외환과 내란으로 시끄러워졌다"는 것이다. 채이강의 이러한 발언은 명백히 조선의 국체와 조선인의 자존심을 훼손하는 측면이 있었다.

위의 기사에 대해 『중동전기』는 『중동전기본말』의 장황한 내용을 줄이면서도 채이강의 기본의도를 그대로 살려놓았다. 『중동전기』는 『중동전기본말』의 원문 일부만을 직역하여 "조선이 청국에 칭번(稱藩)한 지 3백년에 청국을 침략하거나 배반하지 않았다"라고 기술하였다. 이에 반해 『청일전기』는 조선인이 받아들이기 힘든 구절들을 삭제한 후, "청국과 교의가 친밀히 지낸지 오래이다"라고 바꾸어 놓았다. 이것은 이승만 등이 자국사의 독립성과 자주성을 중시하는 입장에서 『청일전기』를 번역했음을 보여주는 것이다. 이어 채이강은 청일전쟁 이전 청국의 속국이던 한국이 청일전쟁 후 일본의 도움으로 독립을 이루었다고 기술하였다. 이로써 『중동전기본말』의 청일전쟁 이후 기사에서 한국의 속방문제는 해소되었다.

다음, 갑오경장 이전 조선의 내치문제에 대해 중국지도부와 채이강은 매우 비판적인 입장이었다. 이들은 조선지도부의 부패와 무능으로 인해 동학농민군이 봉기함으로써 청일전쟁이 일어났다고 보았다. 이것은 청일전쟁의 발생원인을 청일 양국의 한반도 쟁탈전에서 찾지 않고 조선의 내정문제에서 비롯되었다고 보았던 것이다. 이에 대해 이승만은 자신의 논설에서 한국이 세계대세를 밝게 알아 내정개혁을 이루었다면 청일전쟁이 발생하지 않았을 것이라고 하였다. 이는 조선의 내정문란이 청일전쟁 발발의 원인이라는 청국인들의 주장에 동조한 것이다.

채이강은 "조선이 어둡고 무능하여 타국의 아래에 처하기를 달게 여기는 속국"으로 전락한 이유를 조선의 내치문제에서 찾았다. 그는 한국이 쇠망에 빠진 원인으로서 1) 환관과 척신이 정치를 좌우하고, 2) 재정이 군색하며 인민이 피폐하고, 3) 형벌이 잔혹하며, 4) 군법이 해이하며, 5) 근대적 실용교육의 부족 등을 들었다. 이러한 폐단에 대한 개선책으로서 그는 갑오경장 초두 일본공사 오토리 게이스케(大鳥圭介)가 올린 5개항 26개조의 「조선내치혁폐사의(朝鮮內治革弊事宜)」에서 5개항을 채택할 것을 주장하였다. 그것은 1) 경성과 각도 각군에 쓸데없는 관직을 제거하고, 2) 국고의 세입재정을 별도로 정돈하고, 3) 법률을 합당하게 교정하고, 4) 군법을 제정하고 군사를 확충하여 내란을 진압하고, 5) 학교 장정(章程)을 긴절히 만들라는 것이었다. 채이강은 조선이 이러한 강령들을 이행한다면 '부강문명'을 달성할 수 있을 것이라고 결론을 지었다.[37)]

셋째, 조선의 근대화문제에 대해, 채이강은 조선이 세계대세와 외교정

37) 『청일전기』, 「한청일 3국의 전쟁근원을 궁구한 의론」, 122-126쪽.

책에 밝은 개화파 관료들을 다수 보유하여 문명부강을 이룩할 수 있는 여건을 갖추었다고 보았다. 그는 "재상 박정양(朴定陽)은 전 미국공사요, 내부대신 박영효(朴泳孝)는 일본에서 10년을 체류하였고, 법부대신 서광범(徐光範)과 외부협판 서재필(徐載弼)은 미국에 10년 있었고, 학부대신 이완용(李完用)은 미국공사를 지냈으며, 농상공부협판 이채연(李采淵)은 주미공사관 참서관을 지냈고, 농상공부대신 김가진(金嘉鎭)은 일본공사로 있었으며, 학부협판 윤치호(尹致昊)는 일・미・청 각국에 10여년 유람했다"며 조선 대관들의 외국경험을 중시하였다.

채이강은 "외국 경험이 있는 조선 대관들 가운데 서재필과 윤치호 두 사람은 서양의 교화와 법률에 통달하였다. 따라서 조선 대군주는 이들 대관들의 도움을 받는다면 궐문 밖에 나가지 않아도 천하대세와 외교정형을 밝게 통촉하여 서로 도와 행하여 갈 수 있을 것이다. 또 이들이 있으니 외국에 유람하며 공부하던 자들이 점점 모여들고 있다. 일본은 경장하던 처음에 타국에 가서 고문관과 교사를 고빙해다가 그 백성을 교육시킨 지 10년만에 비로소 인재를 거두었는데 조선은 이런 신하들이 있으니 일본보다 낫다"고 하였다.[38)]

채이강은 조선이 갑오경장으로 개혁정치를 실행하고 있는 것을 높이 평가한 다음, 고종 측근의 민영환이 영국 신문기자와 가진 대담을 수록하였다. 여기에서 민영환은 조선이 문명부강을 이룩하기 위해 극복해야만 하는 문제점을 열거하였다. 즉, 그는 조선은 물리학을 비롯한 서양의 신학문을 배워야 한다고 하였다. 또한 서양인들은 무위도식하는 이가 없고, 노소를 막론하고 남에게 의지하는 의타심이 없으며, 부유한 사람일지라도 부지런히 노동을 하는 점을 높이 평가하였다. 이어 서양인은 천민이라도 국가를 사랑하고 군주에게 충성을 다하며, 모든 인민이 문자를

38) 『청일전기』, 「조선란리사적(12)」, 79-80쪽.

해득하고 기초 수학을 읽혔음을 중시하였다. 이러한 민영환의 발언은 달리 말해서 채이강이 청국과 조선의 인민들에게 교육진흥, 의식개혁, 노동의욕의 고취, 국가사상과 충군의식의 진작 등을 통하여 문명개화를 이룩할 것을 촉구한 것에 다름 아니었다.[39]

Ⅳ. 『청일전기』의 번역 목적과 자주독립론

청일전쟁 당시 집권층을 비롯한 대다수 조선인들은 그 전쟁의 궁극적 승리자가 청국일 것임을 믿어 의심치 않았다. 그렇기 때문에 전통시대 동양의 정치적・사상적 중심지인 청국의 패배는 중국중심적 세계관에 젖어 있던 조선사상계에 심대한 변동을 일으켰다. 청일전쟁에 이어 갑오개혁의 성과를 일부 흡수한 대한제국이 출범한 후, 독립협회의 자유민권운동, 고종의 칭제건원(稱帝建元) 조치, 광무정권의 구본신참(舊本新參)의 개혁조치, 『공법회통(公法會通)』・『태서신사람요』・『자서조동(自西徂東)』 등 만국공법서와 개화자강서의 유행 등 여러 요인이 조선사상계의 지형변화를 촉진하였다.[40] 이로써 한국의 전통유림들은 완고한 전통주의자에서 동도서기론자 내지 서구론자로 옮아가기 시작했다. 이러한 시대 변화는 청년 이승만에게도 그대로 영향을 미쳤다.

이승만은 청일전쟁 이전만 해도 서울 장안에 사는 젊은 청년으로서는 예외적이라고 할만큼 보수 성향을 보였다. 신문물을 받아들이라는 주변

39) 『청일전기』, 「죠선사신 민영환씨의 어록」, 148-149쪽.

40) 대한제국기 자강사상 형성에 큰 영향을 미친 상해 광학회의 출판물들에 대해서는 임락지 편역, 『文學興國策』, 「府廣學會書目」 참조. 또 당시 청국에서 수입된 신문명서에 대한 개략적 설명은 김병철, 『한국근대 서양문학 이입사연구』, 을유문화사, 1980 참조.

의 권고를 한마디로 일축하곤 하였던 것이다. 그는 "서당을 떠나 새 것을 배우러 간 친구들을 반역자로 취급하고 있던 나에게 친구들이 때때로 놀러 와서 전보·철도·비행기 등등 서양에서 발명된 기괴한 것들에 대해 배우라고 역설했지만 그들이 천지를 개벽한다고 하더라도 나는 어머니의 종교를 저버리지 않겠다"고 하였다.[41] 그가 공리적·사변적 성리철학에서 벗어나 과거 급제에 필요한 실용유학에 매달렸다고 하더라도 이 시기 이승만의 사상정향은 상당히 시대에 뒤떨어진 측면이 있었다.

청일전쟁은 청년 이승만의 생활방식에 큰 변화를 가져왔다. 그는 1893~1894년의 겨울 내내 도동서당 근처의 남관왕묘(南廟)에서 『시전』을 반복해서 읽으며 과거공부를 하고 있었다.[42] 그는 어떻게 해서든지 조선왕조가 부과하는 과거시험을 통해 관료로 진입함으로써 입신양명을 달성하려는 생각을 품고 있었다. 그러나 청일전쟁의 후폭풍인 갑오경장의 개혁조치로 과거제도가 폐지되고 말았다. 이에 이승만은 "이 조치는 전국 방방곡곡에 묻혀있던 야망적인 청년들의 가장 고귀한 꿈을 산산이 부수는 조치였다. 그런데 개화파정권은 여러 가지 학교를 세우고 관비로 운영하여 젊은이들로 하여금 외국어를 배우고 서양문명을 배우도록 온갖 장려를 하고 설득을 하였다"고 하여 개화파의 개혁정치를 긍정적으로 평하면서도 자신의 꿈을 무산시킨 과거제도 폐지를 대단히 아쉬워하였다.[43]

청일전쟁이 일본의 승리로 결판난 다음에 이승만은 "세계대세가 변했으니 『시전』 공부를 그만두고 신지식을 배우라"는 친우 신긍우의 권유

41) 이승만 저, 이정식 역주, 「청년이승만자서전」, 『뭉치면 살고』, 조선일보사, 1995, 85쪽.

42) 「배재학당 창립 70주년 기념식에 참석하여」(1955.6.8), 『대통령이승만박사담화집』 6, 공보처, 1956, 257쪽.

43) 이승만 저, 이정식 역주, 「청년이승만자서전」, 85쪽.

에 따라 배재학당에 들어갔다.[44] 이후 이승만이 배재학당에서 영어를 배우고 서양의 정치사상을 깨우쳐 독립협회운동과 만민공동회 및 고종폐위운동에 가담했다가 한성감옥에 투옥된 것은 익히 알려진 사실이다. 그러나 나중에 이승만이 "1894년에 일어난 청일전쟁은 우리나라로 하여금 동양의 구세계는 현대문명의 광범한 영향을 무시할 수 없다는 것을 일깨워 주었다"라고 술회한 것처럼, 청일전쟁은 그의 인생행로를 결정지은 대사건이었다. 바로 이러한 지적 체험이야말로 이승만으로 하여금 『청일전기』를 순한글로 번역하게 만든 기본 동력이 되었다고 말할 수 있다.

그러면 이승만은 자신에게 쿠페르니쿠스적 대전환을 안겨준 청일전쟁을 어떻게 인식했는가? 그는 조선역사에서 제일 큰 난리는 임진왜란이며 한인들이 가장 분통하게 여기는 전쟁도 임진왜란이라고 보았다. 나아가 일본이 수천 년 동안 조그마한 섬 안에 갇혀 지내면서 대륙으로 진출하려는 야심을 대대로 길러 임진년에 한번 시험하다가 실패한 후 3백년 동안을 다시 준비하여 청일전쟁('갑오전쟁')에서 그 욕심을 채웠다고 하였다. 따라서 그는 "청일전쟁이 임진왜란보다 더 큰 난리요, 한인에게 더욱 통분히 여길 바가 청일전쟁이다. 이 전쟁에 한국이 잔멸을 당하고 독립을 잃었다. 오늘날 한국이 당하고 있는 것은 바로 청일전쟁 때문이다"고 하였다.[45] 이처럼 그는 한국이 독립을 잃고 고통을 당하고 있는 근본 원인을 청일전쟁이 제공했다고 판단하였다.

이승만은 한국인들은 청일전쟁에 대한 모든 것을 연구하고 조사하여 다시는 그러한 비극을 당하지 말아야 한다고 주장하기에 이르렀다. 그는 "오늘날 한국인이 유구국이나 대만인처럼 일본의 식민지로 전락한 상태에서 생활하는 것을 달게 여긴다면 갑오전쟁의 사적을 알 필요가 없을

---

44) 「배재학당 창립 70주년 기념식에 참석하여」(1955.6.8), 257쪽.

45) 이승만, 『청일전기』 서문(1917.8.6).

것이다. 그러나 태평양이 마르고 히말라야산맥이 평지가 될지라도 대조선의 독립을 우리 손으로 회복하겠다는 의지가 있다면, 한국인들은 청일전쟁의 원인과 결과를 알아야만 한다"고 하였다.[46] 바로 이것이 이승만이 『청일전기』를 집필한 근본동기였다. 이에 대해 이승만은 아래와 같이 자신의 입장을 토로하였다.

> 이 전쟁이 어찌하여 생겨났는데 어느 나라 뜻은 어떠하며 어느 나라 행사와 거동은 어떠하고 내 나라 형세는 어떠하며 남이 우리를 어찌 생각하겠으며 우리는 지금 어찌 하여야 나라가 위태롭지 않고 백성이 편안할 도리를 생각하여 보아 그 중에 좋은 일은 실상을 배우고 악한 풍속은 뿌리를 제(除)하고 남이 칭찬하는 일은 우리도 행하기를 힘쓰고 남의 치소(恥笑) 받는 일은 열심히 버려서 세상에 문명하다는 사람들과 비교하여 보기를 열심할 것이다.[47]

> 청국이 진작 개명하여 자기 나라를 먼저 튼튼히 하고 대한을 또한 개명시켰으면 일본이 흔단(釁端)을 엿볼 겨를이 없었을 것이거늘 종시 옛법만 지키다가 필경 조선을 잃어버리고 세계에 큰 욕을 보았다 하여 절절 통분히 여기는 지라. 우리는 생각건대 만일 대한이 세계 형편을 먼저 깨달았더라면 이런 일(청일전쟁)이 당초에 생기지 아니하였으리라 하노라. 대개 이 싸움으로 인연하여 대한독립이 세계에 드러났은즉 이 싸움이 아니 된 것보다 낫다고 할 듯하나 실상을 생각하면 독립을 이렇게 광포(廣布)한 것이 진실로 일본의 영광이오 대한의 수치라. 사람이 오직 변변치 못하여야 제 권리를 제 손으로 찾지 못하고 이웃 친구가 대신 찾아주기에 이른다.
>
> 남의 나라 사람들은 기왕 잃었던 독립 권리도 몇 만 명 목숨을 바쳐가

46) 이승만, 『청일전기』 서문(1917.8.6).

47) 이승만, 『청일전기』, 「서문」(1900.음7.20),

> 며 찾아 보호하거늘 우리나라에서는 떳떳한 경계(境界)를 가지고도 당초에 몰라서 말 한마디 못하다가 일본이 일어나 대신 싸워주고 세상에 생색내며 자랑하매 남이 다 의리싸움이라고 칭찬하니 진실로 우리의 분하고 원통한 일이라. 대한 신민들이 이것을 분히 여겨 내 나라 독립을 우리 손으로 빛 내여 보기를 일심할진대 이 수치를 한 번 씻어 볼 날이 있을 터인데 이것을 분히 여길 줄 알자면 먼저 그 속을 알아야 될 터이니 아무쪼록 이런 책을 많이 보아 외국의 형편과 내 나라 사정을 자세히 공부하는 것이 급선무라.[48)]

위의 인용문에서 이승만은 한국이 세계 대세를 제대로 파악하지 못하고 무지몽매한 상태에 머물러 있었기 때문에 청일전쟁을 초래하여 나라의 독립을 잃고 말았다고 한탄하였다. 따라서 일본이 한국의 독립을 찾아주는 부끄러운 일을 다시 당하지 않기 위해서는 인민 모두가 국제관계사를 다룬 책들을 널리 읽어서 외국형편과 본국사정을 제대로 파악해야 한다고 역설하였다.

『청일전기』를 번역한 후 각계에 출판비 지원을 호소하기 위해 지은 「신역전기부록(新譯戰記附錄)」에서 이승만은 국가 독립의 기반 요건인 개명진보의 방법을 4가지로 들었다. 그것들은 첫째, 학교를 세워 학문을 일으키고, 둘째, 민회를 열어 토론을 하고, 셋째, 널리 신문사를 설치하며, 넷째, 도서관을 세우는 것이었다. 이 4가지 중에서 이승만은 지금 가장 긴요한 일은 도서관을 세우는 것이라고 하였다.[49)] 이를 보면 이승만은 도서관을 세워서 거기에 세계대세와 한국문제를 다룬 『청일전기』와 같은 책들을 많이 비치하여 누구나 쉽게 읽도록 함으로써 국민의 독립사상을 고취하고 인민의 민지개량과 문명개화를 이룩할 수 있다는 생

48) 이승만, 『청일전기』, 「서문」(1917.8.6), 5-6쪽.

49) 『옥중잡기』, 「新譯戰記附錄」(1900.8.5).

각을 품고 있었던 것이다. 이러한 생각은 아래의 인용문에 여실히 나와 있다.

> 돌이켜보면, 우리 한국인으로서 시무(時務)에 마음을 두고 있는 사람은 쓸쓸하게 거의 없는 것과 마찬가지이다. 또 간혹 있다고 하더라도 한문에 능통하여 스스로 선비라고 자처하는 사람에 지나지 않는다. 게다가 한문에 능통한 사람이 모두 몇 명이나 되겠는가? 통틀어 말하더라도 많아야 10분의 2-3에 지나지 않으며, 저들 10분의 7-8은 모두 돼지 시(豕)자와 돼지 해(亥)자도 구분하지 못하는 사람들이다. 비록 학문을 연구하고 싶어도 현존하는 서적은 고사(古史)와 유저(遺著)를 제외하면, 모두 청인(淸人)들이 번역하고 저술한 한문 서적 몇 질(帙)에 지나지 않을 따름이다. 아! 서민들이 어떻게 유럽이나 아시아가 어디에 있으며, 영국이나 미국이 어떠한 나라이며, 천문(天文)·지지(地誌)·산술(算術)·격치(格致, 물리학) 등이 무슨 학문이며, 정교(政敎)·법률(法律)·외교(外交)·내치(內治)·통상(通商)·혜공(惠空, 공업) 및 공법(公法)·약장(約章)이 어떠한 관계가 있는지를 알 수 있겠는가?
>
> 이로 말미암아 보면, 나라가 누란(累卵)의 위기에 놓여있고 백성이 도탄(塗炭)에 빠져있는 것이 어찌 다른 이유 때문이라고 말할 수 있겠는가? 오직 바라는 바는 뜻있는 군자(君子)들이 이러한 사정을 통찰하여 정부에서 행하고 행하지 않고를 불문하고, 법규를 만들고 자력(資力)을 합하여 국문(國文) 도서관을 만들고, 널리 서양의 경·사·자·집(經史子集)과 각종의 신학(新學) 서적을 구하고 번역·저술하여 국내에 보급해야 한다. [이렇게 하여] 우리의 어두운 방을 밝혀주고 저기 미로와도 같은 나루에 뗏목을 놓는다면, 한편으로는 나라를 걱정하고 사회에 충성하는 지극한 뜻이 될 것이며, 다른 한편으로는 대중을 은혜롭게 하고 나를 이롭게 하는 훌륭한 일이 될 것이다. 어찌 마음을 가다듬고 힘써 행할 일이 아니겠는가? 이 책을 번역한 것은 진실로 이 뜻 때문이다.[50)]

---

50) 『옥중잡기』, 「新譯戰記附錄」(1900.8.5).

평생 동안 이승만은 국가의 부강은 교육이 아니면 이룰 수 없다는 교육입국론을 지니고 있었다. 이러한 교육입국론을 실현시키려면 근대교육을 담당할 교육기관이 절대적으로 필요하였다. 그러나 그는 유족한 국고를 믿고 학교를 세우려 한다면 영국과 미국같이 부유한 나라들도 감당할 수 없을 것이라고 보았다. 그래서 그는 "재정이 궁핍한 한국같은 작은 나라에서는 무조건 학교를 짓기보다는 백성과 관청이 유기적으로 협동한 이후에야 성과가 있을 것이다. 그리고 백성으로 하여금 학문을 힘쓰게 하려면 신문이 아니면 전혀 도움이 되지 못한다"고 하였다.[51]

이처럼 도서관과 신문을 민지개량과 국가발전의 기본요소라고 파악한 이승만은 청년기부터 장년기까지 도서관에 비치할 만한 책을 부지런히 저술 · 번역하고, 쉬지 않고 신문과 잡지에 계몽 논설을 기고하였다. 그리하여 이승만은 노년기 전까지 유능한 문필가에 필적할 정도로 많은 문적을 생산하였다. 한성감옥에서 『청일전기』를 비롯해 여러 권의 책을 한문이나 국한문이 아니라 순한글로 번역한 것도 바로 이런 이유에서였음을 주목할 필요가 있을 것이다.

Ⅳ. 맺음말

이승만은 한국이 중국중심의 유교적인 전근대사회에서 미국중심의 기독교적인 근대사회로 넘어가는 문명의 전환기에 청년기를 보냈다. 이시기 한국인들의 중국중심적 세계관을 무너뜨리는데 결정적인 영향을 미친 사건은 단연 청일전쟁이었다. 이승만이 과거급제를 위한 전통유학 공부를 단념하고 신학문을 공부하기로 결심한 것도 바로 청일전쟁의 영향

51) 『옥중잡기』, 「請設大報館」.

때문이었다. 이승만은 자신의 인생행로에 변화를 가져다준 청일전쟁을 근대한국의 운명을 판가름한 중대 사건이라고 보았던 것이다.

이승만의 『청일전기』 번역작업은 대한제국기 계몽지식인들의 근대문명 따라잡기의 일환이었다. 대한제국기에는 청나라에서 도입된 한역 개화자강서와 기독교 관련서적이 민간에 널리 유포되어 한국인들의 사상변화에 큰 영향을 미쳤다. 이러한 서적들은 한국에서 원문 그대로 중간(重刊)되거나 혹은 국한문 내지 순한글로 번역되어 지식인과 학동들에게 널리 읽혔다. 이들의 신학문 서적 발간 및 번역 활동은 일제의 침략에 밀려 국권을 잃어가는 암울한 상황 속에서도 중단 없이 지속되었다. 따라서 이승만의 『청일전기』 번역사업도 문명 전환기에 한국인들이 벌인 근대문명 수용운동의 일부분이었다.

『청일전기』에는 다양한 내용이 수록되어 있다. 여기에는 계몽논설, 조회문, 조칙, 전보, 각종 조약문과 협정서, 국서, 회담록, 회견기, 신문기사, 서한문, 외교대책, 서고문 등등 그야말로 많은 기사들이 실려 있다. 시기적으로는 청일전쟁 직전의 청일간 철병논쟁부터 1898년 1월 고종에게 보내는 청국황제의 국서 내용까지이다. 그러므로 『청일전기』는 기왕에 학자들이 주장해 왔듯이 '청일전쟁사'라기보다는 '청일전쟁 전후 동아시아 국제관계사'를 다룬 책이라고 말하는 것이 타당할 듯싶다. 또한 『청일전기』는 『중동전기본말』과 『중동전기』의 내용을 참고하여 번역한 책이며, 『청일전기』에는 이승만의 논설 2편이 포함되어 있기 때문에 순전한 번역서나 창작서가 아니라 편역서라고 말하는 것이 옳을 것이다.

『청일전기』는 이승만의 독자적인 작품이 아니라 한성감옥에 갇혀 있던 개혁성향 정치범들의 공동 작품이다. 이승만은 『청일전기』 번역에 착수한지 만 3개월 동안 심혈을 기울여 번역작업을 벌였으나, 신병 · 신학서 번역 · 기타 사무 등 여러 문제로 인해 번역작업에 전력을 쏟을 수 없는 형편이었다. 결국 이승만은 옥중에 있는 인사들의 도움을 받을 수

밖에 없었는데, 이때 정순만을 비롯한 '몇몇 옥중 동지'들이 이승만의 번역사업을 도와주었다. 그리고 이승만 자신도 토로했듯이 그들의 역할은 실제로 상당했음을 알 수 있다. 따라서 『청일전기』는 한성감옥에서 불철주야 대한의 독립과 발전, 인민의 개명과 진보를 갈망하던 국사범들의 공동작품이라고 말할 수 있다.

『청일전기』는 독창적 저술이 아니라 편역서라는 한계가 있으며, 출판 후 국내외 한인들에게 제한적인 영향을 미쳤다는 한계가 있기는 하지만 문명개화와 독립자주를 달성하려 했던 청년 이승만의 염원이 담긴 최초의 책이다. 이승만은 한국이 청일전쟁으로 인해 잔멸을 당하고 청일전쟁으로 인해 독립을 상실하고 말았음을 한탄하였다. 그는 임진왜란 이래 수 백 년 동안 전열을 재정비한 일본이 청일전쟁을 기화로 한국의 독립권을 침해하여 들어왔음을 경계해야 한다고 보았다. 따라서 그는 한국인들이 청일전쟁의 발생원인, 전개과정, 결과 등을 모두 소상히 알아야만 한국이 독립을 유지하는 기초를 닦을 수 있다고 주장하였다.

『청일전기』는 이승만에게 한국문제를 둘러싼 동아시아 열강의 국제관계사에 대한 이해와 지식을 깊이 해준 책이다. 즉, 『청일전기』를 번역 · 편찬하면서 이승만은 청일전쟁 발발 전부터 1899년 무렵까지 청일 간의 교섭 · 대립, 청일전쟁의 진행과 강화, 청일 양국의 국가이익 확보 경쟁, 러시아 · 미국 · 영국 · 독일의 동아시아정책, 한국의 독립과 자주 문제 등을 더 자세히 파악하게 되었다. 이는 이승만이 몇 년후 옥중에서 자신의 주저(主著)인 『독립정신』을 저술하면서 청일전쟁, 러일전쟁 전후 동아시아와 서양 열강의 한국문제를 둘러싼 국제관계사를 구체적으로 논급할 때에 소중한 자산이 되었다. 따라서 『청일전기』의 번역 · 편집 경험을 통해 이승만은 국제관계에 정통한 인사로 부상할 수 있는 지적 기반을 축적하는 성과를 얻었던 것이다.

이승만은 국가를 부강케 하려면 교육진흥이 우선되어야 한다는 교육

입국론을 지니고 있었다. 그는 교육진흥의 방안으로서 당장 막대한 자본과 고급 인력이 필요한 학교를 건립하기보다는 도서관을 각지에 많이 만들어 거기에 개화자강서를 비롯한 신학문서를 많이 비치하여 학동들과 인민들로 하여금 민지를 증진하고 시대의 대세를 깨닫고 국가독립과 국가흥왕의 방안을 강구하게 해야 한다고 보았다. 이런 의도에서 그는 도서관에 비치하여 누구나 쉽게 읽을 수 있도록 하기 위해 『청일전기』를 한문이나 국한문이 아니라 순한글로 번역하였던 것이다. 이처럼 『청일전기』를 널리 배포하여 민지개발—국가발전—국가독립의 기초로 삼으려는 것은, 이승만이 국가 최고지도자로서 의회나 정당을 거치지 않고 담화나 연설을 통해 국민을 직접 계몽·통치하려는 국민민주주의를 신봉하고 있던 인물이라는 사실과 깊은 연관이 있는 문제라고 판단된다.

이승만의 『독립정신』과 후기 개화기 정치외교 담론

김 용 직*

〈목 차〉

Ⅰ. 머리말

개화기에 여러 가지 저술 중에 가장 독특한 것 중의 하나를 꼽으라면 이승만의 『독립정신』(1904)을 들 수 있다. 이 책은 역대 정치지도자들 중 국제정세의 파악과 대외인식에 있어서 가장 뛰어난 전략가라는 평을 받은 이승만의 청년기 저작이다. 이 저작에서 우리는 매우 폭넓은 저자의 지적 관심을 발견할 수 있다.

이승만은 해방이후 4·19세대들에게는 보통 독재자로 기억되는 지도

* 金容稙, 성신여대 정치외교학과 교수

자이다.[1] 즉, 그는 마키아벨리형 정치가로서 혹은 냉혹한 인물로서 일반 대중에게 알려져 왔다. 혹자는 이승만을 철저한 기회주의자로 자신의 권력 구축 외에는 아무런 원칙이나 사상도 없는 인물로 혹평하기도 하였다. 그러나 이와 같은 주장은 적어도 그의 처녀작이라 할 수 있는 『독립정신』을 읽어 볼 때에 받아들이기 어려운 것이라고 생각한다. 이 책을 읽는 사람이라면 누구나 조숙한 사상가로서의 이승만의 면모를 분명히 접할 수 있기 때문이다.

『독립정신』은 앞선 전기 개화사상의 전통을 이어받으면서도 다른 책에서 쉽게 찾기 힘든 실천적 문제—즉 대한제국의 독립문제—를 해결하려는 분명한 동기에서 집필되었다. 당시 저자는 옥중에서 영어의 몸으로 있는 상황에서도 놀라운 지적 활동력을 보여주고 있다. 이 책에서 저자는 개화사상적 논의로부터 시작하며 외교사적 전문연구의 소개 등 방대한 지식체계를 기초하여 현실정치 상황에 대한 직접적 체험에서 도출되는 실천적 관점의 시각에서 구한말 정국의 정치, 외교적 위기 상황을 날카롭게 꿰뚫어 보고 정리하고 있다.

이 글에서는 이승만의 초기 대작인 『독립정신』이 제시하는 담론을 살펴보고 그것의 사상적 의미를 밝혀보려 한다.[2] 도대체 개화기 지식인들에게 이승만의 글이 어떠한 의미로 이해될 수 있는 것인지를 따지기 위

---

1) 이승만의 대중적 이미지는 그의 정치사상에 의해 평가되기 보다는 해방정국이나 정부수립 후 '부산정치파동'을 비롯한 권력경쟁에서의 그의 정치행태적 측면에 의해서 부정적으로 각인된 면이 많다.

2) 이승만의 청년기의 정치활동과 사상에 관한 대표적 저술로 다음을 들 수 있다. 이정식, 『초대대통령 이승만의 청년시절』, 동아일보사, 2002; 유영익, 『젊은 날의 이승만—한성감옥생활(1899~1904)과 옥중잡기 연구』, 연세대출판부, 2002; 고정휴, 「개화기 이승만의 사상형성과 활동(1875~1904)」, 『역사학보』 109, 1986; 손세일, 『이승만과 김구』, 제1부 제3권, 나남, 2008; 이한우, 『우남 이승만 대한민국을 세우다』, 해냄, 2008.

하여 그가 당시 서구적 관념들과 유교적 전통의 흐름을 어떻게 바라보았는지를 먼저 살펴보아야 할 것이다. 따라서 이 글은 개화기의 역사적 담론구조 안에서 『독립정신』에 담겨있는 정치사상과 담론의 의미들을 밝혀보고자 한다.[3] 즉, 이승만의 정치사상과 담론을 역사적, 사회적 맥락에서 파악하되 당대와 그 전대의 사상적 전통과 흐름과 연관해서 분석하고자 한다. 이를 위해서 필요한 작업은 개화기의 이승만의 정치담론 형성에 바탕이 되는 선배 개화파 정치인들의 사상과 담론들을 살펴보아야 하는 것이다. 또한, 당시의 정치, 사회적 상황에 대한 정확한 이해와 깊이 있는 인식이 필요하다. 정치사상을 제대로 연구하기 위해서는 당대의 정치, 경제, 외교, 문화 등에 걸친 포괄적 이해가 요구되기 때문이다. 이 글을 분석하기 위해 우리는 『독립신문』 등 당시 일간지 주요 논설들과 개화기 주요 사상서인 『서유견문』 등의 자료들을 활용하였다.[4] 이 글의 목적은 이승만의 초기저작의 사상이 그 배경이 되는 개화기의 정치, 외교 담론들과 어떠한 관계를 가지는가를 밝히는 데에 있다.[5]

---

3) 이 글에서는 그의 글을 52개의 장으로 구분하되 일련번호를 부여한 김충남・김효선의 방식을 따라서 『독립정신』의 원전을 인용한다. 이 글을 위하여 세 가지 판본을 사용하였는데 (1) 1917년판(1945년 재출판)인 정동출판사본, (2) 2008년 현대어로 풀어 기술된 김충남・김효선 공역본(청미디어), (3) 『우남이승만문서: 동문편』 1권(현대한국학연구소 편)에 수록된 1910년판이다. 인용된 면수는 주로 첫째 것을 사용하였다.

4) 최근의 이승만에 대한 일련의 개설적 수준의 글들 중 유영익의 『이승만의 삶과 꿈—대통령이 되기까지』(중앙일보사, 1996)이 가장 정확한 사실에 기초한 것으로 전반적인 수준에서 이승만 이해에 도움을 준다. 전기류 중에 이원순의 『인간 이승만』(신태양사, 1988)은, 올리버의 『이승만—신화 속의 인물』(1960)에 상당히 의존한 것이다.

5) 한 시대적 사상의 흐름 안에서 개인 사상의 위상을 밝히고, 또, 역으로 뛰어난 지도자의 사상 노선이 민족독립운동에 끼친 영향을 새겨보려 한다는 점에서 이 글은 '정치학적' 관점의 정치사상에 대한 글보다는 '지성사' 관점에

Ⅱ. 개화기 정치과정과 역사적 담론구조

1. 혁명과 반동의 개화정국

개항이후 구한말의 정세는 혁명과 반동의 연속으로 전개되었다. 조선조정은 1876년 개국조약에서 독립국가로서 일본과의 평등한 관계에서 조약을 맺는다는 점을 천명했지만, 그것이 청과의 전통적 사대(事大)-자소(字小)관계, 즉 '예(禮)'의 외교관계를 청산한다는 것을 인식하지 못하였다. 1882년 임오군란이 발생하면서 조선은 중국과의 관계에서도 큰 변화를 경험하게 되는데 대원군이 피납되고 원세계의 간섭을 받는 중국에의 강화된 예속관계를 강요당하였다. 이때에 개화파와 수구파와의 치열한 암투는 갑신년(1884)의 급진적인 정변으로 나타났지만 결국 비극적인 '3일천하'라는 단막극으로 끝나고 말았다.[6)]

김옥균이 주도한 개화당의 갑신거사는 당시에는 대중적 기반이 극히 부족하여 실패로 돌아갔지만, 이후 개화기 정국에 그들이 남긴 영향력은 지대한 것이었는데 특히 이들은 새로운 정치담론을 제기하였다. 당시에 쇠퇴기에 빠진 유교적 지배체제는 이른바 내우외환으로 알려진 시대적 상황에서 근본적인 해결책을 찾지 못하고 있었다. 대원군의 초기개혁은 이미 실패로 돌아간 후였고 쇄국정책이라는 시대착오적 정책을 포기하고 개항을 단행한 후에 대원군과 명성황후로 대변되는 수구 대 개화의 정치노선 대립은 신구세력 사이의 대립을 상징하고 있었다. 당시 유길준을 중심으로 하여 정부는 근대적 신문의 효시인 『한성순보』(1883)의 발간을 허락하였다. 갑신정변의 실패이후 폐간되었지만 신문의 발간 필요성은 널리 인정되어 수년 후인 1886년에는 발간 주기를 더 짧게 하여

서의 정치사상의 글에 가깝다고 할 수 있다.

6) 이광린, 『개화당연구』, 일조각, 1973.

『한성주보』의 발간이 재개되었고 그것은 개화적 지식과 사상을 확산시키는 중요한 매체로서의 기능을 담당하게 되었다.

갑오년 동학 민중봉기로 인해 조선에 정치적 위기가 발생하였을 때에 군대파병을 통해 개입한 청에 대하여 일본은 신속하게 군사적으로 대응하였고 이것은 한반도의 정치적 상황을 급격하게 변화시켰다. 청일전쟁의 중요한 결과로 일본이 지지하는 개화내각의 갑오개혁(1894)을 통해 조선의 개화정치는 다시 재개되었으며 청과 수구파의 영향력은 급격하게 감소하였다. 하지만 단발령과 일본의 급진개혁노선은 의병운동을 포함한 많은 민중들의 저항을 불러일으켰고 일본의 무리한 개입이 불러낸 명성황후 시해사건(을미사변)에 대한 반발로 급기야 고종은 러시아 공사관으로 피신하면서 조선의 정국은 다시 외세—이번에는 러시아—에 크게 의존하는 보수반동적 정국 흐름이 등장하게 되었다. 이러한 개항후의 격변기를 겪으면서 조정과 관료 지식인들은 전통사상과 신학문의 두 가지 흐름이 충돌하는 과정을 경험하면서도 개방화의 추세는 돌릴 수 없는 것이며 조선은 새로운 시대적 흐름을 택하여야 한다는 불가피성을 인식하고 개화사상을 받아들이기 시작하였다.

2. 『서유견문』과 개화파의 사상

조선조 이래의 유교적 근왕제와 관인정치의 기본 틀을 고수하고자 하는 보수파의 위기대응 방식은 재야 유림의 활동에서 찾아볼 수 있다. 주로 위정척사사상으로 알려진 유교적 양반의 공론 정치문화의 유제인 집단상소 전통을 통해 보수 사대부들은 척화와 양이를 주장하였다. 기정진(奇正鎭)과 이항로(李恒老) 등의 유림의 중진들은 친청 사대주의 노선을 유지하며 소중화주의의 전통을 고수하려 하였다. 이러한 위정척사사상은 말기에 의병운동과 결합하여 보수적 민족주의로 발전하는 일부 긍정적 면도 있지만, 기본적으로 서양문명권과의 충돌과정에서 외부세계로부터 새로운 것을 받아들이기 보다는 유교문명권의 전통적 논리나 대응방식의 틀로 회귀하는 것으로 평가될 수 있다.

반면, 서양 근대국가의 막강한 위력이 단순한 대포와 군함에 있는 것이 아니라고 믿는 이들이 개화의 필요성을 인식하여 새로운 지식을 추구하는 일련의 유대를 형성하여 변화를 기치로 개화파를 형성하게 되었다. 개국기를 전후하여 조선의 근대적 경험에 가장 빠르게 반응했던 박규수, 김옥균, 서광범, 유대치, 오경석 등이 중심이 된 신지식층은 청으로부터 들어온 『해국도지』나 『영환지략』 또는 『조선책략』 등을 읽고 1870년대에 그 유대의 폭을 넓혀나갔다.

온건개화파이며 한말 최초의 국비유학생인 유길준은 일본에서 개화사상가 후쿠자와 유기치의 문하에서 사숙하고 미국유학을 가서 서양세계를 직접 돌아보고 돌아와서 서양세계의 사정을 소개할 목적으로 『서유견문』(1895)을 집필하였다. 개화지식인들의 등장은 개항기 이전부터라고 할 수 있으나 그중에서 직접 서구 지식을 받아들여 종합적으로 새로운 서구 지식에 입각한 종합적 세계관을 제시하는 저술은 당시 조선에는 이것이 거의 유일하였다. 대표적인 개화 저술로 알려진 유길준의 『서유견문』은 초기 개화파의 사상을 집대성한 것으로 조선에서 최초로 서구 문물의 소개와 함께 개혁적 사상, 민권론을 체계적으로 소개한 것이다.

유길준은 온건개화론의 세계관을 가지고 근대와 전통의 복합적 조화체인 군민공치제, 즉 입헌군주제를 전파함으로써 조선에 근대적 변화를 도입하고자 하였다. 유길준은 이론적으로는 유교적 세계관을 혁신하고 서구적 사고를 수용할 것을 주장하였지만 유교적 가치관을 중시하였고 정치적으로는 온건, 점진 개혁의 입장을 선호했다. 그는 조선의 개화 단계로의 이행의 당위성을 강조하지만 조선의 상태를 개화의 단계에서 반개화의 상태로 정의하여 미개상태보다 상당히 발전한 측면을 긍정하기도 했다. 갑오개혁기에 중용된 그는 비록 정변으로 일본으로 망명하게 되지만 당시 그의 정치노선과 관점은 입헌군주제의 기조를 추구하면서 여러 가지 행정개혁을 달성하고자 하는 온건 개화노선이었다.[7]

3. 『독립신문』과 개화 지식인 이승만의 등장

김옥균(金玉均)에 의한 갑신정변의 실패는 일시적인 개화운동의 후퇴를 야기하였지만, 개국 이후의 조선의 변화는 이미 돌이킬 수 없는 단계로 접어들었으며 1890년대에는 상당한 사회경제적 변화들이 나타나고 있었다. 개항장을 중심으로 전개되는 일본과 청의 상품들의 판매와 유통을 둘러싼 경쟁이나 근대적 학교와 신문 등의 시험적 도입은 조선에도 근대화의 새로운 바람이 불기 시작하고 있다는 것을 보여주었다. 청일전쟁에서 일개 섬나라인 일본의 승리와 숙명적인 청의 패배는 조선의 정치, 경제 및 문화와 사상의 주도적 관점을 동양에서 서양으로 바꾸게 되는 데에 결정적으로 기여하게 되었다. 바로 이러한 격변기에 청년 이승만이 개화지식 청년으로 대중정치운동의 선봉으로 구한말 정국에 등장한 것이다.

이승만은 최초의 기독교 근대 교육기관인 배재학당에 입학하여 마침 온건개화파로 변신, 귀국한 왕년의 혁명가 서재필을 만났다. 그는 다른 학생들과 마찬가지로 서재필의 탁월한 명 강의와 연설 등에서 큰 가르침을 받고 특히 정치적 자유의 철학적 의미를 깨닫고 정치적 각성을 하게 되었다고 한다.

이승만은 배재학당에서 여러 서양 선교사들에게서 근대적인 학문과 사상을 수학하였는데 그중에서도 특히 그의 사상적 대부라 할 수 있는 이는 서재필이었다. 갑신정변의 주역이었지만 혁명에 실패하고 미국에 망명하여 고학생활을 거쳐 의사가 된 서재필은 갑오개혁으로 개화파가

7) 유영익, 「서유견문론」, 『한국사 시민강좌』 7, 일조각, 1990; 김용구, 『세계관 충돌의 국제정치』, 나남, 1997.

복권되자 유길준의 권고로 인해 귀국하였다. 1896년 귀국 후 서재필은 야심 찬 근대적 기획을 추진하였다. 서재필이 의도한 것은 『독립신문』의 창간과 새로운 정치담론의 유포라는 계몽적 기획이었는데 그것의 정치적 구심점은 관료적 사교클럽으로 출발하여 이후 급진개혁운동으로 발전한 독립협회였다. 당시에 이승만은 그의 탁월한 언변과 글 솜씨 및 지도력으로 언론과 정치분야에서 주목을 받게 되었다. 그는 그의 정치적 스승인 개화정객 서재필의 정치적 계몽운동단체인 독립협회의 가장 탁월한 청년 지도자 중의 하나였다.

이승만은 배재학당과 협성회에서 선교사들과 개화파 사상가들의 큰 영향을 받았는데 특히 1897년부터는 미주 유학을 마치고 귀국한 개화사상가 윤치호와 독립협회 운동의 임원활동을 같이 하였다. 윤치호는 독립협회의 임시회장직을 맡아 1898년 2월에 반러시아 구국상소를 발의하여 만민공동회 운동을 적극적으로 주도하여 나갔다. 이승만은 서재필이 만든 배재학당 토론회 단체인 협성회에 가입하여 회장이 되었고 이어서 조선 최초의 서구식 일간지인 『매일신문』을 창간하고 자신도 최초의 구한말 언론인 세대의 리더 격이 되었다.

배재학당을 졸업하고 얼마 지나지 않아서 이승만은 대중 연설에 가장 능한 청년정객으로서 인정되었고 이 때문에 그는 독립협회의 총대위원이 되었다. 이승만은 윤치호보다 명망이 떨어졌지만 이제 어느덧 청년정객이 되어서 자신도 만민공동회 운동에 적극적으로 참여하면서 정치적 리더로 성장하였다. 삼 년 반 만에 고종의 독립협회 해산명령으로 구한말 정국에서의 이승만의 정치적 활동은 조기에 마감하게 되었지만, 독립협회에서의 활동을 통하여 이승만은 근대독립국가 건설과 근대화라는 일평생 그의 정치활동의 목표에 대한 확실한 신념과 가치를 얻는 귀중한 경험을 하였다.

Ⅲ. 『독립정신』과 문명담론

1. 개화와 독립

이승만은 나중에 후대인들에 의해서 20세기를 대표하는 세계적 전쟁의 하나로 꼽히게 되는 러일전쟁이 발발한 직후 대한제국의 한성감옥에서 『독립정신』을 집필하였다. 이 저서는 개항 이후 20여 년간의 개화파의 사상을 집대성한 것으로 당시 한국의 개화 민족주의 사상을 대표하는 것이며 이후 한국독립운동의 지침서가 되었다. 이 책에는 여러 가지 내용이 기술되어 있지만 그것들은 대체적으로 문명담론, 정치담론, 외교담론의 3가지 유형의 담론으로 분류될 수 있다. 이 글에서는 각각의 담론들의 특징을 정리해 저자의 사상적 경향과 주장을 파악해 보고자 한다.

『독립정신』은 개화파의 세계관인 문명개화론을 바탕으로 기술되었다. 후기개화파 계몽운동의 주역이자 이승만의 정치적 선배라고 할 수 있는 서재필의 사상은 『독립정신』에 가장 큰 영향을 주었다. 서재필은 급진적 정치운동인 갑신정변의 실패를 뼈저리게 경험한 후 도미하여 미국의 민주주의의 정치사상을 체계적으로 체득한 후 갑오개혁기에 귀국하였다. 그는 무엇보다 온건노선을 표방하여 민중의 계몽을 위한 신문발간에 힘쓰며 서구적인 담론으로 자유와 민권의 개념을 소개하고 전파하는 데에 앞장섰다. 다른 한편 그는 근대 민족국가의 설립을 위하여 민족주의사상을 고취시키려 했고 독립과 충군을 그의 문명개화론의 모토를 설정하였다.

이승만은 그의 멘토 서재필과 그 문명개화론의 입장에서 큰 차이가 없다. 그도 서구적인 계몽주의적 세계관을 전제로 하였고 동양 전통과 급격한 단절을 전제로 한 것이라는 점에서 동도서기파와는 상이한 사상적 계보에 속한다고 할 수 있다. 서재필은 독립신문을 통해 다양한 서구의 근대적 가치를 소개하였는데 무엇보다도 민권사상을 알리는 데에 주력하였다. 서재필의 사상적 활동은 유길준과는 달리 민권론에 그치지 않고 기존정치제도를 개혁하는 경장개혁론과 민주주의 제도의 도입을 추구하는 민주적 개혁론으로 전개되었는데 바로 그 연장선에서 이승만도 급진개혁활동을 한 것이었다. 서재필은 정치현실에서 행정개혁과 입법부제 도입, 그리고 사법재판부 활동의 중요성을 강조하였다.[8)]

개화파 지식인들의 사상은 서구 계몽주의적 세계관의 핵심 가치인 자유, 평등, 이성적 개혁, 진보 등의 가치들을 받아들인다. 이승만은 문명개화를 "사람의 지혜를 늘려 없던 것을 있게 하며 있는 것을 좋게 하며 좋은 것을 더 낫게" 하는 것이라고 정의하였고 유길준과 후쿠자와의 '개화, 반개화, 야만'이라는 문명개화 3단계론을 받아들였다.[9)]

2. 독립론

조선의 최초의 순국문 신문으로 발간된 『독립신문』이 가장 큰 쟁점으로 부각시킨 것은 몰론 독립론이었다. 서재필과 개화사상가들은 개국 후 조선이 독립국가의 법적 틀은 갖추었으나 전통적인 소중화사상과 중국의 영향으로 대중의 의식구조는 낙후되어 있기 때문에 조선이 독립하였다는 사실이 잘 알려지지 못하였다고 간주하였다.

따라서 개화파는 '조선의 독립'을 강조하였고 이승만은 배재학당 졸업식에서의 동일 주제로 한 영문 연설을 통해 개화운동의 청년 리더로서 한성 외교가의 주목을 받았다. 그가 독립협회의 토론회나 만민공동회에

8) 이상은 김용직, 「근대 한국의 민주주의개념 : 독립신문을 중심으로」, 『세계정치』 25집 2호, 서울대 국제문제연구소, 2004, 97-102쪽을 참조할 것.

9) 이승만, 『독립정신』, 14장(새 것과 옛 것의 구별)을 참조. 후쿠자와의 문명개념은 하영선, 「근대한국의 문명개념도입사」, 하영선 외, 『근대한국의 사회과학개념도입사』, 창비, 2009, 57-58쪽.

서 일약 대중적 리더로서 떠오를 수 있었던 것은 바로 독립론의 사상과 담론을 서재필로부터 직접 사숙하였고 그것을 또한 다른 이에게 잘 전파할 수 있는 지성적 담화 능력을 가졌기 때문이었을 것이다.

서재필은 독립신문에서 법치론이나 제도개혁론, 민중 교육의 필요성 등을 주장하는 논설을 많이 게재하였다. 개화정국에서 서재필이 주도한 『독립신문』은 보수, 수구파에게는 매우 위험한 사상을 소개하는 것이고 공화제나 혁명 등의 급진 노선을 주장하고 선포하려는 것으로 의심받았다. 이런 혐의를 피하기 위하여 서재필은 인민주권이 아니라 늘 인민교육을 강조하였고 인민의 애국심 고취에 진작하면서도 다른 한편으로 충군애국(忠君愛國)이라는 전통적 가치를 강조하여 정치개혁운동의 민족주의 기조를 확고히 정립하려고 늘 노력하였다.

이승만의 경우도 독립의 문제를 그의 스승과 유사하게 정부보다는 인민의 역할에서부터 풀어야 되는 문제로 인식되었다. 그는 이 점을 “책임이 전혀 정부에 있지 않고 백성이 하기에 있으니 … 그런즉 독립의 기초를 세울 자는 우리 대한 백성들이요”라고 선언했다. 그는 한민족이 남에게 의지하는 습성을 버리고 나라의 권리를 지키려고 애를 쓰고 노력하여야 한다는 점을 강조하였다. 이와 비슷하게 이승만은 “개화를 싫어하고야 나라를 보전할 수 있으리오”라고 날카롭게 지적하였다.[10] 이러한 이승만의 논지는 그의 저작이 문명개화론이 민족주의적 담론으로 전개되었던 전기개화파의 사상적 전통이라는 큰 흐름 위에 놓여 있음을 보여주는 것이다.[11]

3. 습속교화론

이승만은 서구 근대정치적 주장을 소개하면서도 이를 대중에게 전달

10) 이승만, 『독립정신』, 9장(백성이 열리지 못하면 나라를 보전치 못함).

11) 김영작, 「전기개화사상의 구조와 특질」, 『동북아』 6, 1997.

하기 위해 유교적 사고를 어느 정도 논하기도 하였다. 그렇다고 그가 유교의 영향에서 벗어나지 못한 것은 아니었다. 국민의 책임[직분]을 강조하는 면모는 『독립신문』의 전통을 따르는 것으로 보이며, 사리(私利)보다는 공의(公義)를 강조하며, 변혁을 직접 주문하기 보다는 우회적인 인민교육을 강조하였다.

이승만은 그의 장문의 제24장 "백성의 마음이 먼저 자유할 일" 부분에서 교화론을 전개하였다. 동양의 풍속은 고질적 구습이나 민심을 결박하는 것으로 "새 교화의 자유하는 도"를 통해 해방되어야 하는 것이라고 보았다(113쪽).[12] 이승만은 첫째 양반과 상놈을 따지는 신분의식이 타파되어야 하며 생각이나 토론이 자체적으로 결정되지 못하고 사회적 논의가 권세자에 의해 결정되는 사회현실이 변해야 한다고 보았다(116-117쪽). 그 이유는 백성이 벼슬을 가진 권력자에 복종하는 노예적 습관이나 기회주의적 속성이 있기 때문이라는 것이다.

당시 조선의 개화사상가들은 서구의 발달된 과학과 철학사상 등의 근대문명을 소개하고 유길준과 서재필 등의 문명개화론의 전통을 이어서 실용개혁론과 정치개혁론 및 우상타파론 등의 논지를 전개하고 있었다. 이러한 문명개화론의 담론과 주장들은 전통사상에 익숙한 구지식인들에게 처음에는 위험하고 과격한 것으로 받아들여졌다. 개화적 지식을 소개한 입문서인 『조선책략』이 유교적 질서관에 맞지 않는다는 이유로 급진적인 사상으로 해석된 영남만인소 등의 사례에서 보듯이 전통적 유생들의 강력한 반발을 샀던 것이 그 전형적 예라 할 수 있다.

개화사상에 대한 보수적 반대여론이나 대중의 무지 등의 문제를 의식하여 이승만은 '백성의 압제'를 지적하고 있다. 그는 23장에서 두 가지

12) 여기서는 우남이 토크빌류의 습속(meure, manners) 관념을 논의하는 부분으로 간주할 수 있다.

압제가 존재한다고 주장하여 서구 근대에 토끄빌과 밀 등의 자유주의 사상가들이 간파한 대중사회의 압제와 비합리성의 문제, 즉 민도의 문제에 대해 논한다.[13] "웃사람의 압제는 으레히 정치상 권리를 생김이어니와 아래 백성의 압제는 또한 풍속에 딸려 이 풍속을 거스리고는 웃사람이 아무리 잘 하려 하여도 마침내 행할 수 없느니, 이러므로 웃사람의 세력으로 압제하는 것이 아무리 크다 하나 실상은 아래 악한 풍속의 압제함이 더욱이 큰지라"(111쪽)라고 그는 지적한다. 이승만은 엘리트의 압제보다도 더 심각한 것이 대중의 압제라고 하고 그것의 힘은 사회의 오랜 풍속에서 기인한다고 보았다.

4. 기독교 문명교화론

이런 백성들의 습속을 바꾸기 위해 이승만은 사람이 사사 생각을 벗어나야 한다며 공과 사의 구분의식이 필요함을 지적한다. 그는 사사로운 생각이 "남을 해롭게 하고라도 저를 이롭고자 하는 것"(122)이라고 꼬집었다. 또한 그는 "남을 이롭게 하여 제게 스스로 이(利)가 돌아오게 하는 것"이 공번된 이익이라고 정의하였다. 그렇지만 그는 백성들의 마음을 다스리는 이런 일은 법률로 되는 것이 아니라 기독교 교화를 통하여서만 가능하다고 간주하였다(280쪽).

이승만은 그의 책의 결론 부분인 "독립주의의 긴요한 조목" 편에서 통상증진, 신학문 채택, 외교주력, 국권중시, 의리숭상, 자유권리 중시 등의 주요 과제를 제시하면서 이것들에 힘쓴다 하더라도 그것은 '가지와 잎새'에 해당되는 것뿐이라고 하면서 더 중요한 것으로 근원적 변화를 받아들여야 한다고 지적했다. 그는 그 궁극적인 답은 서구의 기독교를

13) 23장, "정치 제도가 백성의 정도에 달림"에서 그는 백성의 압제를 지적하는데 이것은 토크빌이나 밀의 대중의 압제(Tyranny of the People)와 유사한 논의를 보여준다. Alexis de Tocqueville, *Democracy in America*.

받아들여 "인애 자비한 도덕 교화의 근본을 연구하여 인민의 악한 뿌리를 뽑고 양선한 천성을 회복하여야" 인간 사회의 모든 일들이 다 바로 잡힐 수 있다고 그의 기독교적 관점에서의 정치개혁 방안을 피력하였다(279쪽). 이점에 대하여 그는 인간이 악을 행하지 않는 소극적 상태로 해결될 수 있는 것이 아니며 "지극히 광대하고 지극히 장원한 도", 즉 기독교 진리[천도]를 깨달아야 한다면서 "지금 우리나라가 쓰러진데서 일어나려 하며 썩은 데서 싹이 나고자 할진대, 이 교로써 근본을 삼지 않고는 세계와 상통하여도 참 이익을 얻지 못할 것"이라고 결론을 내리고 있다(280 · 282쪽). 이러한 이승만의 기독교 교화론은 자신의 옥중에서의 극적인 종교적 중생의 체험에서 우러나오는 그의 중심적인 사상이라고 보여진다.[14)]

이승만은 조선의 대중은 새 학문을 받아들여 "자유할 줄을 알고 인간이 만물을 다스리는 권리를 가진 영장으로 창조된 것을 깨달아야 한다"며 기독교 문명적 관점에서의 계몽적 자유주의의 주장을 제기하였다. 그는 정치, 법률보다는 교화로 인한 감화에 의해 신인간을 창조하여 새로운 문명개화에 다다른다고 보는 기독교 계몽주의적 교화론을 신봉하였다. 그의 이러한 기독교 교화사상은 『옥중잡기』에서 특히 두드러지게 발견되는데 그것은 그의 「입국이교화위본(立國以敎化爲本)」이라는 논설이다. 그는 일본이나 러시아의 정치사회적 무질서나 폐단 등에서 보듯이 정치와 법률의 개선을 우선시하기보다는 기독교적 인격 수양이 우선되

---

14) 이승만의 개종은 로버트 올리버, 『대한민국 건국대통령 이승만』 서정락 역, 단석연구원, 2009, 61, 72-73쪽. 이승만은 배재학당에서 여러 감리교 선교사들의 가르침을 받았으며 특히 옥중에서 존스(G. Heber Jones), 아펜젤러(H. G. Appenzeller), 벙커(D. H. Bunker) 등 여러 선교사로부터 물심양면으로 큰 도움을 받았고, 옥중에서 개종 후 성경을 동료 죄수들에게 가르치고 기독교 전도를 한 것은 널리 알려진 사실이다.

어야 한다는 논지의 주장을 하였다.[15)]

이승만의 인민교육 사상은 조선에서의 문명개화로의 길에도 탁월한 기독교 민족 지도자의 역할이 필요할 것이라는 결론에 도달한다.[16)] 그는 『신학월보』에서 풍속과 인정이 변하여 새로운 인간을 만들기 위해 '어린 양의 무리를 인도하는 목자'와 같은 정치적 지도자가 등장할 필요성에 대하여 인식하였다. 또 그는 기독교 경전인 구약에서 모세의 예를 들면서 우리 민족의 장래에도 그와 같은 카리스마적 지도력과 불굴의 의지를 가지고 이끌어 갈 지도자가 필요하다는 점에 대하여 함축적으로 논의하고 있다.

Ⅳ. 『독립정신』과 정치담론

1. 3가지 정치체제

1898년 여러 차례 독립협회가 주도한 만민공동회의 토론회에서 이승만은 중추원 개편에 의한 의회 설립과 입헌군주제의 실현을 위해 투쟁의 일선에 나섰다. 프랑스대혁명 전야의 축소판을 연상하게 하는 급진 소수 엘리트의 혁명적 요구는 당시 수구 정치엘리트들의 반발을 샀으며 지속적인 시민적 지지를 획득하지 못하였고 특히 고종의 독립협회 해산 명령으로 좌절되었다. 이승만은 이후 옥중에서 어떠한 정치적 체제를 바람직한 것으로 보았을까?

---

15) 유영익, 『젊은 날의 이승만—한성감옥생활(1899~1904)과 옥중잡기 연구』, 118쪽.

16) 이런 점은 특히 그가 『신학월보』, 1903년 5월과 1904년 8월에 게재한 글을 참조할 것.

이승만은 제15장에서 정치체제를 전제정치, 헌법정치, 민주정치의 3가지로 구별하여 소개하였다. 이곳에서 그는 유길준의 『서유견문』에 비해 더 자세히 서구의 의회제도를 소개하고 있다.[17] 그는 "인군이 홀로 마음대로 하는" 전제정치에 대비하여 헌법정치[입헌군주제]를 소개하고 있다. 그는 구체적으로 "권리의 방한이 있어 상하 의원을 설시하고 백성이 투표하여"라고 지적하여 유길준이 소개하기를 회피하였던 서구의 의회제도를 본격적으로 자세히 설명하고 있다. 그는 "사람을 천거하여 의회원이 되어 백성의 권리를 대표"한다고 하여 서구 대의제의 대표원리에 대해 상술하였다. 그는 헌법정치의 장점을 상세히 소개하였다.

> 그러므로 국가의 중대한 일에는 의회원에서 백성을 대신하여 일 푼일지라도 나라를 위하여 쓰도록 의론하며 가한 줄로 작정된 후에 상의원을 올려 상의원에서 또 가한 줄로 결정하면 비로소 위에 올려 재가를 물어내어야 비로소 국중에 반포하여 백성이 소상히 알게 하고 일시하여 행하나니 국민의 일체로 관계한 일은 다 이렇듯 신중히 행하는 바-라[18]

이승만은 조선조의 정치도 "민간에 사론이 있으며 조정에 대간이 있어 의론하고 간하는 규모가 정제함"(78쪽)을 지적하였다. 이 점은 그가 서구의 입헌주의 전통과 유사한 맥락의 정치적 흐름인 사론(士論)이나 대간(大諫) 등 공론정치의 전통이 존재했다는 점을 잘 이해하고 있다는 것을 말해준다.

2. 입헌주의 정치개혁

이승만은 서재필과 윤치호 아래서 한국의 근대국가로의 이행의 역정

17) 제15장, "세 가지 정치 구별"을 참조.

18) 이승만, 「독립정신」, 15장, 77쪽.

을 이론으로 또 실천으로 실행에 옮기려 하였다. 이승만은 먼저 서재필과 마찬가지로 근대국가 건설과 문명개화의 과제들이 여론과 언론의 힘을 통해 실현이 가능하다고 보았다. 그는 신문이 부강의 근원이며 공평한 말을 퍼뜨리는 힘을 통해 문명개화로 나아가는 주된 도구라고 보았다[19]

이승만은 갑오개혁 이래 등장하는 후기개화파 지식인 대열에 속하는데 이들은 기본적으로 정치적 경장, 즉 헌법의 도입을 중시하였다. 그는 유교체제의 구조적 개혁인 입헌주의를 추구했으며 변법개화사상을 받아들였다고 할 수 있다. 초기개화파의 대가인 유길준이 기본적으로 시무개화파로 분류될 수 있는 것은 경장에 대한 입장이 분명하지 않았기 때문이라고 할 수 있다. 그는 공화제의 도입에 반대하였을 뿐 아니라 입헌군주제에 대해서도 인민교육이 우선된 이후에야 생각해 볼 수 있는 체제로 간주하였다.[20] 반면에, 이승만은 입헌적 개혁과 의회설립 등의 과제가 조선이 당면한 정치개혁의 핵심 과제라는 인식하에 직접 현실정치에 뛰어들었던 경험이 있었고 이런 문제에 대해 잘 알고 있었다.

이승만은 전제정치의 폐단이 갑오년 이래 실시해 온 경장개혁이 실패하였기 때문이라고 보았다. 독립협회 해체 이후에 선언된 고종의 군제안에 대하여 그는 이를 전제군주제의 조치로 규정하고 있다.

이승만은 제22장 “정치를 변치 아니하는 손해”에서 이러한 정치개혁의 문제는 국가의 흥망이 달린 중대 문제라는 점을 강조하면서 “무수한 여러 나라의 망함을 다 물론하고 다만 위에 몇 나라로만 보아도 지금 천지에 나라를 부지하고 못하기가 전혀 정치 제도를 고치고 아니 고치기에 달린 줄을 의심 없이 깨달을지라”고 강조하고, 그런 개혁은 ‘헌법

19) 『매일신문』, 1898년 4월 12일.

20) 이러한 분석은 유영익(1990), 151쪽을 참조할 것.

을 모본'(109쪽)하는 개혁이라고 밝히면서 그는 다음과 같이 비장한 소회를 적고 있다.

> 황실과 백성이 일체로 영원 무궁히 태산반석의 편안함을 얻을지라. 이 글을 지어 헌법을 쓰고자 한다고 중벌을 더할 진데 이는 나의 일신이 가루가 될지라도 두렵지 아니하며 사양치 않을 바-로되, 다만 바라고 원하는 바는 이 글 보시는 이들이 우리 대한의 급급엄엄한 사정을 깨달아 숨 막히고 기운 끊어져 거의 죽어가는 나라에 이 한 가지 단방약을 급히 시험치 아니하면 화타 편작이가 대들어도 회춘할 길 막연하리.[21]

이승만은 이런 개혁을 하지 않을 경우 전제정치체제는 쇠퇴와 와해의 길을 가게 될 것임을 경고하면서 세 가지로 그 원인을 들어 지적하고 있다. 첫째로 백성의 불평, 불만, 원혐이 자라나기 때문이고, 둘째로 외세가 개입하는 것을 막지 못하기 때문이고, 셋째로 백성이 국가의 쇠퇴에 방관하게 되기 때문이라는 것이다(109쪽).

3. 공화제와 민주주의

이승만은 위에서 본 것처럼 『독립정신』 23장에서 입헌군주제를 주장하였는데 이것은 그가 러일전쟁기에 그것이 대한제국에 가장 바람직한 제도로 옥중에서 소개한 것을 말해준다. 이승만은 '경장'이나 인민 교육 등의 용어를 쓰며, 입헌정치를 "인군이 우에 계서 만사를 통할하시며 신하가 받들어 섬기기는 별로 전제정치와 다름이 없으되 다만 권리의 방한이 있어 상하 의원을 설시하는" 것으로 설명하였다(76쪽). 그리고 그는 동양사회에서는 공화제는 시기상조라고 본다는 다른 개화파 선배들

21) 『독립정신』, 23장, "정치제도가 백성의 정도에 달림," 112쪽.

의 입장을 시인하는 문구를 삽입하였다(79쪽). 그러나 그의 책은 흥미롭게도 영국식 군주제나 다른 어떤 국가의 군주제보다도 먼저 미국과 프랑스의 정치제도와 전통, 즉 공화제의 사상과 제도적 운영을 독자들에게 더 상세히 소개하고 있다.[22)]

이승만은 민주정치[공화제]를 "백성이 주장한다는 뜻"이라고 정의하면서 대통령이 다스리는 체제라고 소개하였다. 그는 링컨의 표현을 직접 소개하며 공화제를 "백성이 백성을 위하여 백성으로 조직한 정부"(78쪽)로 '제일 선미한 제도'라고 소개하였다.[23)] 그는 미국독립 사례와 프랑스 혁명 사례를 소개하면서 민주주의 발전상을 긍정적으로 소개하고 있다. 그는 특히 미국이 자유와 평등 사회로서 헌법적 권리를 부여한 사회라는 점을 지적함으로써 간접적으로 자신의 개혁 사상을 개진하였다.

이승만은 만민공동회 활동을 통해 민주주의 제도의 도입을 위해 정치투쟁에 직접 참여하였던 경력을 가지고 있었다. 이승만과 만민공동회 참석자들은 중추원을 개편하여 서구식 의회[민회]를 설립하고 하원 의석 전체를 독립협회 세력에게 할당할 것을 고종에게 요구하였다. 이런 과거 자신의 관심과 활동에 기반하여 이승만은 대한제국의 정치현실을 비판적으로 보았기 때문에 유길준과 달리 미국과 프랑스의 공화제 등장이유에 대해 상세히 소개하고 있다.[24)]

그러나 옥중에서 영어의 몸으로 자유를 빼앗긴 상태에서 오직 군주 고종의 관대한 사면조치에 희망을 걸고 기다려야 했던 중죄수였던 이승

---

22) 이승만은 제16장부터 20장까지에서 미국과 프랑스의 정치제도와 역사에 대하여 소개하고 있다.

23) 이승만은 민주정치제도를 "가장 선미하다"고 하면서도 "동양에는 합당하지 않고 위험한 정부형태"(79쪽)라고 그 실현 가능성을 낮게 평가하고 있다.

24) 第16장에서 제20장까지의 내용이 이에 해당한다.

만은 일차적으로는 입헌군주제를 가장 바람직한 정치체제라고 밝힐 수 밖에 없었다. 그런데 도대체 왜 이승만은 3가지 정치체제 중에서 입헌군주제가 아니라 가장 먼저 공화제를 소개하고 있나?

그의 관심은 명백히 프랑스와 미국의 정치체제에 있었다. 그는 '포학과 침탈'에 대항하여 '정부의 번복'을 달성한 신생국가 미국의 독립을 상세히 기술하였고(85-99쪽), "전제정치의 폐단이 가장 심한" 프랑스에서의 혁명 발생에 대하여 상술하였다. 그의 논의를 통해서 점진적 변화를 경험한 영국식 정치체가 아니라 전통적 지배체제를 급격하게 단절하고 급진적 개혁을 달성한 공화체제에 대한 그의 실천적, 이론적 관심을 독자들은 분명히 느낄 수 있다는 점에서 이 책은 매우 혁명적 함의를 지닌 책으로 간주된다(100쪽).

올리버는 이승만에 대한 전기에서 이승만이 『독립정신』을 탈고한 후에 미국에서 13개의 장을 추가했다는 주장을 제기했다.[25] 그의 주장이 사실이라면 미국과 프랑스의 정치사에 대한 부분은 옥중에서 집필된 것이 아니라 그가 미국 유학생활 중인 1907년에서 1910년 사이에 새로 집필되거나 수정·보완된 것이었을 가능성도 있다. 즉 이승만은 대한제국이 사실상 주권을 상실해 가는 것을 목도하면서 앞으로 독립의 방향에 있어서 사실상 입헌군주제보다는 공화제가 더 고려해야 될 체제로 간주하기 시작한 것이 아닌가 하는 추측을 할 수 있다. 다만, 그는 아직 입헌군주제를 완전히 부정하지는 않는데 이는 대한제국이 명목상으로는 아직 존재하고 있기 때문이라고 보인다.

---

25) 로버트 올리버 저, 서정락 역, 『대한민국 건국대통령 이승만』, 단석연구원, 2009.

Ⅴ. 『독립정신』과 외교담론

1. 문명론에서 본 중국과 러시아

이승만의 동아시아관은 동양의 정치사상 뿐 아니라 서양 외교사와 정치사의 기초 위에 선 가장 뛰어난 당대의 지식수준 위에서 전개되고 있었다. 이미 옥중시절 초기에 알렌의 『중동전기본말』을 번역하여 청일전쟁사에 관한 연구를 수행한 바가 있는 이승만은 동아시아 외교사 분야에 있어서 정통한 지식과 식견을 쌓을 수 있었다. 당시 우남 이승만은 20세기 초 동아시아 정세에 대하여 대한제국에서 아마도 가장 뛰어난 국제정치적 분석을 하고 있던 몇 안 되는 선각자들 중의 하나였을 것이다. 그는 후쿠자와 유키치 및 유길준의 견해와 같이 개화론과 비교문명론의 관점에서 동아시아 문제는 문명의 문제라는 사실을 받아들이고 이를 정확히 인식하고 있었다. 우남은 국가 문제를 전통적 유교관의 틀에서 바라보지 않았을 뿐만 아니라 단순한 힘의 논리만으로 환원시켜 파악하지도 않았다. 당시 그는 드물게 시대적 문명사의 큰 흐름과 동아시아 국제 정세 및 그 저변의 경쟁과 변화의 논리를 상당히 정확하게 읽고 있었다.

이승만은 입헌주의 개혁을 통해 근대국가체제로 진입하는 성공적인 서구 근대국가들을 이상형으로 간주하며 이에 도달하지 못하는 전형적인 사례로 중국을 들고 있다. 그는 중국이 중화주의라는 자기중심적 폐쇄적 세계관의 틀에 갇혀 타국을 무시하면서 막상 자신은 부패하고 무능한 사실을 알지 못한다고 비판하였다. 그는 중국은 정치가 문란하고 법률이 공평치 못할 뿐 아니라 세계 형편을 알지 못하고 서양 각국의 부강함도 믿지 않는다고 꼬집었다. 그는 중국이 갑오년 청일전쟁에서 패배하여 국권보존이 어려워져 분열상태에 도달하였으며 특히 만주를 러시아에 빼앗기고도 자력으로 이를 되찾을 능력이 없는 무능한 나라라고 평가하였다.

이승만은 중국의 한반도 속국화 정책을 신랄하게 비판하였다. 임오군란 이후 중국의 대한정책은 이중적이며 위선적인 것으로 중국은 "어려울 때에는 [조선을] 독립국이라 하고 편할 때에는 속국이라"고 하는 이중성을 보여주고 있다고 지적했다(162쪽). 그는 당시 서양 외교계의 일반적 평가와 같이 중국의 종주권 행사에 대하여 부정적인 평가를 하였고 종주권이 종료되는 계기가 되었던 청일전쟁에 대하여 역사적으로 그 의미를 크게 중시하였다. 다른 개화사상가들과 유사하게 그는 청일전쟁이 비록 타율적이지만 조선에게 독립을 가져다 준 것으로 그 역사적 의미를 높게 평가하였다.

근대국가를 이루는 신속한 해결책으로 법과 제도의 개선과 인민교육은 단순한 주장이나 정치담론의 보급만으로 달성될 수 있는 것은 아니었다. 독립협회의 활동과 더불어서 비로소 실질적인 시민교육이 이루어질 수 있었는데 그것은 이승만과 지도자들이 민족주의의 확고한 사상과 관점에서 대중운동을 전개하였기 때문에 가능했다. 초기에 고종의 지원까지 받았던 『독립신문』과 독립협회운동은 1897년 가을에 러시아의 절영도조차 요구가 제기된 이후 급격히 반러 반제국주의 노선을 추구하면서 반정부적 성격을 띠게 되었다.

개화파와 이승만의 민족주의 담론에는 문명론적 구분의식이 분명히 있었다. 서양 열강의 제국주의보다 유달리 러시아의 제국주의를 경계하는 것이 그것이다. 어떤 이유로 러시아에 대한 경계와 공포심이 두드러진 것일까? 그것은 러시아의 남하정책 야욕에 대한 우려와 경계에서 비롯된 것으로 보인다(146쪽). 이점은 서구 자유주의자들과 매우 유사하게 이후 임시정부 시기에 들어가 일관되게 반공노선을 걷는 이승만의 경우에는 더욱 중요한 질문이 될 것이다.

『독립정신』의 제29장에서 이승만은 러시아 정치의 내력에 대하여 기술하고 있다. 그는 러일전쟁의 발발을 둘러싸고 러시아의 남하정책을 경고하는 서방 언론논조를 대표하는 논의를 표트르대제의 유언을 들어서 기술하고 있다.[26] 그는 표트르 대제가 "평생에 각국을 병탄할 욕심이 있어 사방으로 토지를 널리 확장하고 유언으로 다시 14개조 항목을 적시하여 적은 나라를 나누어 없이 하고 그 후에는 틈을 타서 그 나라를 마저 없애려는 궤휼과 간교한 계책을 물려주었다"고 비난했다(144쪽). 이런 팽창주의정책을 위해 러시아는 폭압적인 전체주의 체제를 유지하여야 했고 표트르대제의 서방화정책은 피상적인 군사기술의 도입만을 추구한 서구적 모방화의 수준에 머무르고 말았다고 하였다. 사회적 보수반동체제인 농노제에 기반한 짜르체제는 진정한 서방화에는 실패한 사례라고 보는 것이 영국을 비롯한 서유럽의 기본적인 시각이었다고 보인다.[27]

이런 러시아에 대한 문명론적 관점은 러일전쟁을 보는 저자의 관점에도 계속적으로 영향을 미쳐 러시아를 일본보다 더 큰 위협으로 보는 기본적 입장에는 큰 변화가 없다고 할 수 있다. 물론 이것은 그만큼 일본이 더 근대적인 서구 국제관계와 외교술에 잘 적응하여 러시아보다 더 정치적으로 강하며 또한 자국에 유리한 여론 형성의 기술이 뛰어나다는

26) 『뉴욕타임즈』, 1904년 2월 21일자 기사 "피터대제의 비밀 유언장"을 참조할 것. 당시에 이와 유사한 정보들이 서방 언론계에 상당히 떠돌았을 것으로 추정된다. 이승만은 「중동전기본말」의 부록에서 이에 대한 정보를 입수하였다. 유영익, 「젊은 날의 이승만」, 연세대출판부, 2002, 122-123쪽.

27) 이런 논의는 20세기 문명사가 토인비(Toynbee)의 저술(45장)에서 전형적으로 발견된다. Toynbee, Arnold, *A Study of History*, The One-volume edition, & illustrated (Oxford University Press, 1988), pp. 403-404.

고려에서 비롯된 것으로 보인다.

2. 동아시아와 공법론

이승만은 문명국가들 사이의 관계는 독립과 주권 평등 관계라는 사실을 이해하였고 국권회복을 위해 근대국가 간의 관계에서 만국공법(국제법)의 역할을 아는 것이 중요하다고 역설하였다. 구한말 조선의 개화 지식인은 조선의 만국공법체제로의 편입 필요성을 인식하였다. 그러나 임오군란 이후 강화된 청의 종주권 행사와 간섭으로 인해 조선의 대외관계는 밖으로 일본과 서구국과는 근대적 조약을 맺으면서도 안으로 중국과는 전통적 특수관계인 속국관계를 유지하는 이중적인 관계—이른바 유길준이 부르는 양절체제—로 독립은 청일전쟁 이후로 미루어졌다.

이승만은 문명개화론의 관점에서 러시아의 대한정국에의 간섭시도를 거부하였으나 일본의 제국주의적 면모에 대해서는 제대로 잘 파악하지 못한다는 인상을 준다. 러시아의 팽창주의는 극히 경계하면서 일본의 한반도 침략에 대해서는 비판적이지 못하다는 점이다. 이것은 근대국가들이 자기 이익을 추구하는 존재라는 국제정치의 본질적 속성에 대한 현실주의적 인식을 결여한 것을 말하는 것은 아닌가?

이승만은 대한인은 자기의 생명과 자유를 귀중히 여김과 동시에 남의 자유와 권리도 중히 여겨야 한다는 점을 지적해 일본의 문제를 국제사회의 호혜주의적 보편주의 정신을 통해 이해하려 했다. 이승만은 만국공법을 "적은 나라가 능히 거절하여 받지 아니하는 권리"로 규정하였다(50쪽).[28] 이러한 만국공법에 대해 청나라의 정관응과 같이 이들은 공법을 실정법적인 것이 아니라 자연법적인 것으로 인식하는 듯하다. 이에 반해 일본의 후쿠자와 유키치는 공법을 현실주의적 관점에서 주권국가의 정

28) 이승만이 감옥에서 본 공법서적은 『공법편람』과 『만국공법요략』이다.

책수단으로 간주하였다[29]. 또한 이것은 공법을 자연법적 관념에서 이해하려 한 유길준과도 유사성을 보여준다. 그러나 구미 국제법의 당시 성격은 국제법학자들 사이에 실정법적 관념으로 인식되는 경향이 많았는데, 이승만은 이를 잘 파악하지 못한 듯하다. 이는 당시에 전래된 만국공법 관념에 대한 인식상의 오류나 한계에서 비롯된 것이라고 보인다. 만국공법을 세력균형보다는 도덕주의로 잘못 이해하는 듯하다. 그는 공법을 국제사회에서 정의구현을 보장해 주는 것이나, 실정법적인 구속력을 마땅히 가지는 것으로 인식하였던 것 같다.

국가 간의 평등을 주장하는 공법론자들의 논의와 국제정치의 현실간의 차이에 대하여 이승만은 어떻게 받아들이고 있는가? 공법에 관하여 많은 관심을 보였던 유길준은 조선과 중국 간의 조공관계를 서양의 근대적인 국제법에는 부합하지 않지만 나름대로 독특한 국가관계로 특수성이 존중되어야 한다고 보았다. 개국 이후에도 강화된 중국의 속국정책에 의해서 간섭을 받으면서 다른 서방의 국가들과는 근대적 외교관계를 맺는 조선의 청일전쟁 이전까지의 독특한 이중적 국제관계를 유길준은 양절체제라고 불렀고 중국의 대한정책이 구주의 공법처럼 조선을 종속국으로 본 것은 아니라고 설명하였다.[30] 물론 이승만은 이런 관념을 인정하지 않았고 중국의 정책을 무능하고 무책임한 것으로 비판하였다. 이승만을 비롯한 후기개화파 지식인들은 중국과 조선과의 관계가 순망치한(脣亡齒寒)의 관계라는 전통적인 사고를 정면으로 거부하고 청일전쟁을 통해 조선이 독립을 얻게 되었다는 점을 강조한다.[31]

29) 김봉진, 「근대 국제정치관의 동양적 수용」, 이상우・하영선 공편, 『현대국제정치학』, 나남, 1992, 341-343쪽.

30) 이런 점은 『서유견문』, 제3편, "방국의 권리"의 제4절에서 12절까지의 논의에서 잘 나타나 있다.

일본이 공법을 내세워서 조선문제를 논하고 조선의 독립을 거론하면서 조선의 개입을 정당화할 때에 개화파들과 이승만은 이에 대해 우호적인 해석에 머물렀다. 그들은 일본의 외교적 행위가 국제공법의 가치나 목적으로 포장하여 제시되었을 때에 그것의 기만적 측면을 이해하지 못하고 있다. 이는 공법도 현실에서는 실정법의 한계 안에서 인식되고 그 기능을 담당한다는 점을 간과하고 도덕적, 규범적 법칙으로 국제사회에 구속력을 가지는 자연법과 같은 존재로 이해하는 듯하다.

이승만은 조선의 독립이 만국공법, 즉 국제법에 의해서 달성될 수 있다고 보았는가? 그의 중립에 대한 논의는 이에 대해 시사하는 바가 크다. 이승만은 영세중립국에 대한 논의에서 이것은 독립을 온전히 하려는 노력을 하지 못하고 "도리어 독립 권리를 없이 하고 중립 명목을 세워서 저이 손으로 상등 대우를 더욱 낮게 만들고" 마는 위험이 있는 것임을 지적하였다(48쪽). 중립을 독립을 약화시키는 것으로 이해하는 부분이라고 보인다.

3. 독립론

이승만의 독립론은 개화파의 사상을 집대성한 의미가 있다. 특히 서구 최근세 외교사 관련 서적을 독파하고 이를 통해 러일전쟁으로 도래한 조선 정국의 위기타개책을 정립하고자 하는 그의 노력은 가히 그를 대한제국에서 당대 최대의 국제전략가의 위치에 올려놓기에 충분하였다.

개화파 외교관념을 대표한 그는 32장에서 1876년 강화도에서 조선과 일본사이의 조일수호조규의 체결이 조선 독립의 시초가 되었다고 적극적으로 평가하였다. 물론 임오군란으로 인해 청이 조선에 간섭하게 되어 이런 의미가 퇴색되었지만 1887년 최초로 조선이 주미공사 박정양을 외

31) 『독립정신』, 제37장, "갑오전쟁의 근인"을 참조할 것.

교관으로 파송한 것은 사실상 국제적으로 조선이 독립국가임을 세계에 알리는 중대한 해라고 평가했다.

물론 그는 독립이 법률적 요건을 갖추는 것으로 이루어지는 것이 아니고 "개명의 새기운과 개화의 기초가 뿌리[를]" 내려야 달성되는 것으로 인식하였다. 물론 이승만은 청의 종주권 행사와 속국정책의 종지부를 찍은 갑오년의 청일전쟁으로 말미암아 조선은 타율적으로, 즉 자신의 힘이 아니라 일본의 힘으로 독립을 쟁취하였음(172-173쪽)을 지적하였다.

이승만은 독립문제를 근대국가의 안과 밖의 복합적 문제로 인식하고 있다. 즉 안으로 문명개화하여 법을 제정하고 시민교육을 베풀어 독립정신을 세우는 일과, 밖으로 주권적 독립을 선언하고 강대국의 영향력을 배제하며 이것을 지켜나가는 일이 서로 아우러질 때에 비로소 독립국가를 유지할 수 있는 것이라는 점을 인식하였다. 그는 대내적으로는 철저히 반봉건 개화를 주장하면서 대외적으로는 반제국주의, 반청, 반러 입장을 분명히 하고 있다.

이승만은 자신의 독립주의 해법에서 국제질서에의 개방적 동참과 이를 위한 체제 개혁적 조치를 주문했다. 그는 먼저 대한은 문호를 개방하여 세계와 통하고 통상하여 부강한 나라를 만들어야 하며, 둘째, 대한은 새 법을 세우는 개혁과 경장으로써 나라의 근본을 삼아야 한다고 지적하였다. 이승만은 그 연후에 셋째, 대한은 만국공법을 잘 이해하고 타국과의 관계를 돈독히 할 수 있는 공평정대한 방식의 외교를 잘 할 줄 알아야 한다고 강조하였다. 이승만과 개화파는 근대국가로의 체제개혁과 전환을 성공적으로 추진 중에 있는 일본의 사례를 조선의 모델로 삼았다.

개화적 지식인들은 근대국가 형성에 있어서 앞서가는 세력인 일본에 대해 경계와 반발을 하는 위정척사파나 동학도와는 달리 불가피한 세계적 추세를 앞당겨 실시한 개화된 세력으로 간주하였다. 이승만은 대한인은 자기의 생명과 자유를 귀중히 여김과 동시에 남의 자유와 권리도 중히 여겨야 한다는 점을 지적해 일본의 문제를 국제사회의 호혜주의적 보편주의 정신을 통해 이해하려 했다.

이승만은 대외적인 독립은 청의 속국상태에서 벗어나는 것에서 비롯된 것으로 본다. 그는 개항과 1876년 조일수호조규 체결을 독립의 계기로 간주하며(155쪽) 임오군란 이후 청의 군대가 조선에 주둔하며 조선의 주권을 간섭한 것을 속국화정책으로 평가한다(159쪽). 그는 갑신정변에 대하여 그 실패의 원인을 자력이 아니라 타력으로 독립 목적을 추구한 것은 잘못된 것이라는 독립의 대내적 조건의 결함을 지적하였다(166쪽).

이승만은 조선의 외교적 독립은 1887년 주미공사 파송 및 워싱턴 공사관 설치에서 찾았다(168쪽). 물론 그는 직접적으로 독립의 대외적 조건은 갑오년 청일전쟁에서 일본이 승리하여 조선의 속국상태와 종주권을 주장하는 청의 영향력을 한반도에서 제거한 점에서 일본의 공에 의하여 성취된 것이라는 객관적 사실을 중시하였다(173쪽).

이승만은 조선에서의 본격적 독립국가의 출발 시기를 청일전쟁 이후 대한제국의 광무개혁 시기로 간주하고 있다. 그는 이때에 비로소 중국이 한국에 국서를 보내 평등한 관계를 선언하고 우호통상 관계 설정을 천명하였다고 밝히고 있다.[32] 즉 중국이 개화기 이후의 이중적 태도를 청산할 것을 공개 천명한 것으로 더 이상 한국을 속국으로 간주하지 않을 것을 한국에 직접 통보한 것이라는 점을 중시하였다.

동아시아에서 중국과 조선의 국력이 상당히 악화된 상태이므로 사실상 동아시아 정책을 주체적으로 추진할 여력이 없게 된다. 따라서 19세기말 20세기 초에 한·중·일의 협력이나 공조적 연대는 사실상 전혀 현실적 근거가 결여된 상태였다. 개화파 지식인들이나 애국계몽기 한국

32) 『제국신문』, 1898년 12월 30일 사설, 그리고 『독립정신』, 175쪽.

지식인들은 동아시아의 독자적 단위의 필요성보다는 바로 보편적 유럽 국제질서체제로의 편입과 만국공법에 의한 국권보호를 추구하였다. 고종의 헤이그밀사사건이나 중립론적 외교 등은 바로 이러한 노력의 사례이다. 그러나 국가이성의 원리에 의한 이기적 국가이익의 추구가 국제사회의 실질적 규범이 되어버린 제국주의 시대에 약소국의 운명은 강대국 사이의 세력균형의 정치에 의해 협상의 제물이 되어버리고 러일전쟁 이후 한국의 보호국화와 식민지화는 필연의 길을 걷게 된다.

이승만은 러일전쟁 이후로는 일본의 영향력과 지배로부터 독립을 이루는 것이 다른 어떠한 문제보다도 우선시되어야 한다고 보았다. 이승만은 청의 지배권이 한반도에서 제거된 이후 10년간의 시기가 실질적으로 한국이 미약하나마 실질적 독립국가를 이루었던 시기라고 보았다. 이승만은 대한제국기의 갑오년에 시작하여 진행된 개화내각의 건양, 광무개혁의 성공을 위해 실질적으로 언론과 정치운동 분야에 투신하여 청년 지도자로서 개혁정치의 달성을 위하여 전심으로 노력하였다. 결국 동아시아의 지역 질서 형성의 문제는 지역내 오랜 구성원 중 하나인 한국 민족이 독립국가의 형성을 달성한 이후에 비로소 제기될 수 있는 문제로 보았던 것이다.

이상의 논의에서 볼 때에 이승만의 『독립정신』은 우리 민족의 활로가 개체적인 차원에서 근대적 각성을 한 변화한 개인들로부터 비롯되며 개혁과 개방을 통한 국가건설과 외교를 통해서 달성될 수 있다는 자유주의, 개혁주의적 국가건설 비젼의 종합적 해법이라고 할 수 있다.

Ⅵ. 맺음말

이승만은 이미 국운이 기울어 있는 상태이지만 혼신의 힘을 다하여 독립정신을 추구하는 것 외에는 방법이 없다고 보았다. 독립권을 보전하지 못하면 결국 다른 나라의 속국이 되는 데 이것은 과거 동아시아의 전근대시기의 속국과는 달라서 국가가 주권을 상실하고 멸망하게 된다는 경고를 한다. 이승만은 목전에 임박한 러일 간의 전쟁에 꼼짝없이 말려드는 조국의 운명을 앞에 두고 감옥에서도 잠을 이루지 못했다.

이승만은 그의 최초의 저서 『독립정신』에서 만경창파와 풍파대해에 외로이 가는 작은 배로 조선의 운명을 비유하였다. 그리고 그 해법은 기본적으로 전형적인 개화적 계몽론으로 제시되었다. 즉 그 해법을 정치권의 변혁에서 찾지 않고 민중의 교화와 각성에서 찾았다. 이승만은 국운 쇠퇴의 원인을 전제정치, 부패한 사회와 관리, 피폐해진 민심 등에서 찾았다. 궁극적으로 개인들에게 독립을 보전하고자 하는 애국적인 각성이 없이 근본적 문제해결은 어려운 것으로 보았다.

19세기말 조선에는 독립협회의 투쟁을 떠받쳐 줄 제반 정치사회의 구조적 요건이 성숙되지 못했고 이 때문에 독립협회의 직접민주주의 운동은 실패하고 말았다. 유교적 근왕의식이 아직도 지배적인 대중들의 의식을 근대적 시민의식으로 전환할 필요성을 절실히 느낀 것은 아마도 이승만이 미주에서 자신의 처녀작 『독립정신』의 초고를 수정하는 유학시절로 보인다. 이승만은 그의 원고에 입헌군주제가 대안이라고 한 부분은 그대로 둔 채 서구 시민혁명의 두 전범인 미국독립혁명과 프랑스대혁명 부분을 대폭 추가 기술하여 그의 옥중 초고를 수정하였다고 보인다. 그 결과 1910년 이후 간행된 『독립정신』은 입헌군주제 뿐 아니라 공화제적 논의도 포함하는 저서가 되었다.

이승만의 『독립정신』은 자유주의와 민족주의 계열의 개화사상에 입각하여 당시 대한제국의 정치외교적 문제를 총정리한 대작이라고 할 수 있다. 이 책에서 이승만의 사상은 민권론에 기반한 구국론을 잘 전개하고 있다. 그러나 20세기 초 러일전쟁 발발 상황에 대한 국제정치적 분석과 그 전쟁 책임론에 대한 전반적인 분석에 있어서 이 책은 개화파의 공통적 한계이자 문명론적 편견인 친일본적 경향성이 엿보인다. 러시아에 대하여서는 매우 비판적인 반면에 일본에 대하여서는 지나칠 정도로 관대한 그의 논조는 그의 문명개화론적 사상적 관점에 못지않게 현실정치적 고려—즉 러일전쟁 이후의 자신의 재기문제—와 무관하지 않았을 것으로 보인다.

한편, 개인의 운명과 사회의 발전간의 변증법적 인식이 그의 『독립정신』에서 발견된다는 점이 흥미롭다. 정치사상의 형성에 있어서 이론과 실천의 양면을 경험하는 이승만은 단선적 진화론보다는 역동적 사고와 이론적 대각성의 경험을 한 것으로 보인다. 또한 그 과정에서 자신의 사상적 성숙을 달성하여 이후 독립운동에 필수적인 정치적 지도자의 자질을 함양했다고 할 수 있다. 이런 점에서 그는 실학적 실천성과 창조적 정신을 가지고 역사적 도전에 대하여 사상적으로 응전하였던 대한제국기의 전형적인 지사형 정치지도자라고 할 수 있다.

이승만의 『미국의 영향 하에 성립된 중립론』과 외교독립론

최 정 수*

〈목 차〉

Ⅰ. 머리말

일제에게 국권을 상실한 후 한국인들은 다양한 노선의 독립운동을 전개했다. 한편에서는 신채호의 무장독립투쟁론, 안창호의 독립준비론, 이승만의 외교독립론 등이 펼쳐졌으며, 다른 한편에서는 사회주의계열이 계급해방을 목표로 독립운동을 전개하였다. 그중에서도 오늘날까지 가장 논란이 있는 독립운동노선은 바로 이승만의 외교독립론이다. 독립을 위해 미국의 지원을 얻는다는 전략은 실현 불가능한 것이며, 무엇보다도

---

* 崔正洙, 고려대 동아시아문화교류연구소 선임연구원

독립의 대의명분을 훼손했고, 민족운동진영의 분열을 초래했다고 보기 때문이다.[1]

이승만이 시종일관 미국을 이용하기 위한 독립전략을 고수했음은 사실이다. 그러나 미국을 이용한다는 전략은 그만의 전유물은 아니었다. 정도의 차이일 뿐 많은 독립운동가들의 전략이기도 했다. 특히 미국이 일본과 전쟁하는 날이 독립일이 될 것이라는 미일전쟁론을 독립운동가들 모두가 공유했다고 해도 과언이 아니다. "미국으로 하여금 전쟁을 일으키게 선동하고 무기 등의 지원을 강력히 청원한다"는 전략은 임시정부가 수립한 독립방략 중의 하나였을 정도였다.[2] 심지어 신채호조차도 그랬던 적이 있다. 나아가 신채호는 미국이 일본과 전쟁할 이유로 문호개방을 거론하며 독립을 예상하기도 했다.

그럼에도 불구하고 이승만에 대해 비판이 집중되는 이유는 무엇일까?

---

1) 이승만의 외교독립론은 '자력독립 불가론에 기초한 것'이었다. "이러한 논리는 엄밀하게 말하면 독립부정의 논리에 가까웠다." "중립화를 통한 한반도 독립이라는 이승만의 구상은 철저하게 미국적 사고에 기초한 것이었으며, 한국 독립운동의 방략이 아니라 미국 대외정책의 일환이라고 할 수 있는 것이었다." "한반도 중립화론의 문제점은 사실상 주체적 독립운동부정론이었다는 점에 있었다. 이 논리는 한국인들에게는 독립운동무용론, 외세의존적인 허무주의에 가까웠다. 한국인들의 이해와 요구를 반영한 것이 아니라 미국의 입장에 철저했던 이 논리는 전혀 현실성이 없는 탁상공론에 가까웠다. 때문에 이러한 노선은 단 한 번도 미국인들에게 동정이나 호응을 얻지 못했다." "이승만의 강조점은 영세중립이나 중립화, 전시중립 같은 외교상의 혹은 국제정치상의 중립이 아니라, 상업상의 중립 또는 교역상의 중립이었다. 이승만의 관심은 중립적 교역이라는 개념·법률·관행이 국제 상거래에서, 특히 해상무역에서 언제, 어떻게 성립됐으며, 발달해왔는가를 규명하는 것이었다." "이승만이 교역상의 중립을 선택한 것은 미국 국무장관 존 헤이로부터 영향을 받은 때문이었다." 이상의 내용에 대해서는, 정병준, 『우남 이승만 연구』, 역사비평사, 2005, 125-130쪽.

2) 이현희, 『대한민국임시정부사』, 집문당, 1982, 550쪽.

아마도 다음과 같은 이유가 아닐까? 첫째, 그가 행동으로만이 아니라, 외교독립론의 정신적 기원으로 볼 수 있는 글들을 남겼기 때문이다. 미국의 각종 제도를 소개하고 예찬하는 일련의 글을 남겼기 때문이다. 『독립정신』·『미국의 영향 하에 성립된 중립론』 등과 같은 일련의 저서들이 그것이다. 글은 곧 그 사람의 사상이다. 문제는 그 내용이었다. 『독립정신』의 경우 책의 내용이 미국의 각종 제도를 소개하고 예찬하며, 우리의 개혁 모델로 삼자는 것이 주류를 이루었다. 이승만 자신의 저술 목적은 미국 활용하기 위한 지피지기(知彼知己)의 방법, 즉 미국알기전략의 일환이었겠지만, 사람에 따라서는 그것이 미국에 대한 추종 및 맹신과 같은 것으로 보일 수도 있었다. 더욱이 위임통치청원과 같은 행위는 오히려 이승만의 외교독립론을 비판하는 근거가 되었다. 위임통치청원과 그가 쓴 책 간의 인과관계를 묻지 않을 수 없게 만들었기 때문이다. 따라서 그의 저서들은 비판자들로 하여금 이승만의 외교독립론을 미국이용하기전략이 아니라, 스스로 미국에 이용되기 전략과 같은 것으로 보일 수밖에 없게 했다. 그의 저서가 오히려 이승만 비판의 근거가 되었다는 이유도 여기에 있다.

둘째, 그럼에도 불구하고 이승만의 미국이용하기전략이 시종일관 지속되었다는 점이다. 미국의 도움이나 미일전쟁을 기대했던 독립운동가들의 상당수는 그것이 이루어지지 않자 노선 전환 등 다른 방법도 모색했다. 그러나 이승만 만큼은 꿈적도 하지 않고 미국을 이용한다는 전략을 버리지 않았다. 한국이 독립을 얻기 위해 지원을 기대할 나라는 미국뿐이라는 것이 그의 변함없는 생각이었다. 셋째, 그랬기에 이승만은 노선을 달리하는 세력과 타협하기 어려웠다. 바로 이 점이 당대인은 물론 후대인들에게 비판의 빌미가 되었다. 대동단결을 중시할 수밖에 없는 독립운동의 현실에서 이승만의 이러한 확고함은 외교독립론에 대한 철학으로 보기 보다는 융통성을 상실한 완고한 행위로서 독립운동진영의 내부 분열을 초래한 요인으로 보였기 때문이다. 비판자들이 위임통치청원에 대한 신채호의 비판, 즉 절개를 잃은 행위와 같다는 비판을, 이승만의 독립운동 전체에 대한 평가로 자리매김하는 것도 이 때문이다.

이승만은 왜 그렇게도 외교독립론을 고수했을까? 도대체 그는 왜 미국의 외교노선에 독립운동의 방향을 일치시키려고 했을까? 존 헤이의 문호개방의 영향을 받은 탓일까? 이 점을 인정한다고 해도 그것에서 모든 이유를 찾을 수는 없을 것이다. 왜냐하면 그가 미국에 대한 전문적인 지식이 없으면 쓸 수 없는 일련의 글들을 남겼기 때문이다. 이 같은 일은 그 계기를 누가 부여했든, 이승만 자신이 스스로 납득하지 못했으면 나타 날 수 없는 현상이었다. 이에 연구자는 이 점을 구명하기로 했다. 즉 이 연구의 목적은 이승만의 독립노선의 지적 기반으로 평가받고 있는 책들 중에 1910년 프린스톤대학교에서 받은 박사학위논문 (*Neutrality As Influenced by the United States*, 1912)을 분석함으로써, 그의 대미외교를 통한 독립론의 실체를 파헤치는데 있다.

연구자가 이 책을 주목하는 이유는 다음과 같다. 첫째, 이승만이 박사논문의 연구 주제로 잡은 미국의 전시중립론은 미국 외교의 핵심개념 중의 하나이기 때문이다. 뿐만 아니라 고립 및 중립주의와 더불어 건국 초기 미국의 3대 외교원리를 형성했던 먼로독트린과 같은 미국 외교의 또 다른 개념도 등장하고 있다. 전시중립론이 추구했던 해양의 자유나 먼로독트린은 미국이 제1차 및 제2차 세계대전에 개입하게 된 본질적인 동기였다는 점은 상식과 같다. 따라서 이 책에 대한 검증은 이승만의 외교독립론의 대전제인 미국 외교에 대한 이해가 어느 정도였는지를 알려줄 것이기 때문이다.

둘째, 논문 작성 이후 이승만의 행적이 전시중립론의 원리와 일치된다는 것이다. 1920년대의 위임통치청원, 태평양전쟁 발발 8개월 전에 행한 먼로독트린의 한국으로의 확대 요구와 집단안보체제의 결성 촉구 등은 모두 전시중립론의 원리를 바탕에 깔고 있기 때문이다. 그렇다면 그의 논문은 단순한 학술서가 아니라 전략서로서의 성격도 아울러 지니고 있었던 것으로 볼 수 있지 않을까? 즉 전시중립론에 대한 학술 탐구 과정에서 습득된 지식은 외교독립론의 이론적 근거가 되지 않았을까?

셋째, 그럼에도 불구하고 학위논문의 학술적 가치는 검토된 바 없을 뿐만 아니라 외교독립론의 전략서로서의 의미도 구체적으로 구명된 바 없다. 오히려 이 책은 이승만 외교독립론의 사대성을 비판하는 전거로 제시되었을 뿐이다. 그러나 이승만의 외교독립론을 비판하기 위해서 먼저 검토해야 하는 것은 이승만의 외교독립론에 대한 확신이 미국의 외교에 대해 또 바른 이해를 바탕으로 한 것인지, 아니면 오해에 근거한 것이었는지의 여부를 확인하는 작업에 있음은 상식이다.

이에 연구자는 이승만의 학위논문을 3가지 측면에서 분석할 것이다. 먼저 제2장에서 학위논문의 내용을 소개할 것이다. 도대체 그는 논문에서 무엇을 주장하려고 했을까? 이는 그가 미국의 전시중립론을 제대로 이해했는지를 검토하기 위해 당연히 요구되는 전제 작업이다. 이어 제3장에서는 학위논문의 학술적 가치를 검증할 것이다. 과연 그의 학위논문의 주장은 타당하며, 학술적으로 어떤 가치가 있었을까? 이를 위해 오늘날의 연구성과와 비교 검토할 것이다. 끝으로 제4장에서는 학위논문의 독립전략서로서의 성격을 구명하려 한다. 즉 학위논문에서 얻은 지식이 이승만의 독립운동(외교독립론)에 어떤 영향을 미쳤을까? 위임통치청원행위와 집단안보체제론을 사례로 삼아 관련성을 살펴 볼 것이다.

Ⅱ. 『미국의 영향 하에 성립된 중립론』의 내용 및 결론

이승만의 박사학위논문(*Neutrality As Influenced by the United States*)은 서론과 결론을 포함하여 모두 6개장으로 구성되어 있다. 이 글의 주제이자 목적은 제목 그대로 전시중립제도가 정착하는데 미국이 어떤 역할을 했는가를 밝히는 데 있다. 그는 방법론으로 시대별로 발생했던 사건을 중심으로 논지를 전개하고 있다. 18세기 이래로 유럽 및 아메리카 대륙에서 발생한 전쟁과 사건은 중립법 발달에 어떤 역할을 했으며, 여기서 미국과 유럽은 어떻게 힘겨루기를 했을까? 따라서 그의 논문은 이론서라기보다는 전시중립제도가 국제법화 되어 가는 진화의 역사에 다름없다. 여기서는 각 장의 내용과 논문 전체의 결론을 살펴보기로 한다.[3)]

이승만의 학위논문은 결론에 해당하는 요약부분(제6장)을 제외하고 나면 내용상으로는 크게 두 부분으로 나뉜다. 미국독립전쟁을 분수령으로 하여 이전(제1장)과 이후(제2-5장)의 중립제도의 발전 양상을 다루고 있기 때문이다. 제1장에서 미국 독립선언 이전 시기에 유럽이 발전시켜 온 중립제도의 역사적 기원을 추적하고 있다. 즉 중립제도의 탄생 배경을 다루고 있는바, 그것은 해상무역의 발달과 신대륙 발견의 결과물이었다는 것이다. 전시중립권을 보장해야 한다는 최초의 주장은 18세기 중반에 이르러 프러시아에 의해 제기되었다고 한다. 전시에도 평화 시와 마찬가지로 교전국은 교역의 자유를 보장해야 한다는 것이었다. 그러나 이러한 주장은 영국의 반대로 무산되었다.[4)] 제1장의 중요한 결론 중의 하나는 국제법에 대한 일반적 수용은 없으며, "시대에 따른 각국의 개별적인 이

---

3) 여기서는 이승만 박사학위논문의 번역본(이승만 저, 정인섭 역, 『이승만의 전시중립론』, 나남, 2000)을 대본으로 사용하였다.

4) 『이승만의 전시중립론』, 20-21쪽.

해관계가 그들의 실행에서의 기본 지침이었다"는 것이다.[5] 요컨대 제1장은 전시중립제도라는 것이 미국에 의해 발전한 것임을 드러내기 위해 유럽에서는 그러한 제도가 사실상 없었음을 보여준 것이다.

제2장에서부터 제5장까지 미국의 등장 이후 중립법 발달의 역사를 고찰하고 있다. 미국의 등장이 중립법 발달에 어떤 영향을 미쳤는지가 추적 대상이다. 제2장에서 이승만은 미국이 국가로 성립하면서부터 중립법은 본격적으로 발전하기 시작했다고 주장한다. 왜냐하면 통상의 자유를 신봉하는 미국의 등장으로 유럽 중심의 중립 관행은 도전받게 되었기 때문이다.

> 미국의 독립선언은 특히 중립국의 권리·의무에 궤를 맞추며, 국가간의 평화와 통상의 자유를 증진시키고 국제법의 원칙을 발전시키도록 예정된 새로운 국가의 탄생을 세계에 선포한 것이다. (중략) 애덤 스미스 시대 이전 오랫동안 유럽에서 교역의 기조는 힘이었지, 권리의 문제는 아니었다. 유럽 국가들은 자신들의 식민지 교역에 대하여 어떠한 권리도 허용하지 않았다. 반면 미국은 언제나 통상의 자유를 위하여 투쟁하였다. 독립전쟁 그 자체도 주로 식민 모국의 간섭 없이 미주 대륙의 막대한 자연 자원을 개발하려는 욕구에 의해 촉발된 것이었다. 유럽 국가들의 과도한 교전권 행사와 중립 책임의 불규칙한 준수가 미국에서보다 나은 그리고 보다 통일적인 법칙을 수립하자는 자각된 욕구를 낳았다.[6]

독립을 쟁취한 이후 유럽과의 관계를 정립하는 과정에서 미국이 가장 중시한 것은 중립국의 통상의 자유였다. 이를 위한 미국의 노력은 부분적으로 성공을 거두었을 뿐 아니라, 무엇보다도 그것을 이후의 국제법의

5) 『이승만의 전시중립론』, 25쪽.

6) 『이승만의 전시중립론』, 36-37쪽.

중심 과제로 만들었다는 것이다. 한마디로 통상의 자유를 국제법의 가이드라인으로 만든 것은 미국의 공헌이었으며, 미국의 이상을 국제법으로 구현하려는 점에서 유럽식 중립법과 다르다고 보았다.

> 중립 교역의 자유, 즉 사유재산의 보호, 사략선의 폐지 등과 같은 프랭클린의 진보적 사상은 당시에는 전쟁의 잔인성을 완화시키려고 헛된 노력을 하는 철학자의 꿈이요, '아름다운 공상'으로 지적되고, 제대로 평가받지 못했다. (중략) 그러나 미국은 중립법의 역사를 위하여 다행스럽게도 혼란 속에서도 올바른 길로 방향을 잡았으며, 이는 조만간 다른 국가도 따르게 된 길이었다.[7]

나아가 이승만은 독립전쟁 이후 유럽과의 관계를 수립하는 과정을 통상의 자유를 위한 유럽과의 투쟁사로 보았다. 특히 미국은 전시에 통상의 자유를 규제하려는 '영국식 국제관행'에서 벗어나, 전시에도 평시와 같이 통상의 자유를 보장받으려는 미국식 국제관행을 만들려고 시도했다는 것이다.[8]

> 1793년 9월 7일자 제퍼슨의 훈령을 계기로 이후의 중립법의 역사는 주로 유럽과 미국 간의 일련의 투쟁과 논쟁의 역사였다. 유럽은 전시중립교역을 규제할 교전국의 권리를 주장하였고, 미국은 전시에도 평화 시와 같이 기존의 교역을 계속하려는 중립국의 권리를 옹호하였다.[9]

이승만은 그 증거로 미국식 국제법이 독립전쟁 중에 이미 마련되었다

7) 『이승만의 전시중립론』, 47-48쪽.
8) 『이승만의 전시중립론』, 43쪽.
9) 『이승만의 전시중립론』, 44쪽.

는 점을 들었다. 대륙회의는 1776년 외국과의 조약 교섭 때 자국 외교관이 통일적으로 따라야 할 '국제법의 일반 원칙'을 정리하기 위한 위원회를 구성하고, '중립국의 전시 교역의 자유'를 골자로 한 초안을 마련했다는 것이다. 이승만은 이 초안에 대한 국제법 학자 포스터(John W. Foster)의 다음과 같은 평가에 동의하였다.

> 이는 당시까지 어떠한 조약에서도 채택되지 않았던 원칙을 제시하였으나, 그 후 이들 원칙은 모든 국가에 의해 수락되었다.…이는 그 이전의 어떠한 것보다도 더욱 완벽하고 정확하게 중립을 정의하였고, 교역에 관하여 과거에 없었던 보장을 제공하였다.[10)]

이어 제3장에서 이승만은 미국이 프랑스혁명으로 야기된 영불전쟁으로부터 위기에 처한 통상의 자유를 보장받기 위해 기울인 일련의 노력을 살피고 있다. 이승만은 이 시기를 중립법 발달의 암흑기로 평가했다. 이 시기는 "중립법의 역사에서 가장 어두운 시기였다. 서로 상대방의 해군력을 무력화시키기 위해 애쓰는 프랑스와 영국, 두 경쟁국간의 처절한 싸움 속에서 모든 중립국의 이해는 맷돌 사이에 낀 것처럼 분쇄될 수밖에 없었으며," 이는 미국에게도 예외는 아니었다는 것이다. 영국은 중립법의 권리를 침해하였고, 미국 안의 프랑스 지지파는 독립전쟁 때 도와준 프랑스의 지원에 대한 은혜를 갚아야 한다며 미국의 참전을 주장하였기 때문이다.[11)] 그럼에도 불구하고 통상의 자유에 대한 미국의 의지는 후퇴하지 않았다는 것이 이승만의 해석이었다. 미국이 1812년 영국과 전쟁을 감수하면서 중립권을 수호하려고 했기 때문이다. 그리하여 '유럽의 중립 관행'에 맞서는 '미국의 중립 관행'이 정착되었다는 것이다.

---

10) 『이승만의 전시중립론』, 45쪽.

11) 『이승만의 전시중립론』, 63쪽.

제4장에서 이승만은 나폴레옹을 패배 시킨 이후에 벌어진 미국과 영국 간의 통상의 자유를 둘러싼 투쟁을 그리고 있다. 역시 영국은 통상의 자유를 침해하려고 했으며, 미국은 중립국의 교역의 자유를 지키려고 했다는 것이다. 특히 이 장에서 이승만이 강조한 것은 미국이 통상의 자유를 유럽과 중남미 대륙으로 확장시키려고 기도했다는 점이다. 먼저 그는 미국이 통상의 자유를 중남미 대륙으로 확장시켰으며, 먼로독트린은 바로 그러한 미국의 의지가 외교적 원칙으로 표시된 것으로 간주했다. 후일 먼로주의라고 알려진 1823년 12월의 대통령 연두교서는 "미국의 중립적 입장을 명확하게 규정하였다"는 것이다.[12] 이승만이 주목한 연두교서의 구절은 다음과 같은 내용이었다.

> 유럽 국가들이 그들 간의 문제로 전쟁을 하는 경우 우리는 결코 어느 편도 들지 않았다.…우리의 권리가 침해되거나 심각하게 위협을 받았을 때에만 우리는 피해에 대하여 분개하면서 우리의 방위를 준비하였다.…신생정부와 스페인 간의 전쟁에서 우리는 그들을 승인함과 동시에 중립을 선언하였고, 우리는 이를 준수하였다. 그리고 미국의 안보에 불가결한 변화를 야기할 어떠한 변화가 발생하지 않는 한 우리는 이를 고수할 것이다.[13]

특히 이승만은 중립법의 발달을 자극한 또 다른 요인으로 중남미의 식민지들이 모국에 대해 일으킨 반란사건을 지적했다. 왜냐하면 이들이 반란을 일으킨 후 미국에게 독립 승인을 요청했기 때문이다. 이에 미국은 이들의 반란을 승인하는 한편, 그 근거로 교전국 승인 여부는 중립국의 권리라는 점을 들었다는 것이다. 이 같은 미국의 주장으로 반란 식민지에 대한 승인 문제는 "국제법 역사상 처음으로 활발한 토론의 주제,"

12) 『이승만의 전시중립론』, 95쪽.

13) 『이승만의 전시중립론』, 93쪽.

즉 열강 간에 중요 쟁점이 되었으며, 결국 미국의 의지가 관철됨으로써 반란 식민지의 독립 승인이 중립국의 중요한 권리로 되었다는 것이다.

> 미국 독립전쟁 이전이나 직후에는 교전 상태와 독립의 승인 문제가 심각한 논란을 일으킬 기회가 거의 없었다. 미주의 식민지들이 식민 모국에 대한 반란을 시작하고 성공적으로 독립 신정부를 수립한 이후, (중략) 수많은 소규모 지역이 새로운 예에 따라 공개적인 반란을 일으키고, 타국에 대해 자신의 독립을 승인해 달라고 요청하였다. 혁명 선전의 기간 중 국제법 역사상 처음으로 이 문제가 활발한 토론의 주제가 되었으며 종종 치열한 논쟁을 일으켰다.
>
> 어느 지역 사회가 식민 모국의 속박으로부터 자유를 얻으려고 투쟁하는 경우, 중립국은 적대 행위가 존재함으로써 자신의 상업적 이익이 영향 받거나 자신의 단일성이나 존재가 위협받게 된다면 곧 바로 반란국의 교전 상태를 승인할 수 있다. 이에 중립국은 자신의 중립성을 훼손시키지 않으면서, 전쟁법이 교전자에게 부여하는 특권과 권리를 반란국에게 인정하게 된다. 이는 승인국 측의 정책이나 신중성의 문제일 뿐 승인국의 공식적인 인정이나 거부 행위를 법적인 책임을 물을 수 있는 청구의 근거로 삼을 수는 없다.[14]

이어 같은 장에서 이승만은 미국이 유럽 내부의 전쟁을 이용하여 미국식 중립권의 유럽확장을 시도했다고 주장했다. 크리미아전쟁기(1854~1856)에 미국이 취한 행동이 그것을 보여준다는 것이다. 이 전쟁이 발발하자 미국은 다음과 같은 2가지를 제안하며 전시하 중립국의 통상 자유를 보장하는 것을 국제법상의 항구적 원칙으로 수용하자고 요청했다고 한다. 첫째, 전시 금제품이 아닌 한 중립 선박에 실린 화물이나, 둘째, 교전국에 선적된 중립국 재산은 몰수 대상에서 제외시켜야 한다.[15] 이러

14) 『이승만의 전시중립론』, 97쪽.

한 미국의 제안은 유럽, 특히 영국에 의해 거부됨으로써 관철되지 못했다. 그러나 미국이 이 시기에 국내법으로 제정한 중립법은 미국식 중립법의 반대에 앞장서 온 영국으로부터도 찬사를 받을 정도였다. 영국외상 캐닝(Canning)이 "만약 본인이 중립제도에 관한 지침을 원한다면, 워싱턴 대통령과 제퍼슨 장관 시절 미국이 수립했던 것을 취하겠다"며 극찬했기 때문이다.[16]

제5장에서 이승만은 남북전쟁기(1861~1865)에 미영 간의 중립국 권리를 둘러싼 공방전을 추적했다. 미국은 남북전쟁에 유럽이 개입한 사건을 계기로 하여 미국이 중립국의 권리를 국제법상의 지위로 끌어 올리는데 성공했다는 것이다. 특히 이번에는 미국이 교전 당사국이 되고, 영국이 중립국이 되어 맞섰다. 문제의 발단은 영국이 남부를 승인하고, 남부에게 무장 선박을 판매함으로써 야기되었다. 미국이 항의하자 영국은 중립 위반을 인정하면서도, 책임은 영국의 국내법에 의하여 부과되어야 한다고 주장했다. 그러나 미국은 이를 받아들이지 않았다. 중립국의 의무는 국내법이 아니라, 국제법으로부터 나오며, 따라서 국내법은 국제법에 복종하여야 한다는 것이 미국의 반박 논거였다. 결국 여기서도 영국이 굴복하였다. 미국의 반박 논리는 구체적으로 다음과 같았다.

> 자국 내에서 중립 위반을 방지하여야 할 중립국의 의무는 국내법이나 현지법과 관계가 없다. 국내법은 그러한 의무를 승인할 뿐 중립 의무를 창조할 수도 파괴할 수도 없다. 왜냐하면 중립국의 영토를 적대적 목적으로 사용함을 금하는 의무는 국제법으로부터 직접 유래하기 때문이다. 다만 현지법은 국제 의무에 관한 해당 국가측 평가의 증거로서 간주될 수는 있지만, 그렇다고 해서 국제법의 시각으로 볼 때 현지법을 근거로 하여 국제적

15) 『이승만의 전시중립론』, 25쪽.

16) 『이승만의 전시중립론』, 91쪽.

의무를 한계 지을 수 있다고 해석할 수는 없다.[17)]

이번에도 영국은 미국에 패배하였다. 워싱턴조약에 따라 열린 제네바 국제중재재판소가 미국 측의 입장을 따른 판결을 내렸기 때문이다. 재판부는 "국내법이 국제 의무의 척도가 될 수 없다는 미국 측의 주장을 지지하는" 한편, 영국에게는 "영국정부는 스스로 법적 수단이 불충분함을 핑계로 하여 적절한 주의를 다하지 못한 점을 정당화시킬 수 없다"고 판결 이유를 밝혔던 것이다.[18)]

국제중재재판에서의 패배는 영국으로 하여금 미국의 1818년 중립법을 모방한 중립법을 국내법에 신설케 했다. 영국은 한편에서 중립 실행에 관련된 기존 법률의 조항을 검토하고, 다른 한편에서는 기존 조항의 개정 여부를 조사하기 위한 왕실위원회를 설립하였다. 그 결과 왕실위원회는 영국 신민들의 중립 의무 위반을 막기 위한 예방적 조치를 취할 수 있게 되었다.[19)] 이승만은 이를 놓고 미국의 기준에 따른 중립법이 마침내 대영제국으로 하여금 그것을 따르게 만들었다는 식으로 평가했다.

> (영국의 중립법)은 내용상 제네바 중재재판 이전에 미국이 요구했던 것 이상을 담고 있다. 그랬기 때문에 영국 이외의 국가에서도 이 법은 국제법에 의한 요구를 앞서가는 내용이라는 평가를 받았다. 이 같은 법이 존재한다면 중립의 준수와 관련된 국가의 행동을 국내적 기준에 맡겨도 안심할 수 있을 것이다. 만약 남북전쟁 당시 영국이 이러한 기준을 지니고 있었고, 그것을 엄격히 준수했더라면, 제네바 중재재판이라는 국제법정으로 불려나가는 일도 없었을 것이다.[20)]

17) 『이승만의 전시중립론』, 138쪽.
18) 『이승만의 전시중립론』, 138쪽.
19) 『이승만의 전시중립론』, 139-140쪽.
20) 『이승만의 전시중립론』, 141쪽.

이승만은 남북전쟁 시에 제기된 미국이 주장은 이후에 열린 국제회의에서 부분적으로 관철되었다며, 그 사례로서 1907년에 열린 헤이그평화회의를 들었다.

> 당시의 토의는 국제법에 영향을 미쳤다. 일반적으로는 당시로부터 오늘날까지의 각국의 실행에 영향을 미쳤으며, 특히 제2차 헤이그만국평화회의의 13협약에 영향을 미쳤다. 협약 13조의 골자: 중립국 정부는 믿을 만한 근거에 입각하여 자국과 평화 관계에 있는 국가에 대한 해상 순시나 적대적 작전을 수행하려는 가능성이 있다고 판단된 선박에 대해 자국 관할 내에서 설비하거나 무장시키는 행위를 저지해야 하며, 이를 위해 할 수 있는 모든 수단을 취해야 한다. 아울러 중립국은 자국 관할 내에서 전체 또는 일부가 전쟁용으로 개조된 선박이 해상 순시 또는 적대 활동에 참여할 목적으로 출항하는 것을 저지하기 위하여도 동일한 주의를 다하여야 한다.[21]

이승만은 중립법에 관한 미국의 주장은 완성된 것이 아니라 진행 중으로 보았다. "중립국의 전시 금제품 운반행위는 교전국이 몰수할 수 있다"는 골자의 중립국 의무에 대한 "이러한 미국의 정책은 주장 당시에는 정당화될 수 없다며 격렬한 비난을 받았지만, 이는 그 후에 열린 1908~1909년의 런던회의에서 수용됨으로써 국제법의 일부로 승인되었다"는 것이다.[22] 런던회의가 합의한 내용의 제30-31조는 다음과 같다. "절대적 전시 금제품은 적에게 소속되거나 점령 중인 영토 또는 적의 군대로 향한다는 것이 증명되면 나포대상이다. 상품의 수송이 직접 그로 행하거나 선박을 옮겨 탄다거나, 육로 수송을 필요로 하는 등은 문제가 되지 않는다."[23]

---

21) 『이승만의 전시중립론』, 139쪽.

22) 『이승만의 전시중립론』, 151쪽.

그리하여 이승만의 미국 전시중립론 연구는 다음과 같은 결론은 내렸다. 첫째, 전시중립제도는 미국에 의해서 발전되어 왔다.

> 대체로 중립법에 관한 미국의 영향은 깊고 폭 넓게 미쳤다. 현재의 중립제도를 1776년까지 거슬러 올라가는 초기와 비교하면 전반적으로 국제법의 다른 어떠한 분야보다도 많은 발전이 있었다. 이러한 발전이 모든 인류에게 대단한 축복이었음은 더 말할 필요도 없다. 교전국의 작전 영역은 크게 제한되었고, 전시 중 국가 간의 평화적인 교류 수단은 괄목할 만한 정도로 보장되었다. 무엇보다도 중립 교역의 자유가 확대되고 보장되었다. 유럽의 해양 강국들이 제기하였던 반대에도 불구하고 미국은 지속적으로 자유주의적 입장을 천명함으로써, 세계 어느 나라보다도 이와 같은 성과를 이룩하는데 더 많은 영향력을 행사하였다.[24)]

둘째, 전시중립론은 미국식 국제법과 다름없다. 중립법의 새로운 시대가 독립선언으로 열렸을 뿐만 아니라, 미국이 전시중립에 대한 영국의 관행과 다른 것을 주장하고 결국 관철시킨 후, 나아가 영국까지도 미국의 중립법을 모방하게 했기 때문이다. 특히 독립의 승인, 중립국 영역의 불가침, 중립국 교역의 자유 등은 미국의 영향을 받아 해결되었다.

> 각국의 눈에 미국은 중립국으로 비추어져 미국과의 공감과 우정은 유럽의 국제관계에 영향을 미치었다.[25)]
>
> 1776년 미국의 독립선언은 중립법의 역사상 새로운 시대가 도래하였음을 의미하였다.…주로 미국의 영향을 받아 해결된 가장 중요한 문제들로는 독립의 승인, 중립국 영역의 불가침, 중립국의 교역 자유 등이다.[26)]

---

23) 『이승만의 전시중립론』, 122쪽.

24) 『이승만의 전시중립론』, 151쪽.

25) 『이승만의 전시중립론』, 72쪽.

셋째, 전시중립론은 미국의 국시와 같다. 그것이 통상의 자유를 목표로 할 뿐 아니라, 독립선언의 배경이었고, 이후에도 그 점을 일관되게 주장해 왔기 때문이다. 즉 중립무역에 대한 "미국의 최고 주안점은 중립선박상의 화물은 몰수 배제한다는 원칙을 영구히 확립하려는 것이었다."[27] 통상의 자유를 놓고 미국이 유럽에 양보한 적이 없는 이유도 여기에 있다.

넷째, 먼로독트린 또한 전시중립론의 논리적 귀결이다. 중남미 식민지인들이 모국 스페인에 대해 일으킨 반란이 이들에 대한 승인문제를 야기했기 때문이다. 대통령 먼로는 이것이 전시중립국의 권리임을 역설했으며, 그것은 먼로독트린으로 표출되었다. 따라서 먼로독트린은 전시중립론의 다른 표현에 다름 아니다.

> 억압적이라고 믿는 정부로부터 자신들을 해방시키려고 투쟁하는 인민들이나 상호전쟁 중인 독립국가에 대하여 교전단체로서의 권리를 언제 부여할 것이냐는 우리 스스로 판단할 것이라는 점을 지속적으로 되풀이 하여 왔다는 것이다.[28]

요컨대 본문을 정리하면 다음과 같다. (1) 이승만은 먼저 전시중립권이 국제법의 중요 주제로 된 이유가 무엇인가를 묻고 미국의 등장과 외교 철학을 그 이유로 제시했다. 독립전쟁 때 "사유재산은 해양에서도 보장받는다"는 원칙을 확고하게 수립한 후, 이것을 대외정책의 가이드 라인으로 삼았기 때문이라는 것이다.

(2) 다음으로 이승만은 "미국이 자신의 전시중립에 대한 외교철학을

26) 『이승만의 전시중립론』, 144-145쪽.

27) 『이승만의 전시중립론』, 148쪽.

28) 『이승만의 전시중립론』, 114쪽.

관철시키기 위해 어떤 조치들을 취했을까"를 추적했다. 그 결과 다음과 같은 해답을 얻었다. 미국은 전시에 해상에서 사유재산권을 보장받기 위해 한편에서는 전쟁으로 응수했다. 영미전쟁이 그 경우이다. 다른 한편에서는 해양에서 사유재산제 보호의 원리를 국제법화하려고 시도했다. 이를 위해 여러 조치들이 취해졌는데 그것은 다음과 같다. 1) 유럽 각국과 중립권을 보장받기 위한 조약 또는 조약연맹을 체결한다. 2) 국제법의 적용 지역을 확대한다. 이를 위해 유럽 간에, 또는 유럽과 다른 지역 간의 전쟁에 개입한다. 전자의 경우가 중남미 반란 식민지—스페인 모국 간의 전쟁 때이며, 후자의 경우가 크리미아전쟁 때이다. 3) 국제법의 적용 주제를 확대한다. 반란국 승인문제가 그것이다. 4) 국제법과 국내법의 충돌시 국제법은 국내법에 우선해야 한다는 원칙을 수립한다. 바꾸어 말하자면 국제법은 국내법의 법원(法源)이 되어야 한다. 5) 이를 위해 중립권을 둘러싼 분쟁을 국제중재재판에 회부한다. 남북전쟁 때에 그러한 관례를 만들었다. 6) 전시중립의 원리를 외교로도 천명한다. 먼로독트린이 그것이다. 7) 각종 국제회의를 이용한다. 헤이그평화회의 및 런던회의에서 미국은 자국의 원리를 부분적으로 관철시켰다. 비유하자면 미국식 국제법의 해외원정이었던 셈이다. 그렇다면 이승만의 이러한 결론은 학술적으로 어떤 평가를 내릴 수 있을까? 다음으로 검토하려는 문제가 이것이다.

Ⅲ. '학술 연구서' 로서의 가치

이승만의 연구는 학문적으로 어떤 평가를 내릴 수 있을까? 과연 중립국의 자유 교역의 발전에 대한 역사적 연원을 밝히는 데 있어서 이승만의 논문이 채택한 방법론이나 분석한 내용은 타당한가? 이를 위해 필자는 이승만의 논문을 1997년에 나온 『국제법백과사전』(*Encyclopedia of Public International Law*)이나, 『미국외교사사전』(*Encyclopedia of American Foreign Policy*)의 '중립(neutrality)' 항목과 비교했다.[29] 이를 통해 이승만의 연구는 오늘날의 학자들이 밝힌 것들과 다르지 않다는 결론을 얻었다. 이승만은 역사적 사실(historical facts)을 정확히 이해하고 있을 뿐 아니라, 오히려 상세하다는 점에서는 기존의 연구보다 나았다.

먼저 연구방법론을 비교하였다. 기존 연구는 미국독립전쟁, 프랑스 혁명전쟁, 크리미아전쟁, 남북전쟁 등을 중립법의 발달을 초래한 중요한 사건으로 취급하였다. 그리고 1907년 헤이그평화회의에서 미국이 줄기차게 주장해 온 중립국의 권리와 의무에 대한 내용이 국제법으로 규정되었다고 한다.[30] 이는 80여 년 전의 이승만이 도달했던 결론과 같다.

다음으로 이승만 논문의 결론을 비교하였다. 이 또한 오늘날의 연구 결과와 일치했다. 언급했듯이 그의 논문의 결론은 4가지로 정리할 수 있다. (1) 중립법 발달에 미국의 기여도가 크다. (2) 중립법은 해양/교역의 자유 때문에 발전했다. (3) 전시중립론의 논리적 귀결이 먼로독트린이다. (4) 미국식 국제법이 존재한다. 이러한 결론들도 오늘날의 연구가 모두 인정하고 있다.

먼저 첫 번째 결론을 검토해 보자. 중립국 교역에 대한 미국의 노력이 중립법 발달에 기여했다는 이승만은 주장은 이제 통설과 다름없이 인정되고 있다.[31] 『미국외교사사전』의 중립(neutrality) 항목을 집필한 바틀

---

29) *Encyclopedia of Public International Law*, "중립국 교역(Neutrality Trading)," 546-549쪽; *Encyclopedia of American Foreign Policy,* "중립(neutrality)," 679-687쪽.

30) *Encyclopedia of American Foreign Policy*, New York : Ccharles Scribner, 1982, pp. 679-687.

릿(Ruhl J. Bartlett) 역시 같은 결론을 내렸다. 신세계의 교역 자유를 둘러싼 미국과 유럽의 경쟁이 중립제도의 진화를 촉진시켰다는 것이다.

"미국의 최고 주안점은 중립 선박에 실린 화물은 몰수 배제라는 원칙을 영구히 확립하려는 것이었다"는 이승만의 주장도 훗날의 연구와 완전히 일치한다. 레오폴드는 "형성기에 미국 외교의 지도원리로서 고립주의의 다음가는 것은 중립의 원리였다"고 그 중요성을 자리매김하고,[32] 유럽이 기존의 해상관례를 고수하려고 했던 반면, 미국은 새로운 관례를 만들려고 함으로써 양자는 대립했다고 한다. 전자가 평화 시에는 식민지 교역을 독점하고, 전쟁 시에는 해상 통제를 원했던 반면, 후자는 "자유무역은 자유 화물을 만든다"는 당시로서는 널리 인정되어 있지 않았을 뿐 아니라 유럽의 저항이 예상되는 원리를 정착시키려고 했다는 것이다.[33]

미국은 이러한 원리를 독립선언 후 11주가 못되어 대륙회의에서 수립했다. 그것은 "중립국의 권리를 조약을 통해 확보하려는 이상적 계획이었다. 미국은 해군력이 없는 반면 수출용 곡물은 풍부하다는 사정을 고려하여 만든 이 계획은 3가지의 목적을 설정하였다. (1) 중립국 선박은 전시 금제품을 제외한 어떤 물품도 포획당할 걱정 없이 운반할 수 있다. 선박의 중립국 국기는 그 화물을 보호한다는 이 이론이 곧 "자유선박은 자유화물을 만든다"는 이론으로 알려져 있다. (2) 전시 금제품의 범주를 극도로 제한한다. 몰수할 수 있는 물품은 무기와 군수품에 제한하고 식량과 선박용품은 제외시키려고 했다. (3) 전시 금제품을 제외한 어떤 물

31) *Encyclopedia of Public International Law*, Amsterdam: North-Holland, 1981, p. 550.

32) Richard W. Leopold, *The Growth of American Foreign Policy*, New York: Knopf, 1962, p. 57.

33) *The Growth of American Foreign Policy*, p. 59.

품이든지 봉쇄되지 않은 항구에서 항구로 자유로운 이동이 가능해야 한다. 정상상태 하에서는 폐쇄된 항구에까지도 운반할 수 있게 한다. 이러한 미국의 원리는 때로는 유럽의 저항에 부딪혀 '이상'으로 남았으나, 미국의 위정자들은 "자유선박은 자유화물을 만든다는 관념을 끝까지 밀고 나가 바다에 있어서 모든 사유재산에 완전한 자유를 부여하고자 했다"는 것이다.[34)]

두 번째 결론도 기존 연구는 모두 인정한다. 예컨대 퍼킨스(Dexter Perkins)는 『미국외교정책사』에서 이승만과 같은 논리를 펼쳤다. "아메리카 역사 초기에 있어서 중요한 이해는 상업상의 이해였다.…아메리카의 국경 밖에서 대전쟁이 수행되고 있을 때, 국가의 이익을 냉철하게 계산해 보면 가장 좋은 방법은 전쟁이 끝날 때까지 자제하면서 국내적 불화의 위험성이 없이 국외중립에 서서 돈을 버는 것이라고 말하는 것이 좋을지도 모른다. 물론 이것은 1793년의 중립선언의 한 철학이었고, 그 후에 워싱턴정부의 철학이기도 했다."[35)]

세 번째 결론은 어떠한가? 먼로독트린이 전시중립론의 논리적 귀결이었다는 식의 주장은 특이하지만 설득력이 있다. 대체로 먼로독트린에 대한 기존 연구의 설명 방식은 2가지이다. 하나는 국가안보라는 차원에서 접근하는 것이다. 레오폴드는 "먼로주의는 유럽 왕국들의 활동을 일정한 지리적 지역에 제한하려는 것"으로서, "유럽이 신세계를 미래의 식민지로 삼으려거나, 군주제도를 대서양 너머로 이식하려거나, 라틴 아메리카 공화국의 내정에 간섭할 경우 그것은 미국의 안전을 위태롭게 만드는 것으로 비우호적 행위로 간주한다"는 선언이었다.[36)] 다른 하나는 퍼킨스

---

34) *The Growth of American Foreign Policy*, pp. 60-61.

35) Dexter Perkins, *American Approach to Foreign Policy,* Cambridge, Mass : Harvard University Press, 1962, p. 135.

36) *The Growth of American Foreign Policy*, pp. 72-76.

와 같이 경제적 동기로 설명하는 것이다. "먼로정부의 정책형성에 있어서 상업계급은 적지 않은 역할을 했다. … 먼로의 유명한 선언도 무역보다도 훨씬 큰 이익에 의해 좌우되기는 했지만, 그래도 아메리카 상업에 대한 근심이 그 선언에 대해 큰 영향을 주었다는 것은 사실이다."[37)]

그러나 이승만은 먼로독트린을 국가 승인이라는 관점에서 접근하고 있다. 국가 승인은 "미국 대외정책의 지도노선이었던 고립주의, 중립주의, 먼로주의의 기본 개념을 보충하는 것으로서 일군의 소원리이다.…즉 미국이 외교를 함에 있어서 의거하고 있는 소원리 중에는 타국의 내정 불간섭, 수립된 정부에 대한 조속한 승인, 조약의무의 존중, 국제분쟁의 평화적 해결, 전쟁 증오 등이 있다."[38)] "수립된 정부에 대한 조속한 승인은 정상적으로 미국의 번영을 촉진시키는 또 하나의 이상이었다. 건국의 원로들은 그들 자신의 혁명적 경험으로 자결권을 신봉하였다. 국무장관 시절의 제퍼슨은 1792년 11월 7일에 쓰기를 실질적으로 선언된 인민의 의사에 의해 수립된 정부는 어떠한 정부이든 합법적이라고 인정하는 것은 우리들의 원리와 합치한다고 했다"고 하였다.[39)]

레오폴드에 의하면, "이것은 미국이 신속히 외교관계를 수립하는데 있어서 중요한 것은 동정이나 반감이 아니라 정세(情勢)임을 시사한다. 즉 만일 어떤 정부가 인민의 지지를 받고 있다면 그 정부의 형태를 묻지 않고 승인한다는 것이다. 왜냐하면 정부의 승인은 도덕적 인정을 의미하는 것이 아니기 때문이다.…이처럼 미국은 성장기에 승인 문제를 심사숙고하기 보다는 오히려 재빨리 부여하려고 했다. 자결권에 대한 신념, 군주정치가 민주주의로 대치되는 것을 보고 싶은 열망, 미국 자신이 승인을 받으려고 애썼던 기억 등이 복합적인 동기로 작용했다.…그러나 실제

37) *American Approach to Foreign Policy*, p. 75.

38) *The Growth of American Foreign Policy*, p. 87.

39) *The Growth of American Foreign Policy*, p. 89.

로 승인은 신중하게 이루어졌다. 먼로정부는 1817-1822년에 스페인의 반란 식민지를 다루는데 있어서 심사숙고하였으며, 잭슨 대통령도 1837년 3월 3일 텍사스의 독립을 인정하기까지 세심하게 행동하였다. 두 경우 모두 신생국의 출현으로 미국에 이득이 되는 입장에 있었지만, 모국 스페인과의 분쟁을 피하기 위해 애썼다"는 것이다.[40)]

그러나 1899년 이후 이러한 미국인들의 태도는 신중하게 바뀐다. 미국은 중앙아메리카 소재 국가들의 내정 안정을 촉진하기 위해 1907년 라틴 아메리카의 후견인이 되어 다음을 결의케 했다. "아메리카는 혁명으로 성립한 여하한 정부도 승인하지 않는다는 조약(Central American treaties)을 체결케 했던 것이다."[41)] 즉 미국은 역사적으로 "도덕적 기반에서 볼 때 인정할 수 없는 방법으로 수립된 정권의 승인을 자제해 왔던 것이다." 즉 "자유선거가 시행될 때까지 혁명정부의 승인을 유보한다"는 입장을 수립했던 것이다.[42)] 이승만은 이를 몰랐던 듯하다.

마지막으로 네 번째 결론을 검토해 보자. 과연 전시중립론을 미국식 국제법으로 볼 수 있을까? 이를 위해 먼저 전시중립론을 국제법과 동일시 할 수 있는지를 살펴보자. 이승만은 미국식 중립과 유럽식 중립을 시종일관 구분하면서 대립시키고 있다. 이러한 전개방식은 이승만이 의도한 결과로 빚어진 현상이 아니라, 바로 중립이 법의 성격을 지니고 있기에 초래된 것이다. 왜냐하면 중립이란 술어는 기본적으로 법률적(legal)

---

40) *The Growth of American Foreign Policy*, pp. 89-90. "제국주의에 대한 미국인의 태도는," "타국민에 대한 지배는 항상 아메리카인의 불안감을 자아낸다. 어떤 경우에 있어서도 그들은 자유로운 제도의 수립을 자연스럽게 희망하였다. 외국의 지배로부터 독립하고자 하는 운동이 어느 곳에서 일어나든지, 아메리카인은 언제나 본능적으로 이 운동을 지지하였던 것이다"(퍼킨스, 119쪽).

41) *American Approach to Foreign Policy*, p. 80.

42) *American Approach to Foreign Policy*, pp. 67-70.

개념이기 때문이다.[43] 따라서 중립권은 미국인들에게 사상이기도 하다. “우리는 아직도 국제 문제에 있어서 법의 지배로부터 멀리 떨어져 있기는 하지만, 법률의 지배가 있어야만 한다는 생각은 역사적으로 볼 때 아메리카인들이 소중히 여겨 온 것 중의 하나였다. 이것이 국제연맹 규약 바탕에 깔려 있는 사상이다.”[44] 중립에 대한 연구가 국제법 연구의 성격을 띠게 되는 이유가 여기에 있다. 그러므로 박사학위논문에서 미국식 관행과 유럽식 관행을 구별했다면, 이승만은 미국식 국제법과 유럽식 국제법이 다름을 인정한 것으로 보아야 한다.

그렇다면 이승만의 학위논문을 미국식 국제법을 주장한 것으로 볼 경우 국제법상의 의미는 무엇인가? 이승만의 학위논문은 국제법 연구서로서도 상당한 가치를 지니고 있다. 첫째, 이승만의 연구가 이루어진 시점을 주목해야 한다. 그의 연구는 1912년에 나왔다. 그런데 이 시기는 국제법이 하나의 독립된 분야로서 정립되던 때였다. 저명한 국제법 학자인 칼 슈미트에 따르면 1890년부터 1939년까지의 시기는 국제법의 시대였다. 이 시기에 국제법 교과서가 출간되었고, 이를 통해 국제법의 공식화가 시도되었기 때문이다.[45] 이렇게 볼 때 이승만은 국제법 연구의 선구

43) 중립이란 법률적 개념이자, 정책(policy)이기도 하다. 법률상의 개념으로서 중립이란 다른 국가 간에 전쟁이 발발했을 때, 교전 당사국들로부터 일정한 권리를 기대하고, 또한 교전 당사국들에 대해 일정한 의무를 준수하면서 그 전쟁으로부터 초연한 상태에 있고자 하는 일국의 정책이다. 정책으로서의 중립은 국가적 이익이 지시하는데 따라 고수될 수도 있고, 수정될 수도 있으며, 또한 파기될 수도 있다. 중립국은 교전국 중에 일방을 두둔하거나, 어느 편이 정당한가를 결정하는 행위를 해서는 안된다. 다른 국가 사이의 전쟁이란 대외적 전쟁뿐만 아니라 내란도 포함된다. 중립국의 권리는 일반적으로 조약으로 확보되지만, 그 의무는 국제협정과 여러 국내법으로 정해진다(레오폴드, 57쪽).

44) *American Approach to Foreign Policy,* p. 136.

45) 칼 슈미트, 최재훈 역, 『大地의 노모스 : 유럽 公法의 국제법』, 민음사,

자에 속한다.

둘째, "미국식 국제법이 존재한다"는 주장 자체가 독창적이었다. 왜냐하면 슈미트가 지적했듯이 "1890년경까지는 국제법이라는 것은 특수한 유럽 국제법이라는 견해가 지배적이었고" 이후에야 유럽의 국제법에 맞서 미국식 국제법이 개념화되기 시작했을 뿐만 아니라, 아메리카 국제법의 독자성을 명시한 최초의 저서 또한 미국인이 아니라 외국인에 의해서 쓰여졌기 때문이다. 1910년에 프랑스 파리에서 출간된 알바레즈의 『아메리카국제법』(*Le Droit International Americanin*)이 그것이다.[46] 따라서 이승만의 학위논문은 유럽식 국제법과 다른 미국식 국제법이 존재한다는 점을 최초로 인식하고 소개한 극소수의 논문 중의 하나였다.[47]

셋째, 이승만의 연구는 아시아인으로서도 거의 최초라고 볼 수 있다. (1) 국제법이 동아시아에 소개되고 번역되기 시작한 1860-1870년대에는

1995, 270쪽.

46) 『大地의 노모스: 유럽 公法의 국제법』, 270-273쪽.

47) 물론 미국인이 시도한 최초의 국제법 연구서로 1836년에 출판된 미국 법학자 켄트(Kent)의 『미국법 주해(*Commentaries on American Law*)』와 휘튼(Wheaton)의 『국제법 원리(*Elements of International Law*)』 등이 있다. 이외에도 화톤(Wharton)의 『미국 국제법 다이제스트(*Digest of the International Law of the United States of America*)』 정도가 초기 연구로 인정받고 있다. 그러나 이들의 연구는 선구자적인 의미는 있으나 제목이 시사하듯이 본격적인 전문 연구는 아니었다(슈미트, 『대지의 노모스』, 270-271쪽). 이후에 미국 국제법에 대한 연구는 외국인들에 의해 이루어졌다. 1868년에 남미인 칼보(Calvo)의 『유럽과 미국의 이론적 실제적 국제법(*Derecho internacional teorico y practico de Europa y America*)』과 프랑스인 프라디에르 포테레의 『유럽과 아메리카의 국제법 개론(*Traite de droit international public europ en et american*)』이 그것이다. 그러나 이 두 책은 유럽과 아메리카의 양자는 통일적인 유럽 문명이라는 관점에서 서술된 것이다(슈미트, 272쪽). 바꾸어 말하자면 이들은 미국 국제법의 존재를 인정하지 않았다.

미국식 국제법이 존재한다는 점이 아직 연구조차 되지 않았기 때문이다. 따라서 이 무렵 동아시아에 소개된 국제법은 비록 미국인들에 의해 소개되기는 했지만, 사실상 유럽중심주의적인 관점에서 저작된 유럽식 국제법이 주류였다.[48] 1868년에 출판된 브룬츨리(J. K. Bluntschili)의 유명한 『법학서로 서술된 문명국들의 현대 국제법』은 그 대표적 소개물 중의 하나였다. (2) 국제법 도입의 다른 경로는 유학생의 파견이었다. 그러나 동아시아인들의 대부분은 유럽으로 유학을 갔다.[49] 슈미트가 "1880

---

48) 서구의 국제법이 동아시아에 소개된 역사가 그것을 보여준다. 서구의 국제법이 도입된 통로는 두 가지였다. 하나는 서양인들에 의한 국제법 소개이다. 이들은 국제법을 번역하고 가르쳤다. 우선 유럽의 국제법 책이 최초로 소개되었다. 1839년 선교사 피터 바커(Peter Barker)가 바텔(Vattel)의 국제법의 일부를 번역하여 소개했다. 이어 1869년에는 역시 미국인 선교사(William Alexander Parsons Martin)가 학교에서 국제법을 가르쳤다. 그는 헨리 화튼의 『국제법 요해』를 중국어로 번역하여 교재로 사용하였다. 그의 국제법 번역서는 200판을 거듭하며 중국을 넘어 일본과 한국에도 소개되었다고 한다. 1880년 한국주재 초대 일본공사 하나부사가 한국정부에 소개했다는 것이다. 나아가 마틴은 그가 저술한 국제법을 1876년에 번역·출판한 후, 1877년에는 울시(T. D. Woolsey)의 국제법 연구서를, 이어 1880년에는 부룬칠리의 책을 각각 번역하였다. 마틴의 번역서들은 일본에 전해졌으며, 그 밖에도 휘튼(1868), 마르텐즈(1869), 울시(1873), 켄트(1876), 헤프터(A. W. Heffter) 등의 저서도 일본에 소개되었다. 마틴은 국제법(international law)을 중국어로 '만국공법(萬國公法)'으로 번역했으며, 그것은 일본에서도 받아들여졌지만, 1873년 일본이 울시의 책을 번역하면서, '국제법(國際法)'이라는 용어를 최초로 사용했고, 그것은 한국으로 전해져 지금까지 사용되고 있다(『국제법사전』, 806-807쪽). 다른 하나는 동아시아 출신의 유학생들이다. 한국인으로서 유길준과 이승만을 그 대표적인 인물로 꼽을 수 있다.

49) 일본 정부는 국제법 연구를 위해 1862년에 네덜란드로 유학생을 파견하였으며, 이들은 유럽의 대학에서 국제법을 연구한 후 귀국하여 일본에 국제법 학교를 세우고, 자신을 가르친 유럽인 스승의 책을 번역(1868)하였다. 중국 또한 유럽(파리)으로 유학생을 파견하여 국제법을 배우게 했다(『국제법사

년대와 1890년대 이래 아시아 국가들 또한 국제법 공동체에 등장했지만, 아시아 국가들이 아무런 문제의식 없이 전적으로 유럽 중심적인 국제법 속으로 미끄러져 들어갔다"고 평가했던 이유도 여기에 있다.[50)]

넷째, 당연히 한국인으로서 미국식 국제법의 존재를 이해한, 그리고 전문성이라는 측면에서도 다른 한국인의 그것을 넘어서는 최초의 인물도 이승만이었다. 이승만의 『미국의 영향 하에 수립된 중립론』은 당대 한국 지식인들의 국제법 인식과도 구별된다. 대부분의 지식인들이 다룬 국제법은 앞에서 언급했듯이 유럽중심주의적 국제법이었기 때문이다. 뿐만 아니라 이들은 주제에 있어서도 대체로 국제법 일반을 취급했다.[51)] 요컨대 이승만 이전의 국제법에 대한 소개가 번역의 수준이었다면, 이승만의 그것은 동서양을 막론하고 거의 최초의 독창적인 전문 연구서라고 할 수 있다. 번역자인 국제법 학자가 한국에서 이승만 정도의 연구물을

전』, 806쪽). 마건충은 그 대표적 인물 중의 하나이다.

50) 『大地의 노모스: 유럽 公法의 국제법』, 275쪽.

51) 김용구의 연구에 따르면 이용무의 『국제공법』(1908)은 "국제법이라는 제목으로 한국에서 발행된 최초의 업적"이었다고 한다. 그 외에 유성준이 1907년에 발행한 『법학통론』의 제7장에서 국제법 관계를 다루고 있으며, 법관양성소의 교관이었던 석진형이 1907년에 『평시국제공법』을 발행했다. 그 외에도 여러 잡지와 신문들에서 국제법을 다루고 있다. "국권을 거의 상실한 당시의 상황에서 서양의 공법이란 과연 무엇인가? 그런 공법이 조선의 현실에 어떠한 도움이 될 수 있을까"를 고민하면서 쓰인 책이 정교가 남긴 몇 편의 글들이다. 그는 서양 공법의 허와 실을 논하면서, 서양식 국제법을 배척하고 이를테면 동양식 예에 따른 국제법을 주창하고 있다(김용구, 『세계관 충돌의 국제정치학: 동양의 예와 서양 공법』, 나남출판, 1997, 279-285쪽). 한국지식인들의 만국공법 인식이 미국의 그것을 구별하지 못했다는 점은 『한국 근대사와 만국공법』(김세민, 경인문화사, 2002)을 통해서도 확인된다. 이 책이 취급한 개항기부터 한일병합 무렵까지 조선 지식인 및 언론의 만국공법관 역시 미국과 유럽의 국제법이 다르다는 점을 인식하고 있지 못했음을 보여줄 뿐이다.

낼 수 있었던 것은 그로부터 몇 세대가 흐른 후였다는 평가는 결코 과장이 아니다.[52] 아울러 이승만 논문의 이러한 독창성을 인정한다면 '아시아 국가들이 아무런 생각 없이 유럽식 국제법 체제에 빨려 들어갔다'는 칼 슈미트의 주장 또한 재검토되어야 할 것이다.

Ⅳ. '독립운동전략론'으로서의 성격

『미국의 영향 하에 성립된 중립론』은 학술서이기도 하지만, 아울러 독립전략서로서의 성격도 지니고 있다. 그의 전력에 비추어 볼 때, 그의 논문이 단순히 '미국알기작업'으로 끝날 수 없었으리라는 것은 미루어 짐작이 가능하다. 우선 전시중립론이라는 논문 제목에서 이 이승만의 그러한 의도를 읽어 낼 수 있다. 왜냐하면 당시의 위정자들이나 지식인들은 국제법이 한국의 운명에 어떤 영향을 미칠 수 있다고 보면서, 국제법을 연구해 왔기 때문이다. 이승만도 예외는 아니었다.

> 굳센 마음만으로 다른 나라 사람들과 경쟁하는데 충분한 것은 아니다. 우리가 우리의 의지를 효과적으로 관철하기 위해서는 관련된 사실을 제대로 알고 있어야 한다. 그렇지 않으면 우리는 경위에 맞지 않는 것을 가지고 상대방에게 억지를 부리는데 그치고 말 것이다. 억지를 부리는 것은 우리에게 해로울 수 있다. 그러므로 상대편에게 관련된 사실과 법에 대해 알

52) 이승만의 학위논문은 당시에도 그러한 평가를 받았다. 이승만이 "교역에서의 중립의 대가로 인정되었다"는 점, 그의 논문이 미국 대학에서 교과서로 쓰였다는 점, 프린스턴대학 당국이 이승만식의 연구가 전례가 없어서 학위 수여 부서를 놓고 고민한 끝에 역사학・정치학・법학 등 3개 부서에서 공동으로 수여하기로 했다는 점 등은 그의 연구 가치와 독창성을 엿볼 수 있는 사례 중의 하나이다.

> 아야 한다. 그 같은 것을 알기 위해서는 새 문물을 소중히 여겨야 한다.… 동양의 옛날 책보다는 새로운 학문에 대한 다른 책들을 공부해야 한다. 무엇보다도 국제법, 통상조약, 우리나라의 역사와 지리에 대해 공부해야 한다. 청나라의 역사만 공부하지 말고 여러 나라의 역사책과 그들의 정치, 종교, 문화에 관한 책을 구해서 읽어야 한다(『독립정신』, 372-373쪽).

특히 중립법은 한국인들이 국제법에서 가장 많이 주목한 개념이었다. 그것이 침략의 위기에 처한 국가를 구할 방도가 될 수 있다고 판단했기 때문이다. 그러나 대부분의 한국인들은 영구중립을 선호하였다. 유길준의 주장에 많은 한국인들이 환호했던 이유도 여기에 있다.[53)]

영구중립뿐만 아니라 국외중립, 즉 전시중립제도 또한 한국의 관심거리였다. 그러나 대부분의 식자층은 국외중립에 대해서 부정적인 견해를 지니고 있었다.[54)] 『한성순보』에 실렸던 다음과 같은 기사는 그것을 보여준다.

---

53) 유길준의 중립화론은 중국을 축으로 하고 미국을 배제한 5대 열강, 즉 영국, 독일, 러시아, 프랑스, 일본 등을 포함시킨 총 6개국이 한반도의 영구 중립을 보장하게 하자는 것이다. 이후 중립론은 한반도가 청일전쟁과 러일전쟁이라는 열강의 전쟁터로 화함으로써 가장 설득력 있는 국가 안보책이 되고 말았다. 더욱이 열강이 한반도 중립론을 시시 때때로 꺼내 들고 나옴으로써 조선의 개화파 식자층과 국가 위정자들에게 실현 가능성이 있는 정책으로 더욱 깊게 인식되고 말았다.

54) 『한성순보』가 소개한 국외중립은 울시의 『공법편람』의 내용을 그대로 번역한 것이다. 여기서 "나라끼리 전쟁을 할 때에는 관계하지 않는 것을 국외"라고 정의하고 있으며, "한 나라에서 내란이 일어났을 때 다른 한 나라는 그 내란이 그치도록 도와주어야지 난을 일으키도록 도와주어서는 안된다. 만약 반란이 이미 성공했으면, 사신을 교환하고 반란한 정부에 대하여 죄를 묻지 않는 것이 공법의 통례이다."

> 그 공법이란 내용이 국제간의 교제, 교전 등 지켜야 할 의법과 관행하는 조례일 뿐, 교전이 천리에 어긋난다는 사실은 언급하지 않았고, 또 중립을 지켜 자기 나라와 친근한 나라에서 전쟁이 나서 백성들이 죽는데도 자기와 상관없다고 방관해야 한다고 하였으니, 이는 형제간에 싸움이 나도 옆에서 구하지 않는 격이니 어찌 옳은 일이라고 할 수 있는가?[55]

이승만 역시 이러한 논쟁에 가담하였다. 그러나 이승만은 영구중립을 반대했다. 그것이 한국의 독립을 포기하는 것과 같다는 점을 그 이유로 들었다. 이승만이 이러한 시대 분위기 속에서 미국의 전시중립제도를 연구했다면, 그러한 행위 자체는 전시중립제도에서 구국의 활로를 찾으려고 했다고 볼 수 있다.[56]

더욱이 논문 작성 후에 이승만이 시도했던 제1차 세계 대전기의 위임통치청원 행위와 태평양전쟁 발발 8개월 전에 쓴 『일본군국주의 실상(*Japan Inside Out*)』은 모두 미국의 외교원리를 활용하자는 전략이었다는 공통점이 있다. 따라서 중립론이 외교전략론이었다면, 위임통치청원과 군국주의 실상 쓰기는 독립실천론이었던 셈이다. 학위논문 쓰기와 이후의 활동 간에 인과관계를 따져보지 않을 수 없는 이유가 여기에 있다.

그렇다면 그가 논문을 작성하면서 습득한 지식은 이후의 독립전략 및 운동에 어떤 영향을 미쳤을까? 학위논문은 한국문제를 전혀 다루고 있지 않다. 그러나 학위논문의 주제 및 결론은 모두 한국독립운동에 직·간접적으로 응용될 수 있었다.

---

55) 김세민, 『한국근대사와 만국공법』, 132쪽에서 재인용.

56) 그러나 유길준의 영구중립론은 한국 지식인들에게 이 문제에 대해 논쟁을 유발시켰다. 그 중의 한 사람이 바로 이승만이었다, 이승만은 유길준의 영구중립론은 반대하는 입장이었다. 그것이 사실상 독립을 포기하는 행위와 같다는 것이 그 이유였다.

우선 위임통치청원 행위부터 검토해 보자. 이승만은 왜 위임통치를 청원하게 되었을까? 먼저 이승만이 윌슨의 민족자결주의가 한국에 적용되지 않으리라는 점을 충분히 알고 있었다는 점을 주목해야 한다. 물론 그가 민족자결주의가 패전국의 식민지에만 적용된다는 점을 몰랐을 리가 없다. 이승만은 학위논문에서 얻은 정보만 가지고도 한국의 독립이 어렵다는 것을 알 수 있었다. 19세기 초 스페인령 미주 전역에서 반란이 일어났을 때, 미국 상원 외교위원회는 이들의 승인문제를 놓고 마련한 지침을 인지하고 있었기 때문이다. 미국은 이러한 지침에 따라 중남미 독립국가들을 승인했으며, 이에 영국은 미국의 결정을 뒤따랐다. 그리하여 국가승인문제는 국제법이 주요 내용이 되었다. 이승만에 의하면, 미국이 마련한 지침은 다음과 같았다.

> 타국에 피해를 주지 않으면서 남미 공화국들의 독립을 승인할 미국의 정치적 권리는 정의에 입각한 것이 아니라, 독립의 실재 달성 여부에 입각한다.…신정부에 대한 승인은 첫째, 독립국가로서 존속할 수 있는 능력의 인정, 둘째, 해당정부가 외국에 대한 의무를 이행하고 완수할 수 있는 능력이 있어야 한다.[57)]
>
> 민주적인 제도를 적대시하는 정부에 대해 자유국가 국민들은 동정과 공감의 표시를 할 수 있다. 그러나 정부의 경우 그러한 표현을 하려면 비공개적인 내부 문건에 나타내야 한다. 투쟁기간 중 그들과의 관계에서 정부는 국제법에 의해 부과된 의무를 충실히 이행하고 공개적 또는 공식적으로 반란에 대하여 어떤 도의적 지원도 베풀지 말아야 한다. 또한 독립이 사실로서 성립될 때까지 승인하지 말아야 한다. 투쟁과정 중 모든 물질적 지원에 관하여 중립의무를 충실히 이행한다면 해당 정부는 만족해야만 한다.[58)]

57) 『이승만의 전시중립론』, 100-101쪽.

58) 『이승만의 전시중립론』, 104-105쪽.

미국은 1837년 미국의 텍사스 독립 승인 시에도 같은 원리를 적용했다. 미국의 텍사스 승인행위에 대해 멕시코가 항의하자 미국의 다음과 같은 답변이 그것을 보여준다. 미국의 판단 기준은 "당사자가 독립을 선언하였고, 당시에 실제로 이를 유지시키고 있는 것으로 충분하다"는 것이다. 즉 미국은 "텍사스와 멕시코와의 실질적 투쟁이 1836년에 종료됨으로써 텍사스의 독립은 기정사실화되었고, 따라서 1836년 텍사스에 부여한 교전국의 지위에 대해 멕시코정부의 항의는 인정할 수 없으며, 조기 승인(premature recognition)으로 간주하지도 않는다"는 입장이다. 1940년 영국과 프랑스도 미국의 독립인정의 예에 따라 텍사스 독립을 승인했다.[59)]

헝가리 독립문제에 대해서도 미국은 마찬가지 입장을 취했다. 헝가리 독립을 승인하라는 요구가 거세었던 1849년 미국은 이 문제를 검토하면서 "미국정부는 헝가리가 독립을 유지할 능력이 있는 경우에만 독립을 승인한다는 원칙을 재확인했기 때문이다"고 이승만은 주장하였다(103쪽). 당시의 미국은 이 점을 다음과 같이 표명했다.

> 새로운 국가가 독립하여 국가가족의 한 자리를 차지할 수 있음을 인정하는 것은 언제나 대단히 민감하고 책임이 따르는 행위이다. 특히 그 국가가 과거에 단일체를 형성했고, 아직도 그에 대한 지배권을 주장하는 타국으로부터 무력으로 분리된 경우에는 더욱 그러하다. 이런 상황 하에서라면 조기 승인(premature recognition)이 비록 정당한 전쟁의 원인으로 간주되지 않을 지라도 항상 대립되는 당사국 중의 일방에 대한 비우호적 정신의 증거로 간주되기 쉽다. 구세계든 신세계든 외국 정부와 관련된 모든 문제들은 미국정부에 의해 사실의 문제로만 취급되어 왔다. 우리의 전임자들은 정확하게 결정할 수 있을 때까지, 또한 어떤 무가치한 비난으로부터 우리

59) 『이승만의 전시중립론』, 101-102쪽.

의 결정을 옹호할 수 있을 정도로 명백한 증거를 확보할 때까지 그 점에 대한 결정을 신중하게 자제해 왔다.[60)]

요컨대 이승만은 "독립을 승인받으려면 독립정부에 대한 의지, 이미 사실상의 독립을 유지해 왔을 뿐 아니라 그것을 유지할 능력, 즉 통상교역 및 조약체결 능력이 있어야 한다"는 미국의 입장을 알고 있었다. 이승만이 한국의 독립이 사실상 어렵다고 판단했을 것으로 보는 이유도 여기에 있다. 그리고 바로 이 점이 이승만으로 하여금 차선책으로 위임통치청원도 받아들일 마음의 태세를 주었다고 볼 수 있다.

더욱이 이승만의 입장에서 위임통치청원은 전시중립국의 지위에 준하는 효과를 초래할 수 있다는 점도 고려했을 것이다. 국제연맹 규약 제22조에 따르면 국제연맹에 의해 위임통치를 받는 지역은 일체의 군사 시설, 즉 요새나 육군 및 해군기지를 세울 수 없다. 뿐만 아니라 거주민의 징집도 금지된다. 대신 그 지역에 대해 교역의 문호개방을 적용한다.[61)] 한마디로 그것은 전시중립론과 같이 통상의 자유를 원리로 하는 제도였다. 국제법 학계가 위임통치를 부분적으로 중립화의 효과를 초래할 수 있는 제도로 간주하는 이유도 여기에 있다.

이승만은 이러한 점을 알고 있었을까? 그랬을 것으로 보인다. 왜냐하면 한반도를 문호개방 지역으로 만들어 국제분쟁 지역화하는 것을 막자는 구상은 이승만이 박사학위논문 쓰기 전부터 주장해 온 것일 뿐만 아니라, 전시중립론의 골자를 다음과 같이 정리한 바 있기 때문이다. 즉 "중립 선언국가의 영토에 대한 군사적 이용 및 거주민들의 징집 금지, 통상의 자유 보장" 등이 미국인들로 하여금 유럽에 맞서 미국식 국제법

---

60) 『이승만의 전시중립론』, 101쪽.

61) *Encyclopedia of Public International Law*, p. 571; *Dictionary of Diplomatic History*, p. 522.

을 추진케 한 배경이었다고 주장한 바 있다. 따라서 전시중립론의 이 같은 이치를 깊이 깨닫고 있던 이승만의 입장이라면, 위임통치제도를 민족자존심의 관점보다도 현실적인 대안, 즉 차선책으로 택하려 했다고 볼 수 있었다는 것이다.

실제로 미국이 위임통치제도를 만들 때 취지도 그랬다. 윌슨의 꿈은 통상의 자유를 원리로 하는 세계적인 통상망 구축이었다. 이를 위한 최대 장애물 중의 하나가 바로 식민지였다. 식민지가 열강 간에 쟁탈전을 야기하고 있기 때문이다. 여기서 식민지 해방을 위한 논리, 민족자결주의가 등장한 것이다. 그 경우 현실적으로 당장 독립을 실현시킬 수 없는 지역이 문제였다. 이에 미국은 그러한 지역에 대해 잠정적으로 국제연맹의 보호 하에 위임통치령으로 만들고 이 지역을 자유무역지대로 설정함으로써 세계적인 통상망에 끌어들이려는 생각을 하게 되었던 것이다. 따라서 위임통치제도는 반식민주의를 원리로 한다는 점에서 민족자결주의와 맥을 같이 하는 것이며, 통상의 자유에 적대하는 폐쇄적인 '세력권제도'를 타파하기 위한 대체제도였다는 점에서 중립론과 궤를 같이 하는 것이었다. 즉 육지를 일종의 바다로 간주하고 공해상의 자유 내지는 통상의 자유 원리를 적용한 것이 바로 위임통치제도였다.

뿐만 아니라 미국이 원래 계획했던 위임통치제도는 미국이 이 제도를 만들려고 했던 이유가 무엇인지를 짐작케 한다. 미국이 만약을 염려하여 위임통치를 관리하는 국가를 열강이 아니라 '약소 중립국(small neutral nations)'으로 하려고 했다는 데서 그것을 알 수 있다. 그러나 실제로 국제연맹에 만들어진 위임통치제도는 원래 미국이 의도한 것과 달랐다. 이 제도를 식민지 팽창의 기회로 악용하려는 속셈을 지닌 다른 열강이 모두 반대했기 때문이다. 특히 일본은 위임통치제도를 병합의 예비단계로 간주하는 한편, 미래 국제정치의 장에서 자국의 위상을 높이고, 열강의 지위를 획득했음을 나타내는 상징물로서 받아들였다.[62] 요컨대 이승만은 미국의 국가 승인 조건을 사전에 알고 있었기에 민족자결주의가 한국에 적용될 것으로 기대하기 어려웠을 것이고, 전시중립론을 잘 알고 있다는 점이 위임통치제도에 큰 저항감 없이 청원케 했을 것으로 보인다.

다음으로 살펴볼 것은 이승만의 미일전쟁 기대론이다. 미일전쟁은 외교독립론의 대전제였다. 이 또한 전시중립론을 연구했다는 점이 영향을 미쳤을 것으로 보인다. 2가지 점에서 그렇다.

첫째, 이승만으로 하여금 미일간 태평양전쟁을 기대 수준을 넘어 예측할 수 있게 했을 것으로 보인다. 대서양에서 통상의 자유를 보장받기 위해 유럽과 전쟁을 불사했던 미국의 전력을 고려해 볼 때, 미국이 일본의 침해 행위를 두고 볼 일이 없을 것이라고 판단하는 것이 당연했기 때문이다. 『일본군국주의 실상』의 다음과 같은 논리가 그것을 보여준다.

> 일본은 새로운 '아시아 먼로주의'라는 범아세아적 구호를 부르짖으면서 아주(亞洲)로부터 모든 서양인을 축출할 것을 결심하였다.[63]
>
> 이제 미국민들은 일본으로 하여금 그들이 영토 확장을 위한 준비를 완전히 갖출 때까지 평화를 유지하기 위하여 태평양을 지배하도록 하든지, 아니면 전쟁의 위험을 무릅쓰고라도 태평양이 국제공해로서 존속해야 한다는 것을 주장하든지, 그 어느 하나를 결정해야 할 때를 맞은 것이다.[64]
>
> 일본과 미국 사이에 해상경계를 설치하려는 운동이 한때 미 의회 내에서 전개된 일이 있었다는 것은 주의할 필요가 있는 일이다. 그것은 태평양상에서 미국과 일본 양국의 경계선을 의미하는 관념상의 선을 그으려는 것과 같은 것이다.…그러나 미국무성은 정책 성명 속에서 이를 반대했다. 해양의 경계선을 설정하려는 어떤 노력도 가상적인 장벽 이면에서 일본 해군의 행동을 인정하는 것이며, 미국 식민지를 세계 어느 곳에서도 공격의 대

62) *Dictionary of American Diplomatic History*, pp. 521-522.

63) 『일본군국주의 실상』, 145쪽.

64) 『일본군국주의 실상』, 204쪽.

상이 되게 하는 결과를 가져오게 하는 것이기 때문이라는 것이다.[65]

위의 글에서 보여주듯이 이승만으로 하여금 미일의 결전이 임박했다고 판단케 한 것은 바로 공해상의 자유였다. 즉 일본은 태평양 분할안을 제안함으로써 해양의 자유를 침해했고, 미국은 이를 거부했다. 적어도 공해상의 자유를 놓고 미국 외교는 원칙을 고수하고 일관성을 유지했다는 사실이 바로 그러한 예측을 가능케 한다. 필자가 전시중립론 연구가 이승만으로 하여금 미일간 태평양전쟁을 예측케 하는 힘을 주었다고 주장하는 이유도 여기에 있다.

둘째, 전시중립론의 또 다른 이론인 국가승인 문제도 이승만의 외교독립론의 중요 요소였다. 미일전쟁이 임박하거나 발발했을 때에 한국 망명정부가 일본에 대해 선전 포고할 경우 미국이 한국을 교전단체로 인정하거나 독립을 승인해 줄 것이라 기대할 수 있다는 계산이 작용했기 때문이다. 이 점은 이승만이 중일전쟁 시 미국에 제시한 두 가지 요구에서 알 수 있다. 하나는 한국인들에게 무기를 지급하여 미국 본토 방어의 일선으로 만들라는 것이다.

> 미국이 극동에 있어서 중국인과 한국인들에게 탄약과 전쟁 물자를 보급하여 일본과 싸우게 하고, 구라파에 있어서는 영국인들에 같은 물자를 제공하여 독일에 대항하도록 한다면, 그것은 미국 방위의 제1선을 미국 해안으로부터 먼 곳에 두는 것과 같으며, 이는 자연스러운 일이다. 미국의 문턱에서 싸우는 것 보다 멀리 떨어진 곳에서 싸우도록 하는 것이 현명한 방책이 아닐까.[66]

65) 『일본군국주의 실상』, 202-203쪽.
66) 『일본군국주의 실상』, 57쪽.

다른 하나는 즉각 중남미 지역을 대상으로 했던 먼로독트린을 아시아로 확대해야 한다고 요구한 것이다. "서반구에 있어서는 중부와 남부 아메리카의 모든 주들은 먼로주의의 보호를 받고 있다.…동반구의 민주주의를 돕기 위한 미국의 개입이 절실히 요구된다."[67] 이처럼 이승만이 미국에 무기를 지급하라고 요청하거나, 먼로독트린의 확장을 촉구한 것은 미국이 스페인에게 반란을 일으킨 중남미 국가들을 교전단체로 승인했던 전례를 염두에 둔 행위가 아니었을까? 미국인에게 무기를 지급받으면 곧 교전단체로 승인받은 것과 같기 때문이다.

끝으로 고찰하려는 것은 이승만이 미국에게 주문했던 집단안보체제 구축론이다. 이승만은 미일전쟁 발발 전 쓴 책에서 미국은 한국을 포함하여 민주주의 진영으로 이루어진 집단안보체제를 구축하라고 촉구한 바 있다. 다음과 같은 논리였다.

> 민주주의는 미국이 국제관계에서 지도자의 역할을 담당하지 못했던 까닭으로 자기의 주장을 유지할 수 없게 되었다. 아시아와 구라파에서 현재 벌어지고 있는 무질서하고 무정부주의적인 사태는 거의 대부분이 현명한 통솔력을 필요로 한다. 전체주의적인 조직은 독재가 없이는 성립이 불가능하다. 민주주의적인 사회도 행정적 지도자 없이는 역시 성립이 불가능하다. '국가의 가족체'라는 것은 가족단위가 확장된 것 뿐이다. 만일 국가의 규모가 크든 작든, 또한 정체가 민주주의든, 전체주의든, 그 국가의 안녕을 위해 통솔력이 필요하듯이, 국가 결합체의 안녕을 위해서도 필요하다.…세계 특히 동서양이 서로 접촉하게 된 이래로 통솔력을 필요로 하여 왔다.…몇몇 약소국가들은 미국에 의지하여 왔다.…왜냐하면 그들은 미국이 지역적 야심을 가지지 않은 유일한 국가라는 것을 알았기 때문이다.[68]

67) 『일본군국주의 실상』, 245-247쪽.

68) 『일본군국주의 실상』, 244-245쪽.

그렇다면 이승만이 기대한 미국의 통솔력은 무엇인가? 그것은 다름 아닌 국제경찰로서의 역할이었다. "우리가 바라는 것은 세계의 민주주의 군대가 일본인들을 다시 섬으로 잡아넣는 것이다".[69)]

> 제1차 대전은 그 목표를 달성하는데 실패했다고 말할 수 있을 것이다. 이것은 전쟁으로 전쟁을 마칠 수 없기 때문도 아니며, 민주주의가 전쟁을 하면서까지 수호할 만한 가치가 없었기 때문도 아니다. 제1차 대전은 연합군이 최후까지 태세를 갖춰 나가지 않았기 때문에 실패한 것이다. 연합국은 법을 무시하는 개인이나 국민은 처벌받아야만 한다는 생각을 전세계인의 머리 속에 심어주는데 만족할 만한 행동을 취하지 않았던 것이다.(144쪽).
>
> 미합중국 정부와 국민은 범죄국가는 범죄국가로 선언한다는 그들의 판단을 후세에 전하고 있다는 사실을 기록하고 있다. 만약 온 세계의 선량한 남녀가 모두 그 선례를 좇아서 모든 위법 국가를 그들이 모든 위법행위를 하는 개개인을 대하듯이 대할 수 있는 용기를 가지고 있다면, 군사력으로서가 아니라 인간관계에 있어서 법정이 최후 심판자가 될 날이 올 것이라는 희망을 품을 수 있을 것이다(228쪽).

이승만의 집단안보체제 구축론 또한 학위논문에서 그 실마리를 엿볼 수 있다. 그의 전시중립론 연구에 다음과 같은 개념이 등장하기 때문이다. 그것은 바로 '국가간의 가족체(the family of nations)'라는 개념이다. 이승만은 이를 단순한 국가간의 집합체를 의미하는 것이 아니라, 특정한 가치를 지향하는 국가간의 공동체로 보았다. 왜냐하면 그는 미국이 국가 승인 문제를 중립국의 권리로 주장하는 한편, 국가 승인의 내부 규정을 가지고 있다는 점을 알고 있었기 때문이다. 즉 개별 국가는 먼저

69) 『일본군국주의 실상』, 258쪽.

"독립정부를 유지함으로써 통상교역 및 다른 국가와 조약체결 능력을 보유해야만 한다"는 것이다. 이는 비유하자면 가족의 일원이 되기 위한 가입조건과 같았다.

나아가 이승만은 미국이 만들려는 국가의 가족체는 국제법 공동체였다는 점도 알고 있었다. 그의 학위논문은 통상의 자유를 국제법의 원리로 만들려고 노력했으며, 이를 위해 한편에서는 조약망을 구축하고, 다른 한편에서는 전쟁도 불사했다는 점, 그리고 세계 도처의 전쟁이나 국제법 회의에 개입하여 통상의 자유를 수용케 하려고 했다는 점, 미국이 통상의 자유에 관한 한 국제법이 국내법에 우선한다는 원칙을 가졌다는 점, 이런 원칙을 다른 국가의 국내법에 반영케 하려고 했던 점, 중립권의 침해행위를 국제중재재판소를 설치하여 심판하는 사례를 만들었다는 점 등을 추적하고 있다. 그는 이러한 미국의 행위를 힘의 원리가 작용하는 세계를 통상의 원리가 지배하는 국제법의 세계로 전환하려는 것으로 규정했다.

뿐만 아니라 학위논문은 이승만이 약소국에 대한 미국의 후견자 역할을 주목하고 있었음을 보여준다. 먼로독트린을 중남미 신생 국가들의 독립과 보호를 유럽에 선포한 것으로 이해했으며, 먼로독트린이라는 표현은 사용하지 않았지만, 국가 승인권을 유럽 약소국의 자유주의 운동에 적용할 것이냐의 여부를 주시하고 있다는 점을 알고 있었기 때문이다. 비록 이 시기에 이승만이 미국의 이러한 약소국의 후견인 역할을 위에서 지칭한 것과 같은 표현, 즉 '민주주의 군대'라는 명칭을 쓰지 않았지만, 사실상 그러한 개념을 그리고 있지 않았을까?[70)]

---

70) 실제로 그가 논문을 쓰던 시기에 미국은 평화연맹(League of Peace)을 조직하자는 운동을 벌이고 있었다. 한편에서는 국제 해군을 결성하자는 일종의 집단안전보장체제론이 나오고, 다른 한편에서는 경제 대국이 국제공동체를 구성하여 자본을 이용한 세계평화를 추구하자는 안이 제기되었다. 그리

V. 맺음말

이상에서 이승만의 『미국의 영향 하에 성립된 중립론』에 초점을 맞추어 외교독립론의 실체를 구명하여 보았다. 먼저 제2장에서 전시중립론의 내용과 주장을 살펴보았다. 그의 주장은 4가지 정도로 정리할 수 있다. 첫째, 전시중립제도의 발전은 미국이 주도했다. 둘째, 미국식 국제법이 있다. 셋째, 해양의 자유는 미국의 국시와 같다. 넷째, 먼로독트린은 전시중립론의 논리적 귀결이다. 이어 제3장에서 그것의 학술적 가치를 오늘날의 연구 결과를 끌어들여 검증했다. 그리하여 학술적 관점에서 이승만의 학위논문의 전개 방식 및 주장이 타당성을 갖추었을 뿐 아니라 당시로서는 독창성도 지니고 있었다는 점도 알 수 있었다.

끝으로 제4장에서 『미국의 영향 하에 성립된 중립론』을 독립전략서라는 관점에서 분석했다. 이승만이 민족독립을 염원하고 있던 지식인이었다는 점을 고려할 때, 전시중립론을 학술적 차원에서만 접근할 수 없었을 것이기 때문이다. 그리하여 위임통치청원 행위, 먼로독트린의 한국 확대 요구, 집단안보체제 결성 촉구 등의 주장은 모두 전시중립론과 관련되어 있음을 보여 주었다. 학위논문은 『독립정신』을 구체화한 것이며, 이후의 행위는 학위논문에서 얻은 지식을 토대로 한 실천이었다고 볼 수 있다. 한마디로 이승만의 외교독립론은 전시중립론에 초점을 맞추어 미국의 대외정책을 분석하고, 그것이 대외관계 속에서 어떻게 투사되었는지를 역사적으로 고찰함으로써 얻어진 지식을 바탕으로 한 지피지기의 산물이었다.

고 미국의 국제조직안의 초점은 열강과 약소국 간의 관계 설정에 초점을 맞춘 것이었다. 국제경찰론도 그러한 미국 외교의 초점이 약한국가 관리를 위한 조직체의 필요성을 보여주고 있다. 이승만은 이런 시대 분위기 속에서 공부하고 논문을 집필했다.

그렇다면 이승만의 외교독립론에 대한 기존의 비판적 연구는 재검토되어야 한다. 우선 그의 외교독립론을 외세의존적이었다거나 실현 가능성을 이유로 판단할 수는 없다. 미국의 원조를 구하는 국가가 자신이 원하는 시점에 미국으로 하여금 미국이 원치 않는 일을 하게 한 예가 거의 없다는 사실도 고려해야 한다. 제1차 및 제2차 세계대전에 미국을 끌어들이는 것이 절박했던 영국조차도 미국을 자국이 원하는 방향대로 움직이게 할 수는 없었다. 미국 스스로가 그렇게 하겠다고 결정했을 때, 또 진주만 공격과 같이 적이 전쟁을 걸어왔을 때에만 움직였다. 즉 미국의 전쟁 개입은 행동키로 결심했을 때 이루어졌다는 것이다.

그럼에도 불구하고 미국의 외교적 행동법칙을 파악하고 예측하는 힘은 약소국에게는 매우 중요했다. 왜냐하면 미국의 외교원리를 파악하고 있다는 그 점 때문에 도움을 받은 예가 없지 않기 때문이다. 예컨대 제국주의가 한창 기승을 부리던 시기에 중남미 18개 국가는 먼로독트린을 이용해 미국과 유럽 열강으로부터 국가 승인은 물론 미국으로부터 특히 집단안보를 보장받았다. 아르헨티나의 외상 다르고가 선언한 '다르고독트린(Dargo Doctrine, 1907)'이 그것이다. 그 선언은 "유럽은 어떤 경우에도 중남미 국가의 채무를 강제 회수할 수 없다"는 점을 골자로 했다. 미국은 이를 지지했다. 헤이그평화회의를 이용하여 유럽식 국제법 대신에 미국식 국제법을 주입하고 이를 원리로 한 세계를 조직하려는 미국의 야망이 중남미 약소국의 지원을 필요로 했기 때문이다. 그 외에도 중남미 약소국들이 먼로독트린을 이용하여 자국의 독립은 물론 이후의 안보도 보장받았던 사례는 더 있다.

1896년 제1차 베네주엘라 위기 시에 베네주엘라가 미국의 먼로독트린에 호소한 경우가 그것이다. 영국이 국경 재조정을 빌미로 베네주엘라 영토 일부를 빼앗으려고 하자, 베네주엘라는 미국 언론을 이용하여 먼로독트린이 위기에 처했다며 미국 여론을 자극했다. 이때 대통령 클리브랜드는 영국과의 충돌을 피하기 위해 무시하려고 했다. 그러나 그것이 먼로독트린의 자기 부정을 결과할 것이며, 또한 그 사건이 선례로 작용하여 유럽 열강의 연이은 중남미 지역 침투 현상이 일어날 것을 우려한 나머지 결국 분쟁에 조정자로 개입하여 베네주엘라를 지켜주었던 것이다.

이러한 미국 외교의 반식민주의 원리를 이용하려는 시도는 아시아에서도 있었다. 필리핀이 그 대표적 국가였다. 필리핀은 스페인의 압제로부터 독립하기 위해 미국과 제휴하여 일단 스페인의 식민지로부터 벗어나는데 성공했다. 그러나 미국이 새로운 지배자로 등장하자 필리핀인들은 타협했다. 미국이 필리핀에 대한 점진적 자치주의를 거쳐 독립시킨다는 약속을 믿었기 때문이다. 미국은 약속을 이행하였다. 그리고 마침내 필리핀을 독립시키려고 하자 이번에는 필리핀인들이 반대했다. 미국으로부터의 독립은 진정한 독립이 아니라 일본에게 통치권을 넘기는 결과를 초래할 것이라며 미국을 자극했던 것이다. 결국 미국은 필리핀의 독립을 유예하였다. 그렇다면 필리핀인들은 왜 미국인의 자치주의 약속을 믿었을까? 그것은 필리핀 지식인들이 미국법을 신뢰했기 때문이다. 필리핀 지도자들은 미국법에 대한 지식을 스페인 통치기의 유럽 유학을 통해, 그리고 필리핀에 세워진 법과대학을 통해 습득하고 있었다. 스페인에 반기를 든 쿠바와 필리핀이 독립을 선언하면서, 미국 헌법을 모델로 한 임시 헌법을 만들었다는 사실이 그것을 보여준다.

발칸지역의 독립운동 세력도 미국을 이용하려고 했다. 윌슨의 민족자결주의가 자국에 적용되기를 원하는 많은 약소 피압박민들의 발길이 워싱턴으로 향했던 것도 이 때문이다. 그리하여 윌슨의 민족자결주의는 뒤로 물릴 수 없는 미국 외교의 상표가 되어 버렸다. 약소국의 염원과 기대가 비록 당장에 일일이 들어줄 수는 없었다고 할지라도, 미국으로 하여금 계속 주장할 수밖에 없게 했다는 점은 훗날의 연구자들에 의해 입증되었다. 미국이 제2차 세계대전에 참전하기 전에 세계에 선언한 대서양 헌장이 민족자결주의를 재차 선언했던 이유도 여기에 있다.

약소민족만 미국을 이용하려고 했던 것은 아니다. 히틀러의 침공에 직면한 영국은 미국에게 원조를 청했다. 일본의 진주만 공격 소식을 취침 중에 들은 처칠 수상은 보고를 듣고 "됐어, 이제 전쟁은 이겼군 하며 자던 잠을 계속 청했다"는 일화는 미일전쟁을 학수고대하던 민족이 우리뿐만 아니었음을 보여준다. 특히 유럽의 지식인들 또한 이에 가세했다는 점을 눈 여겨 보아야 한다. 유럽의 지식인들은 한편에서 유럽에 남아, 다른 한편에서는 미국에 이주하여 히틀러를 비롯한 전체주의를 막기 위한 미국의 개입을 요청했다. 전자의 대표적인 지식인이 바로 카(E. H. Carr)였으며, 후자의 대표적인 지식인들이 아도르노, 한나 아렌트 등이었다. 이들은 히틀러 및 일본의 침략전쟁으로부터 미국 또한 안전할 수 없다면서, 영국과 제휴하여 힘의 정치로 복귀할 것을 촉구했다. 특히 카는 영국과 미국이 주도하여 집단안보체제와 같은 것을 결성한 후 세계 정치를 주도하라고 조언했다. 독일의 군사력은 세계 정치를 주도하기에는 도덕력이 결여되어 있지만, 미국과 영국의 군사력은 도덕으로 자제할 수 있기 때문이라고 했다. 카는 영미의 군사적 헤게모니를 신뢰하는 이유로 이들 양국의 민주주의적 체제와 그들이 과거의 역사 속에서 보여온 행동을 증거로 들었다.

이처럼 이승만이 외교독립운동을 하던 그 시기에 영국과 같은 열강이나, 많은 약소국들은 미국의 지원을 기대했다. 그렇다면 미국의 외교적 행동에는 어떤 원리 내지는 원칙이 있다는 점을 알아챘다는 것 자체를 독립운동의 역량으로 평가해야 하지 않을까? 신채호조차도 국제정세를 예측하는 힘이야말로 망국의 지식인들이 연마해야 할 과제라고 갈파하고, "민족의 독립은 안으로는 단결하고, 밖으로는 외국의 동정을 얻어야 한다"고 한 바 있기 때문이다. 아울러 위에서도 지적했듯이 영국조차도 미국을 끌어들일 힘이 없었다는 점, 그러나 미국의 외교 원리를 이해하고 국가의 방향을 일치시킨 경우 도움을 받은 예가 없지 않다는 점 등은 시사하는 바가 있다. 이승만이 결코 미국이 타협할 수 없는 원칙을 지니고 있는 국가라는 점을 알고 있었다는 사실을 재음미해야 한다는 점을 알려주기 때문이다. 건국 후의 이승만이 한국 외교의 진로를 미국으로 잡은 것이나, 아시아판 나토를 역설했다는 사실은 모두 미국 외교와 미국식 국제법에 대한 이해가 수반된 정책이다.

요컨대 이승만의 외교독립론은 마치 중남미, 발칸, 필리핀 등지의 지식인들이 미국의 외교와 국제법을 이용하여 독립과 안전을 동시에 보장받으려고 했던 것과 같은 맥락이었다. 또한 카를 비롯한 유럽의 지식인들이 미국의 민주주의적인 정치제도에 각각 신뢰를 보내며 군사적 헤게모니를 장악하라고 권유한 것과 같은 동기였다. 미국 외교의 나아갈 방향에 한국독립운동을 일치시킨 행위의 지침서가 된 이승만의 미국 전시 중립론 연구를 분석한 필자가 마지막으로 내린 결론이 이것이다.

『한국교회핍박』에 나타난 이승만의 기독교입국과 외교독립 구상

장 규 식*

〈목 차〉

Ⅰ. 머리말

『한국교회핍박』은 이승만의 대표적인 기독교 관련 저작이다. 이승만이 기독교에 대한 논설을 발표하기 시작한 것은 한성감옥 옥중에서 기독교로 개종한 당시로 거슬러 올라간다.[1] 그러나 단행본의 책으로 저술

---

* 張圭植, 중앙대 역사학과 교수

1) 이승만, 「옥중전도」, 『신학월보』, 3-5, 1903년 5월; 「예수교가 대한 장래의 기초」, 『신학월보』, 3-8, 1903년 8월; 「두 가지 편벽됨」, 『신학월보』, 3-9, 1903년 9월; 「교회 경략」, 『신학월보』, 3-11, 1903년 11월; 「대한 교우들의 힘쓸 일」, 『신학월보』, 4-8, 1904년 8월.

한 것은 『한국교회핍박』이 유일하다.[2] 따라서 이 책은 이승만의 기독교관과 정교(政敎) 인식을 살피는데 빠져서는 안될 중요한 자료라 할 수 있다.

이승만이 『한국교회핍박』을 집필한 것은 1911년 가을 일제가 '테라우치총독 모살미수사건'을 조작하여 관서지방 기독교계의 유력 인사들을 체포함으로써 촉발된 이른바 '105인사건'이 직접적인 계기가 되었다. 책의 앞머리에

> 일본이 한국을 합병한 이후로 아무 층절 없이 잘 성취하여 오다가 이번에 윤치호·양전백 등 123인을 착수 심판한 사건으로 인연하여 비로소 세계 각국의 시비를 일으키니 일본의 한 가지 대불행한 일이로다.[3]

라고 밝힌 데서 살필 수 있듯이, 이승만은 일제의 사건 조작으로 123인이 재판에 회부되어 세계 공론의 비상한 관심을 불러일으키자 이 책의 집필을 결심한 것으로 보인다.

그런데 이 책은 105인사건에 대한 단순한 진상 보고서가 아니었다.[4] 이 책에서 이승만은 105인사건을 일제의 '한국교회 핍박사건'으로 규정하고,[5] 왜 일제가 무리수를 써가면서 한국교회를 핍박할 수밖에 없었는

---

2) 그밖에 『학생청년회의 종교상 회합』(1911)·『학생청년회 회장』(1911)·『신입학생 인도』(1911) 등의 소책자가 있기는 하지만, 이승만 자신의 저술이 아니라 학생YMCA 활동지침서로 모트(John R. Mott)가 작성한 팸플릿을 번역 출판한 것이다.

3) 이승만, 『한국교회핍박』, 신한국보사, 1913, 1쪽.

4) 이와 관련하여 손세일은 이승만의 『한국교회핍박』이 단순히 105인사건의 진상보고로 집필된 것이 아니라, 하와이 동포들에게 자기의 신앙과 정치적 비전을 천명하는 메시지로 집필한 것이었다고 밝히고 있다. 손세일, 『이승만과 김구 1-3』, 나남, 2008, 151쪽.

지를 밝히는데 훨씬 더 많은 지면을 할애하였다. 또한 사건 자체보다 세계 공론의 시비에 더 각별한 관심을 가지고 내용을 구성하였다.

그러한 면에서 『한국교회핍박』은 기독교회와 세계 공론을 두 기둥으로 삼아 이승만의 외교 독립노선이 형성되는 과정을 보여주는 귀중한 자료이다. 그럼에도 불구하고 그동안의 연구에서 『한국교회핍박』은 105인사건과 관련해 부분적으로만 언급될 뿐[6] 별다른 주목을 받지 못하였다. 근래 이승만의 기독교국가 건설론과 관련해 이 책의 내용을 검토한 연구가 몇 편 나왔는데,[7] 외교 독립노선의 형성 문제에까지는 다가가지 못하였다.

이승만은 1904년 『독립정신』을 저술할 당시부터 이미 만국공법의 중요성을 거론하며 독립의 긴절한 강령으로 ① 세계와의 통상, ② 신학문의 궁구, ③ 공법과 사리에 밝은 외교의 구사, ④ 국권 중시와 문명부강

5) 105인사건을 한국교회 핍박으로 규정한 것과 관련하여, 이승만은 선교사 수십명에게 총독모살 동모혐의를 씌운 사실과, 기소자 123인 중 97인(장로교 89인, 감리교 6인, 조합교회 2인)이 기독교인이라는 미국교회의 조사 보고를 그 근거로 제시하였다. 이승만, 『한국교회핍박』, 17-99쪽.

6) 윤경로, 『105인사건과 신민회 연구』, 일지사, 1990, 91-92쪽.

7) 이승만의 기독교국가 건설론과 관련하여 『한국교회핍박』의 내용을 검토한 연구로는 손세일의 『이승만과 김구 1875~1919』(나남, 2008)와 이덕주의 「이승만의 기독교 신앙과 국가건설론」(『한국기독교와 역사』 30, 2009)이 있다. 그밖에 이승만의 초기 기독교 신앙과 사상을 분석한 연구로 고정휴, 「개화기 이승만의 사상형성과 활동」, 『역사학보』 109, 1986; 서정민, 「구한말 이승만의 활동과 기독교」, 연세대 교육대학원 석사학위논문, 1987; 주진오, 「청년기 이승만의 언론·정치활동 해외활동」, 『역사비평』 35, 1996; 이정식, 『초대 대통령 이승만의 청년시절』, 동아일보사, 2002; 유영익, 『젊은 날의 이승만』, 연세대 출판부, 2002; 정병준, 『우남 이승만 연구』, 역사비평사, 2005; 허명섭, 「이승만의 초기 기독교 사회사상」, 『한국교회사학회지』 24, 2009 등이 있는데, 『한국교회핍박』에 대해서는 다루고 있지 않다.

의 도모, ⑤ 나라에 대한 의리의 중시, ⑥ 자유권리의 존중 등 여섯 조목을 들고, 기독교를 통한 국민 교화로써 만사의 근본을 삼을 것을 주장한 바 있었다.[8] 그러나 그 방략이 기독교회와 세계 공론에 바탕한 이른바 친미 일변도의 외교 독립론으로 구체화한 것은 『한국교회핍박』 단계에 이르러서였다. 그러한 점에 주목하여 이 글에서는 이승만이 『한국교회핍박』을 집필하게 된 경위와 내용을 살펴보고, 거기에 나타난 기독교 입국의 논리와 외교 독립론의 형성과정을 추적해 보고자 한다.

Ⅱ. 집필 경위와 내용 구성

이승만이 『한국교회핍박』의 집필에 본격적으로 착수한 것은 1913년 2월 하와이 호놀룰루에 정착한 이후였다.[9] 그에 앞서 이승만은 프린스턴 대학에서 한국인 최초로 박사학위를 받고, 1910년 10월 귀국하여 1912년 3월까지 이상재를 비롯한 한성감옥 시절의 옥중동지들이 몸담고 있던 황성기독교청년회(YMCA)의 한국인 수석간사로 1년 5개월간을 재직하였다. 이 기간 동안 이승만은 황성기독교청년회학관의 학감과 학생 YMCA의 간사를 겸임하며 일선에서 학생기독교운동을 지도하였다.[10]

특히 1911년 6월 15~20일 개성에서 열린 제2회 학생하령회를 앞두고는 미국인 간사 브로크만(Frank M. Brockman)과 함께 5월 16일부터 전국 13개 선교기지를 돌며 33차례에 걸쳐 연인원 7,535명이 참석한 각종 집회를 주관하였다. 그 결과 각 선교기지마다 학생 대표를 파송하여,

8) 이승만, 『독립정신』(1904), 대동신서관, 1910, 253-294쪽.

9) 이덕희, 『한인기독교회 · 한인기독학원 · 대한인동지회』, 한국기독교역사연구소, 2008, 20쪽.

10) 손세일, 『이승만과 김구 1-3』, 71-76쪽.

개성 하령회는 전국 21개 학교에서 93인의 학생 대표가 참석하는 성황을 이루었다. 윤치호를 대회장으로 하여 열린 개성 하령회에는 세계 YMCA운동의 지도자 가운데 한 사람인 에디(Sherwood Eddy)가 강사로 참석하여 학생기독교운동의 국제적 연대 문제를 다루기도 하였다.[11)]

하령회를 전후해 이승만은 지방 순회전도에 나서는 한편으로, 북미 YMCA국제위원회 학생부 총무 모트(John R. Mott)가 작성한 『학생청년회의 종교상 회합』 등의 소책자를 번역・출판하여 학생YMCA운동의 지침서로 제공하였다. 그 결과 부임 1년을 맞아 기존의 기독교청년회학관 외에 배재학당과 상동청년학원에 학생YMCA가 재건되고, 경신학교와 세브란스의학교, 개성 한영서원에 새롭게 학생YMCA가 조직되는 성과를 거둘 수 있었다.[12)]

이렇게 그동안의 노력이 하나씩 결실을 맺어갈 즈음 이른바 '테라우치 총독 모살미수사건'이 터졌다. 1911년 10월 평안북도 선천 신성중학교의 학생과 교사 20여인을 체포하여 서울로 압송하면서 시작된 일제 관헌의 검거 선풍은 이듬해 3월 사건의 조작이 일단락될 때까지 계속되었다.[13)] 이로 인해 관서지방의 기독교계 지도자들이 대거 체포되었는데, 1912년 2월 4일에 이르러는 황성기독교청년회의 부회장인 윤치호마저 포박당하는 신세가 되었다. 이승만은 때마침 한국을 방문한 모트의 신속한 개입으로 체포를 모면하고, 미 감리회의 일본과 한국선교를 관장하던 해리스

11) "Syngman Rhee's Letter to Friends, July 22nd, 1911"; "Annual Report of Frank M. Brockman of Seoul Korea for the year ending September 30th, 1911," pp. 7-9; 전택부, 『한국기독교청년회운동사』, 범우사, 1994, 150-151쪽.

12) 장규식, 「YMCA학생운동과 3・1운동의 초기 조직화」, 『한국근현대사연구』 20, 2002, 116-117쪽.

13) 윤경로, 『105인사건과 신민회 연구』, 130쪽.

(Merriam C. Harris) 감독의 주선으로 미 감리회 4년차 총회에 파견할 한국 평신도 대표로 선출되어 3월 26일 서울을 떠났다.[14)]

『한국교회핍박』에서 이승만은 윤치호의 체포에 대해, 일본사람들이 제반 온유한 수단으로 한국YMCA를 일본YMCA에 합병하려 하되, 여의치 않자 윤치호를 모살 죄인으로 몰아 위력으로 복종시키려 한 것이라고 그 내막을 파헤쳤다. 한국YMCA가 일본YMCA동맹 산하로 들어가는 것을 거부하기로 방침을 정한지 얼마 안되어 윤치호가 체포되고, 며칠 뒤 순검이 청년회관에 들이닥쳐 학생하령회 문부(文簿)를 조사해 갔으며, 하령회에 참석한 학생들 가운데 몇몇이 또한 체포당한 사실이 그것을 말해준다는 것이다.[15)]

미국으로 향하는 도중 이승만은 일본에 들러 3월 30일 가마쿠라에서 개막된 조선YMCA 학생춘령회를 인도하였다. 그리고 4월 6일 도쿄로 돌아와 조선YMCA회관에서 유학생들에게 국내의 학생YMCA운동과 105인사건에 대해 연설하였다. 4월 10일 해리스 감독과 함께 요코하마항을 출발하여 25일 캐나다 빅토리아항에 상륙한 이승만은 시애틀을 거쳐 5월 1일 미네아폴리스에서 개막된 감리교회 총회에 참석하였다. 그 뒤 6월부터는 동부로 가서 프린스턴대학 시절의 은사인 윌슨(Woodrow Wilson)을 만나고, YMCA의 주선으로 뉴욕주와 뉴저지주・메사추세츠주・펜실베니아주・메릴랜드주・워싱턴DC 일대의 여러 교회를 다니며 강연 여행을 하였다. 8월에는 박용만의 초청으로 네브라스카주의 헤이스팅스를 방문하여 소년병학교 졸업식에 참석하였다. 11월에는 샌프란시스코에서 대한인국민회 중앙총회 제1차 대표원회가 열렸는데, 이때 그는

---

14) Robert T. Oliver, *Syngman Rhee —The Man behind the Myth*, New York : Dodd Mead and Company, 1960; 황정일 옮김, 『이승만—신화에 가린 인물』, 건국대 출판부, 2002, 134-135쪽.

15) 이승만, 『한국교회핍박』, 94-95쪽.

거기에 참석하지 않고 워싱턴DC에 머무르며 윌슨이 민주당 후보로 출마한 미국 대통령선거의 결과를 지켜보았다.[16)]

이승만이 미국 동부를 순회하던 6월 28일 국내에서는 테라우치총독 암살모의로 기소된 123인에 대한 1심 재판이 경성지방법원에서 시작되었다. 재판은 한국 기독교계의 유력 인사들이 대거 체포되고 선교사들까지 다수 관계되었다는 혐의만으로도 미국교회와 세계 언론의 주목을 받았다. 여기에 더하여 심리과정에서 일제가 가혹한 고문으로 허위자백을 받은 사실과 사건을 조작한 정황이 속속 드러나면서, 재판에 대한 국제적 관심은 더욱 높아졌다. 그럼에도 1심 재판부는 9월 28일에 열린 판결 공판에서 123인의 기소자 가운데 18인을 제외한 105인에게 검사측이 구형한 형량대로 유죄를 선고하였다.[17)] 이 과정에서 기독교 박해에 대한 미국교회의 비판 여론이 비등하고, 세계의 유력한 신문 잡지까지 가세하여 사건을 집중 보도하자, 이승만은 그에 고무되어 『한국교회핍박』의 집필을 구상하였다.[18)]

이승만이 『한국교회핍박』의 집필에 본격 착수한 것은 앞서 하와이 국민회 기관지 『신한국보』의 주필로 부임한 박용만의 초청으로 이후 환국할 때까지 자신의 제2의 고향이 된 하와이에 정착하면서였다. 이승만이 하와이 호놀룰루에 도착한 것이 1913년 2월 3일이고 책이 신한국보사에서 출판된 것이 4월이니까, 약 두 달간에 걸쳐 원고를 집필한 셈이다. 책의 끄트머리에 1913년 3월 20일 경성복심법원에서 열린 항소심 판결에서 윤치호, 양기탁 등 6인을 제외한 99인의 무죄 방면 사실이 기록되

16) 손세일, 『이승만과 김구 1-3』, 115-143쪽.

17) 윤경로, 『105인사건과 신민회 연구』, 135-143쪽; *Japan Chronicle* 특파원, 윤경로 옮김, 『105인사건 공판 참관기』, 한국기독교역사연구소, 2001, 14-16쪽.

18) 이승만, 『한국교회핍박』, 1-3쪽.

어 있는 것으로 보아,[19] 이승만이 원고를 탈고한 것은 3월 말경으로 추정된다.

이 책은 이승만이 하와이 한인교포들에게 민족운동의 진로와 관련해 던진 첫 정치적 메시지이기도 하였다. 이후 그는 이 책에서 밝힌 자신의 기독교관과 정치적 비전을 한인들에게 주지시키려 하였다. 한인기숙학교-한인중앙학교 교장 취임 후 가진 첫 졸업식에 맞춰 1914년 6월 20일 학생들이 공연한 연극 가운데 하나가 「일인의 한국교회핍박」이었던 사실이 그것을 말해준다.[20]

책의 서문에서 밝히고 있듯이,[21] 이승만은 자신이 목격한 바와 미국 신문의 보도, 미국 각 교회와 선교회의 보고서, 기관지를 비롯한 각종 간행물의 관련 기록들을 바탕으로 이 책을 저술하였다. 책의 구성은 한국교회핍박(1-35쪽), 외교상 관계(35-46쪽), 내치상 관계(47-89쪽), 한국기독교청년회(89-96쪽), 선천학교와 재판전말(96-108쪽) 등의 5개장으로 이루어져 있는데, 그 주요 내용을 장별로 정리해 보면 다음과 같다.

첫째 장 '한국교회핍박'에서 이승만은 먼저 105인사건에 대한 세계 각국의 비판 여론을 소개하였다. 그리고 서양사람들이 한국교회 핍박에 특

---

19) 이승만, 『한국교회핍박』, 106쪽. 제2심은 제1심에서 유죄 판결을 받은 105인 전원이 복심법원에 항소를 하여, 1912년 11월 26일부터 공판이 시작되었다.

20) 이덕희는 당시 『한국교회핍박』이 미화 50센트(2007년도 현재 시가 10달러)로 판매되었는데, 한인중앙학교의 교재로도 활용되었을 것으로 보았다. 그는 또한 한인 전체가 앞으로 무엇을 어떻게 해야 할 것인지를 생각하게 하고, 한민족 재생의 희망이 오로지 기독교에 있음을 공포하기 위해 이 책을 썼다고 분석하였다. 이덕희, 『한인기독교회・한인기독학원・대한인동지회』, 21-25쪽.

21) "이는 나의 목도한 바와 당지에서 미국 각 신문에 전보한 것과 미국 각 교회에서 대표를 파송하여 직접 보고한 바와 각 교회월보와 미국 선교회에서 발간한 글을 가지고 대강을 추려서 간단히 만든 것이니 깊이 주의하여 볼진대 응당 얻는 것이 있을지라"(이승만, 『한국교회핍박』, 서문)

별히 주목하는 이유를 ① 한국교회에 동정을 표하고자 함, ② 한국교회를 보호하고자 함, ③ 한국에 있는 외국 선교사의 명예와 자유를 지키고자 함으로 나누어 설명하였다. 이어 한국교회 핍박사건이 세상에 제대로 알려지지 않은 까닭을 한국인과 미국인의 입장에서 살핀 다음, 일제 당국의 사건 조작과 언론 공세에 대해 서술하였다. 그리고 일제 당국의 한국교회 지도자와 선교사 회유, 선교사들의 태도에 대해 언급한 뒤, 일제 당국의 기독교 반대운동과 외교공작에 대해 서술하였다.

둘째 장 '외교상 관계'에서는 일제가 한국교회 핍박사건을 일으킨 외교상의 이유에 대해 설명하였다. 요컨대 일본 정부의 외교상 목적이 한국과 서양 각국과의 교섭을 아주 끊어 일본이 그 안에서 무엇을 하든지 세상에서 도무지 모르게 하는 데 있는데, 교회 하나 있는 까닭에 한국의 정치상 정형을 외국에서 알게 되고 한국과 연락을 취하므로 일본 당국자들이 싫어한다는 것이다.[22)]

셋째 장 '내치상 관계'에서는 한국교회가 일제의 식민지 내치정책에 저촉되는 까닭을 다음과 같은 8개 항목에 걸쳐 정리하였다.

① 교회가 한인의 자유로 회집하는 처소이라.
② 예수교회 안에 활동력이 많음이라.
③ 예수교회의 합심되는 능력이라.
④ 교회에서 국민의 원기를 유지함이라.
⑤ 교회에서 청년의 교육을 힘씀이라.
⑥ 교인들은 우상을 섬기지 아니함이라.
⑦ 선교사들의 덕의상 세력이 한국에 확장됨이라.
⑧ 혁명사상의 풍조가 동양에 전파됨이라.

---

22) 이승만, 『한국교회핍박』, 36・46쪽.

요컨대 일본 당국자들이 보기에 한국교회는 독립사상을 배양하는 곳이오, 한국교인은 장래 혁명을 주창할 자라. 그래서 한국교회를 일본교회에 합병하여 다스리기 위해 여러 해 동안 공작하였으나, 평화수단으로는 이루지 못할 줄을 깨닫고 위협하는 정책을 행하여 백방으로 교회를 핍박하기에 이르렀다는 것이다.[23)]

넷째 장 '한국기독교청년회'에서는 105인사건이 일어날 당시 이승만 자신이 재직한 YMCA와 사건의 관계에 대해 서술하였다. 한국의 YMCA가 운동부・공업부・교육부・종교부를 설치하여 청년들의 기개를 굳세게 하매, 일본YMCA에 합병하여 통제하려 하였으나[24)] 여의치 않자 부득이 위력으로 윤치호와 하령회에 참석한 학생들을 체포하여 총독 모살죄인으로 몰았다는 것이다.

다섯째 장 '선천학교와 재판전말'에서는 1911년 10월 선천 신성학교 학생과 교사의 체포로 시작된 총독 모살미수사건의 조작과 재판 전말에 대해 정리하였다. 이 장에서 이승만은 일본이 세계에 상등 개명한 나라로 대접받고자 하나 재판 절차를 보건대 최하등 사회만도 못하다 하여[25)] 가장 공평치 못한 조건 세 가지를 구체적으로 적시한 미국 장로회 선교회의 보고서를 장황하게 인용한 다음, 그밖에 다른 비판 여론을 소개하였다. 그리고 이같은 비판 여론이 각국 신문에 전파되어 일본의 불법함이 만천하에 드러남으로써 결국 1심에서 유죄 선고를 받은 105인 가운

---

23) 이승만, 『한국교회핍박』, 87-88쪽.

24) 105인사건 이후 1913년 4월에 일본YMCA동맹 산하로 들어가기 전까지, 한국YMCA는 1901년 배재학당 학생YMCA가 조직된 이래 줄곧 중국・한국・홍콩YMCA전체위원회(General Committee of YMCAs of China, Korea, and Hong Kong) 소속으로 있었다. 전택부, 『한국기독교청년회운동사』, 58쪽.

25) 이승만, 『한국교회핍박』, 101쪽.

데 99인이 2심에서 무죄 방면될 수 있었다고 찬탄하였다.[26] 그의 분석에 따르면 법정 투쟁의 승리는 세계 공론이 위력을 발휘한 결과였다. 또한 한국교회가 세계로 열린 국제적 창구를 갖지 못했으면 가능치도 않은 일이었다.

한편 이승만은 책의 마지막에서 일본이 우리의 종교 자유를 방해하지 않아 조선 인종이 장래에 생존을 유지하며 자유 복락을 누릴 희망이 있게 하면, 우리는 일본인의 정치 자유를 조금도 방해하지 않을 것이라 하여[27] 논란의 소지를 제공하기도 하였다. 그 말의 정확한 함의가 무엇인지, 그저 단순한 외교적 언사였는지 등에 대해서는 보다 자세한 검토가 필요하지만, 3·1운동 직전 미국 대통령에게 국제연맹의 위임통치를 청원함으로써 분란을 일으킨 사건을 연상시키는 대목인 것만은 분명하다.

이와 같이 이승만의 『한국교회핍박』은 105인사건에 대한 진상 보고보다는 이 사건을 둘러싼 세계 공론의 추이와 일제가 한국교회를 핍박한 까닭을 설명하는데 훨씬 더 많은 지면을 할애하였다. 다시 말해 일본이 왜 그토록 한국교회를 꺼려하는지, 기독교가 왜 한국 인민에게 희망의 메시지인지, 교회가 한국사람을 어떻게 변화시켰는지, 외교상 수단과 신문상 세력을 통해 조성된 세계 공론의 위력이 어떠한 것인지, 교회를 통한 국제적 연대가 세계 공론의 조성에 어떠한 영향을 미쳤는지를 105인사건의 사례를 통해 밝히면서, 기독교회와 세계 공론에 바탕한 자신의 외교 독립노선을 천명하려 하였던 것이다.

26) 이승만, 『한국교회핍박』, 105-106쪽.

27) 이승만, 『한국교회핍박』, 108쪽.

Ⅲ. 기독교 입국의 논리

『한국교회핍박』 서문에서 이승만은 이 글을 쓰는 뜻은 일본의 잘못함을 알리자는 것이 아니라 우리의 잘한 것을 알리려 함이라 전제하면서[28) 근 30년간에 걸쳐 한국에서 진행된 기독교 선교의 성과에 대해 거론하였다. 그리고 역사상 유례가 없는 한국교회의 흥왕은 하느님이 한국 백성을 이스라엘 백성같이 특별히 택하사, 동양에 처음으로 예수교 나라를 만들어 아시아주에 예수교 문명을 발전시킬 책임을 맡기심이라 자평하였다.[29)

기독교 국가의 건설은 옥중 개종 이래 이승만의 확고한 신념이자 정치적 목표였다. 그런데 엄밀히 말해 그가 구상한 기독교 국가는 기독교를 국교로 삼는 정교일치의 국가가 아니라, 기독교를 국민 교화의 근본으로 삼는 세속국가였다. 그는 『신학월보』에 옥중 논설을 발표할 당시부터 정치와 교회를 특별히 구별하여 혼잡이 되는 폐단이 없도록 해야 한다는[30) 정교분리의 입장을 견지하였다. 『한국교회핍박』에서도 그는 교회가 정치 문제에 간섭하지 않고 영혼구원의 사업에만 종사하는 것이 예수교를 받드는 나라들의 일정한 통례라 하여[31) 정교분리의 원칙을 재확인하였다.

그러나 다른 한편으로 이승만은 정교분리와 또 다른 차원에서 종교와 정치를 본말의 관계로 파악하였다. 기독교를 근대 문명을 일구어낸 원동력으로 상정하고, 기독교를 통한 교화를 정치개혁의 근본으로 삼으려 한 것이다.[32) 그러한 그의 인식은 옥중 논설을 통해, 백성을 감화시켜 새

---

28) 이승만, 『한국교회핍박』, 서문

29) 이승만, 『한국교회핍박』, 13쪽.

30) 이승만, 「두 가지 편벽됨」, 『신학월보』, 3-9, 1903년 9월, 393쪽.

31) 이승만, 『한국교회핍박』, 27쪽.

사람이 되게 한 후에야 정부를 바로잡을 수 있기 때문에 교회가 정부의 근원이라는[33] 종교입국론(宗教立國論)으로 표현되었다. 치국평천하(治國平天下)는 사람의 마음을 바로잡는 데서 시작하는데, 세상 법률로는 아니 되고 종교적인 도덕 교화로써만 가능하다는 논지였다.

그러면서 그는 도덕 교화의 수단으로 사람의 도와 하느님의 도를 구별하였다. 그에 따르면 동방의 유교는 제 몸만 수양하는 사람의 도인 고로 인심이 순후한 옛적에는 인륜을 정하고 풍기를 열어 치국평천하하는 근본이 될 수 있었으나, 세태가 변하고 인심이 영악해진 오늘날에는 더 이상 쓸모없는 가르침이 되었다는 것이다. 반면에 서양의 기독교는 남까지 착하게 만드는 하느님의 도인 고로 세태와 인심의 변화에 상관없이 무궁한 진보를 가져와, 영국과 미국같이 개명한 나라들이 모두 이 도로써 오늘날의 문명부강과 태평안락을 누리게 되었다는 것이다.[34]

그러한 견지에서 이승만은 우리나라를 새롭게 변혁하여 도탄의 위기에서 구해낼 실낱같은 혈맥은 다만 예수교회에 달렸다고 하여, 교회의 흥하고 쇠함이 국가존망과 인민화복에 근본이 됨을 역설하였다.[35] 기독교야말로 한국사회의 도덕과 정치를 개혁하는 큰 기초이자 장래의 희망이라는 일종의 선언인데, 옥중생활 당시 그의 이같은 기독교 입국론은 '독립주의의 긴요한 조목'을 밝힌 『독립정신』 후록에 다음과 같이 잘 정리되어 있다.

32) 이승만, 「교회관계(一)」, 『제국신문』, 1902. 12. 6.

33) 이승만, 「두 가지 편벽됨」, 394쪽.

34) 이승만, 「예수교가 대한 장래의 기초」, 『신학월보』, 3-8, 1903년 8월, 330-333쪽; 이승만, 『독립정신』, 290-292쪽.

35) 이승만, 「교회경략」, 『신학월보』, 3-11, 1903년 11월, 474쪽; 이승만, 「대한 교우들의 힘쓸 일」, 『신학월보』, 4-8, 1904년 8월, 339쪽.

> 지금 우리나라가 쓰러진 데서 일어나려 하며, 썩은 데서 싹이 나고저 할진대, 이 교(기독교:필자)로써 근본을 삼지 않고는 세계와 상통하여도 참 이익을 얻지 못할 것이오, 신학문을 힘써도 그 효력을 얻지 못할 것이오, 외교를 힘써도 깊은 정의를 맺지 못할 것이오, 국권을 중히 여겨도 참 동등 지위에 이르지 못할 것이오, 의리를 숭상하여도 한결같을 수 없을 것이오, 자유권리를 중히 하려도 평균한 방안을 알지 못할지라. 우리는 마땅히 이 교로써 만사의 근원을 삼아 각각 나의 몸을 잊어버리고, 남을 위하여 일하는 자가 되어 나라를 일심으로 받들어 영·미 각국과 동등이 되게 하며 이후 천국에 가서 다 같이 만납시다.[36)]

한국이 장차 서양 문명국과 같은 문명부강과 태평안락을 누리기 위해서는 개명한 나라의 지정지미한 정치제도와 법률을 일체로 받아들여 오랜 전제정치의 폐해를 제거함으로써 내정을 개혁하고, 만국공법에 따라 공평정대한 중립 외교를 벌여 국제적으로 독립을 보장받는 것이 무엇보다 필요한데, 먼저 인애자비한 하느님의 도리로 국민을 교화하여 그 마음을 바로잡지 않고는 도저히 이룰 수 없는 일이기에 기독교야말로 만사의 근본이라는 주장이었다.[37)]

이렇게 기독교를 만사의 근본으로 삼아 서양과 같은 상등 문명국가를 건설하자는 이승만의 기독교 입국론은 1913년에 저술한『한국교회핍박』에서 다시 포괄적으로 정리되기에 이르렀다. 책의 셋째장 '내치상 관계'를 중심으로 그 주요 논지를 재구성해 보면 다음과 같다.

첫째, 기독교야말로 나라를 잃고 좌절에 빠진 백성의 희망이라는 것이다. 국가의 형체는 비록 허물어졌으나 정신이 보존되어 사라지지 않으면 국체 또한 부활할 때가 있을 것이라 하여 국사책의 편찬을 통해 한민족

36) 이승만,『독립정신』, 293-294쪽.

37) 고정휴,「개화기 이승만의 사상형성과 활동」, 56쪽.

의 국혼을 유지하려 했던 박은식처럼[38], 이승만 또한 기독교를 통해 침륜한 국민들의 영혼을 구원함으로써 장래 문명의 기초를 마련하려 하였다.[39] 육신을 죽여도 영혼을 죽일 수 없는 자는 무서울 것이 없다는 부활의 신앙으로 국민의 원기를 소생시켜, 군함 대포가 하나도 없을지라도 굳센 의기와 담력으로 태산같은 능력이 솟아나게 하자는 주장이었다.[40]

둘째, 남을 제 몸과 같이 사랑하는 하느님의 도리로 새 사람이 되고 합심하는 능력을 길러 국민통합을 이루자는 것이다. 이승만은 정치상 편당과 시비는 어느 나라에나 다 있는 것이지만, 그것이 국익에 미친 영향은 나라에 따라 각기 달랐다고 피차에 구분을 두었다. 그에 따르면 영국과 미국의 정치상 편당은 자기가 행하고자 하는 일이 나라에 이롭지 못할 줄 깨닫는 즉시 곧 버리고 남의 뜻에 찬성하여 합동하는 까닭에 서로 다툴수록 국가에 유익이 되는 경우였다. 반면에 우리는 사소한 이해와 권리를 놓고 매양 자기네끼리 다투는 중에, 외국 세력을 불러다가 내 나라에서 전쟁을 하여 백성을 도탄에 빠뜨리고 급기야 남의 지배를 받는 지경에 이른 경우였다. 그는 여러 당파가 다 같은 나라 사람이라는 단체적 주의를 잊은 데서 그 같은 화의 원인을 찾았다.[41] 그리고 한인이 자유로 회집하여 공론을 형성하고, 거기에 모인 청년 애국자들이 세력을 합동하여 전국에 큰 단체를 이룬 교회에서 그 돌파구를 찾았다.[42] 하느

38) 朴殷植, 『韓國痛史』(1915), 『朴殷植全書(上)』, 단국대 동양학연구소, 1975, 24쪽.

39) 이승만, 『한국교회핍박』, 87쪽.

40) 이승만, 『한국교회핍박』, 52쪽. 이승만은 다른 글에서도 의를 목숨보다 중히 여길진대, 적국의 군함 대포가 능히 그 사람의 육신 하나는 없이 할지라도 그 의는 일월같이 드러나리라 하여 심령상의 능력과 의리를 강조하였다. 「본 잡지의 주의」, 『태평양잡지』 6, 1914.2, 67쪽.

41) 이승만, 『한국교회핍박』, 55-56쪽.

42) 이승만, 『한국교회핍박』, 48쪽.

님의 도리로 국민의 성질을 변화하여 남의 이해와 화복을 먼저 생각하고, 모두가 형제자매로 서로 사랑하기를 힘쓰며, 동서남북을 물론하고 일심합력함으로써 국민통합을 이루는 길이었다.[43)]

셋째, 정치혁명과 기독교의 관계이다. 이승만은 기독교가 후세 영혼상 관계뿐 아니라 장래 이 세상 복락의 기초라 전제하며, 주권재민의 혁명사상 또한 예수의 가르침에서 비롯되었음을 역설하였다. 동양에서도 공자가 왕도정치를 주창하고 맹자가 역성혁명을 거론하였지만, 그 도는 위에 앉은 한두 사람을 갈아치워 아래 만민을 잘 다스리게 하는 것이지 자유·평등의 혁명사상이 아니라는 것이다.[44)] 그리고 기독교의 모든 사람이 다 하느님의 동등 자녀 되는 이치와 사람의 마음이 모든 죄악에서 벗어나 자유 활동하는 이치야말로 근대 시민혁명의 이념인 자유·평등·박애의 원류라고 주장하였다. 신약 성경책이 가는 곳마다 새 기운과 새 마음과 새 문명이 생겨 사람의 행동과 품행이 변하고 그 사회가 변화한 사실이 그것을 증명한다는 것이다. 그는 중국의 신해혁명 또한 기독교를 통해 서양문명을 수입하고 자유사상을 발달시킨 결과로 파악하고, 한국에 미칠 영향을 예의주시하였다.[45)]

그밖에 이승만은 일제의 '조선교육령' 하에서도 교회가 학교의 독립자격을 유지하며 꾸준히 청년의 교육에 힘쓰는 점,[46)] 교인들이 주색잡기에 미혹되지 않고 우상을 섬기지 않아 신도(神道)를 앞세운 일제의 천황제 이데올로기 공세에 휩쓸리지 않는 점,[47)] 우리와 환난질고를 함께 하는 선교사라는 든든한 친구가 있는 점[48)] 등을 거론하며 한국의 장래가 교

43) 이승만, 『한국교회핍박』, 57쪽.

44) 이승만, 『한국교회핍박』, 79-82쪽.

45) 이승만, 『한국교회핍박』, 83-86쪽.

46) 이승만, 『한국교회핍박』, 65-66쪽.

47) 이승만, 『한국교회핍박』, 66-70쪽.

회에 달려 있음을 역설하였다. 그리고 그러한 견지에서 다음과 같이 당시 기독교인의 전형을 묘사하였다.

> 소위 합병 이후로 한국백성의 전체를 구별하여 볼진대…그 중에 한 부분은 수효도 많고 또한 다 자기 지방에서는 다소간 명망이 있는 자들이니 가장 긴요한 부분이라. 어찌 보면 일본 주권을 복종하는 듯도 하고, 어찌 보면 저는 저, 나는 나로 여기는 듯도 하여 남과 잘 섞이지도 아니하며, 출입도 폐지하고 연회 경축 등절에 구경이나 참여도 아니하며, 혹 일본 주권자들이 청하여 벼슬을 하라 하면 공손히 사양하고 물러가 교회 속에 몸을 묻혀 혹 교육이나 전도에 종사하는데, 혹 일인들이 월급을 얼마씩 주며 비밀히 정탐을 하여달라 하여도 듣지 아니하고, 혹 주색잡기로 유혹시켜도 빠지지 아니하며, 청년과 유년들을 대하여 몰핀과 궐연초를 가까이하는 폐단을 말하는지라.[49]

이상에서 살펴보았듯이 『한국교회핍박』에 나타나 있는 이승만의 기독교 입국론은 기독교로 국민을 교화하여 장차 구미 각국과 동등한 문명・자유・복락을 누리자는 기조 위에, ① 하느님에 대한 믿음과 소망으로 국민의 원기를 되살리고, ② 예수가 가르친 이웃사랑의 정신으로 국민통합을 도모하는 한편, ③ 기독교의 자유・평등 이념에 기초해 상등 문명국가로 나아가는 것을 주요 내용으로 하고 있었다.

앞서 옥중 논설의 논지를 보다 폭넓게 체계화한 입론이라 할 수 있는데, 달라진 점을 들자면 먼저 기독교로 입국할 나라의 국체와 관련한 인식의 변화를 거론할 수 있다. 이승만은 독립협회운동 이래 '충군애국(忠君愛國)'을 화두로 삼아 자주독립의식을 고취하였다.[50] 그러나 미국 유학

48) 이승만, 『한국교회핍박』, 73쪽.

49) 이승만, 『한국교회핍박』, 58-60쪽.

후 이른바 '정미7조약'의 강제 체결 소식에 접하면서 그 같은 인식에 변화가 나타났는데, 충국애국론이 바로 그것이었다. 이때 그는 한 나라의 임금이 백성과 나라를 위해 목숨을 버리고자 할 때 충군애국과 충국애국은 모두 나라를 보전하는 같은 목적이 되지만, 임금이 일신의 이해와 평강안락을 위해 나라와 백성을 외국에 팔아먹을 경우에는 임금과 충국애국 중에 하나를 선택해야 한다고 주장하였다.[51] 그리고 미국에서 학위를 받고 돌아와 종로 YMCA회관에서 처음으로 연설할 때, 귀국해서 느낀 세 가지 시원한 것으로 첫째 임금 없어진 것, 둘째 양반 없어진 것, 셋째 상투 없어진 것을 들며 공화주의를 공론화하였다.[52] 입헌군주제를 전제한 충군애국에서 공화제를 수용한 충국애국으로 입장을 전환한 것인데, 『한국교회핍박』에 나타난 기독교 입국론은 바로 그 공화주의에 기초해 있었다.

다음으로 달라진 것은 교회의 외교상 관계에 각별한 관심을 보인 점이다. 그러한 변화가 이승만의 글을 통해 확인되는 것은 1908년 후반 무렵부터였다. 1908년 9월 『공립신보』에 기고한 논설에서 그는 외국이 한국과 교회상으로 친밀한 관계를 맺는 것을 일본이 제일 싫어하는 바라 하여[53] 한국교회의 외교적 창구 역할을 강조하였다. 『한국교회핍박』에서도 그는 미국이 한국과 외교관계를 맺은 두 가지 큰 목적이 통상과 선교인데, 통상은 한국의 상업상 이익이 별로 없어 서양사람들의 주목을 받지 못하였고, 오직 교회만이 흥왕하여 서양의 예수 믿는 나라들과 교통하는 통로가 되었다고 서술하였다.[54] 일본에 외교권을 빼앗긴 상황에

50) 이승만, 『독립정신』, 43쪽.

51) 이승만, 「在美韓人前途」, 『공립신보』, 1908년 3월 4일.

52) 金一善, 「李承晩博士는 渾身都是熱」, 『開闢』 62, 1925년 8월, 19쪽.

53) 우남, 「일본의 기탄하는 일이 곧 우리의 행복될 일이라」, 『공립신보』, 1908년 9월 2일.

서 외국인 선교사와 교회 관계자를 통해 한국의 교회와 정치 정형을 세계에 알리고 외국의 동향과 여론을 한국에 전달하니,[55] 교회야말로 한국인이 의지할 유일한 국제적 창구라는 주장이다. 그래서 일본이 한국교회를 핍박하여 자신의 통할 하에 두려 하였다는 것인데, 그러한 인식은 다음 장에서 살펴볼 이승만의 외교 독립론의 형성과 관련해 특별히 주목을 요하는 부분이라 할 수 있다.

한편 『한국교회핍박』에는 불교・천도교・단군교(대종교) 등 타종교에 대한 배타성 또한 적지 않게 나타나 있었다. 이승만은 한국에 기독교회가 설립된 후로 점점 쇠잔해 가는 불교를 일본이 확장하여 서울 안팎 각처에 절을 크게 짓도록 함으로써 교회의 발전을 막으려 하였다고 비판하였다.[56] 당시 불교 교세의 확장이 일본의 공작에 힘입은 바가 크다는 것인데, '사찰령'의 공포(1911)를 비롯한 일제의 불교 친일화 정책을 감안하더라도 지나치게 기독교에 편향된 주장이라 아니할 수 없다.

천도교와 시천교에 대해서도 그는 교인이 100만 명에 달하는 사실을 거론하면서, 외양으로 보면 일본이 조금도 간섭하지 않은 듯하나 2, 30명도 자유롭게 단체를 짓지 못하는데 어찌 100만 명의 동학 여당이 단체를 구성하는 것을 까닭 없이 허락하여 주겠느냐 하여[57] 일제의 공작 가능성을 암시하였다. 일진회 회장 이용구가 조직한 시천교는 그렇다 치더라도, 손병희가 조직한 천도교까지 친일 단체로 모는 것은 3・1운동 당시 천도교와 기독교가 제휴하여 독립운동을 일으킨 사실을 고려할 때 사실에서 벗어난 독단적인 평가라 할 수 있다.

다음으로 외국인 선교사에 관한 문제인데, 『한국교회핍박』에서 이승만

54) 이승만, 『한국교회핍박』, 11, 36-38쪽.

55) 이승만, 『한국교회핍박』, 46쪽.

56) 이승만, 『한국교회핍박』, 30쪽.

57) 이승만, 『한국교회핍박』, 31쪽.

은 선교사들에게 깊은 신뢰를 보내며 자신을 그들과 동일시하는 모습을 보였다.[58] 그는 먼저 사회 일각의 선교사 비판 여론에 대해, 정치 문제에 간섭하지 않고 다만 영혼구원의 사업에 종사하는 것이 선교사의 본분이기 때문에, 그들에게 한인의 애국사상을 위해 일본 관리를 배척하기를 기대하는 것은 온당치 못하다며 제동을 걸었다. 그리고 선교사들이 일본에 타협적인 자세를 취한데 대해, 일본 관리들을 진심으로 도와 한인의 배일사상을 정돈시키면 장차 한·일 양국 인민이 합일하여 평등으로 이익을 누릴 날이 있을까 하는 바람에서 일본인의 요구를 들어준 것이라고 선교사의 입장을 옹호하였다. 선교사들 생각에, 교회 안에서 정치를 의논하거나 애국사상을 발표하지 못하게 한다는 비판을 받으면서라도 교회의 기초만 잘 잡아 놓으면 한인의 희망이 장차 이 가운데서 생길 터이고, 정치상 간섭만 하지 않으면 일본 또한 방해하지 않으리라 여겨 그 같은 태도를 취했다는 것이다. 그러면서 일본에 매수된 선교사가 전혀 없다고 할 수 없지만, 그렇다고 선교사를 배척한다면 한국인과 선교사 사이를 이간시키려는 일본의 교활한 책동에 놀아나는 꼴이 된다 하여 경계해 마지않았다.[59]

그런데 기독교의 정교분리 원칙과 당시의 정치 현실을 감안하더라도, 선교사들이 한국인을 일방적인 선교 대상으로 객체화하고 타자화한 부분은 다시한번 검토할 필요가 있다. 같은 기독교 계열의 민족 지도자인

58) 이승만은 배재학당 시절부터 미국인 선교사와 돈독한 관계를 맺었고, 1899년 1월 박영효의 '정부선복 음모'에 간여한 죄로 투옥된 뒤 그들의 도움으로 사형을 모면하였다. 두 차례의 감형과 사면, 그리고 출옥 후의 미국유학 또한 그들의 적극적 주선으로 이루어졌는데, 그러한 선교사와의 긴밀한 관계는 미국에 대한 전폭적 신뢰와 그의 외교독립론이 형성되는데 결정적인 영향을 미쳤다. 고정휴, 「독립운동기 이승만의 외교노선과 제국주의」, 『역사비평』 33, 1995, 132-133쪽.

59) 이승만, 『한국교회핍박』, 27-30쪽.

안창호의 경우만 해도 미국 선교사들 가운데 문화적 소양을 넉넉히 가진 이가 적었으며, 또한 단순히 종교만 전파하고 문화운동에는 등한시하는 우민정책을 썼다 하여 선교사들을 비판하는 입장이었다.[60] 그러나 이승만은 시종여일하게 한국인의 입장이 아닌 선교사의 시각에서 한국의 교회와 정치 문제를 바라보았다. 뿐만 아니라 외교 독립을 주창하면서도 한국인사회 내부의 공론보다 세계 공론의 추이에 더 촉각을 곤두세우고, 한국인의 입장에서 정당한 외교가 아니라 미국인에게 호소력 있는 외교를 중시하는 태도를 보였다. 선교사 편향적 시각이 미국 편향의 외교노선으로 연결된 것인데, 그러한 면에서 미국인 선교사와의 관계는 그의 외교 독립노선의 가장 유력한 지주라 할 수 있었다.[61] 이렇게 이승만의 기독교 입국론과 외교 독립론 사이에는 선교사와의 각별한 관계가 자리하고 있었다.

Ⅳ. 외교 독립론의 형성

이승만은 옥중에 있을 때부터 정치의 급무는 외교에 있으니, 외로우면 나라가 위태로운 법이라 하여[62] 외교의 중요성을 강조하였다. 또한 『독립정신』에서는 서양 기독교 문명국을 모범으로 한 국민 교화와 교육, 정치제도와 법률의 개혁, 만국공법에 따른 공평정대한 중립 외교의 전개를 독립의 방책으로 제시하고, 외교를 친밀히 하는 것이 지금 세상에 나라

60) 山翁, 「낙관과 비관」, 『東光』 12, 1927년 4월, 3-4쪽.

61) 고정휴, 「독립운동기 이승만의 외교노선과 제국주의」, 133쪽; 정병준, 『우남 이승만 연구』, 124쪽.

62) 李承晩, 「和白虛八條詩」, 신호열 역, 『替役集』 乾, 동아출판사, 1961, 56-57쪽; 주진오, 「청년기 이승만의 언론·정치활동 해외활동」, 183쪽.

를 지키는 방법이라고 역설하였다.[63] 그러나 이때 그가 주장한 구국 외교는 내치와 짝을 이루는 자주 외교였고, 어느 한 나라에 편벽되지 않으면서 열강의 세력균형을 유도하는 중립 외교였다. 물론 그는 1898년 동북아의 국제정세가 러・독・불의 대륙세력과 영・미・일로 대표되는 해양세력의 대립구도로 짜여진 이후 줄곧 후자의 입장을 지지하였다. 그러나 그것은 그가 속한 독립협회 계열 일반이 그러했듯이 러시아를 가장 위협적인 존재로 인식한 데서 비롯된 세력균형 방책으로, 중립외교의 원칙을 방기한 것은 아니었다.[64]

그랬던 이승만의 정치노선이 친미 일변도, 외교 일변도로 변화한 것은 미국유학 이후였다. 그는 30세 되던 1904년 8월 특사로 5년 7개월만에 한성감옥을 출옥하여 11월 미국으로 유학을 떠났다. 이때 그는 민영환과 한규설이 전 주한미국공사 딘스모어(Hugh A. Dinsmore) 하원의원과 주미공사관 앞으로 보내는 편지를 휴대하고 가서 1905년 2월 딘스모어의 주선으로 미 국무장관 헤이(John Hay)와 면담을 하였다. 그리고 8월에는 하와이의 윤병구 목사와 함께 뉴욕주 오이스터베이에 있는 여름별장으로 루스벨트(Theodore Roosvelt) 대통령을 방문하여 하와이 교민의 청원서를 전달하고 한국의 독립보전을 위한 미국의 거중조정을 요청하였다.[65]

비록 성공적이지는 못했지만 미국 국무장관과 대통령을 연달아 만나 벌인 청원 외교는 이승만에게 친미 외교노선에 대한 확신을 주었다. 그

63) 이승만, 『독립정신』, 267쪽 ; 고정휴, 「개화기 이승만의 사상형성과 활동」, 56-59쪽.

64) 이승만, 『독립정신』, 252-68쪽; 주진오, 「19세기 후반 개화 개혁론의 구조와 전개」, 연세대 사학과 박사학위논문, 1995, 176-178쪽.

65) 이승만, 『한국교회핍박』, 73-76쪽; 손세일, 『이승만과 김구 1-2』, 289-321쪽.

러나 이때만 해도 그는 친미외교 일변도의 노선을 고수하지는 않았다. 1908년 3월 초 『공립신보』에 기고한 논설에서 그는 학문과 식견을 배양하여 충국애국심을 발달시키고, 그 마음을 단체의 조직으로 인도하여 기맥을 상통하면서 진퇴 상응할만큼 만든 연후에, 기회를 기다려 외국 형편에 맞춰 승패 간에 결과를 보자고 주장하였다. 충국애국심의 고양을 국권회복의 출발점으로 삼고, 외교 수단과 병행한 독립전쟁의 전개를 최종 단계로 설정한 것이다. 그러면서 그는 당시 일본의 압박에 맞서 자발적으로 일어난 충국애국심의 대표적 사례로 국채보상금을 모집하고, 각처에 학교와 회당을 설치하며, 의병이 사면에 연속해서 일어나는 것을 꼽았다.[66]

이렇게 1908년 초까지만 해도 이승만은 의병투쟁을 국민 교화·교육과 같은 반열에서 충국애국심의 발로로 높이 평가하였다. 그러나 덴버 애국동지대표회가 끝난 뒤[67] 8월에 기고한 논설에서는 논조를 바꾸어, 세상 형편을 전혀 모르고 제 힘은 헤아리지 않은 채 준비도 없이 앞으로 나가려고만 하는 위태로운 행동이라고 비판하였다. 그는 의병의 행동이 세상의 조소거리가 될까 우려된다고 하면서, 준비가 없어 제대로 된 군사조련을 받지 못한 점, 조직에 체계와 규율이 없는 점, 만국공법(萬國公法)을 알지 못해 남에게 개명한 애국당으로 인정받지 못하고 한낱 민란당으로 취급당하는 점을 들어 의병투쟁으로는 국권을 회복할 수 없음을 지적하였다.[68]

---

66) 이승만, 「在美韓人前途」, 『공립신보』, 1908년 3월 4일.

67) 1908년 7월 11일 미국 콜로라도주 덴버의 그레이스 감리교회에서 개회된 애국동지대표에서 이승만은 의장으로 선출되어 회의를 주관하였다. 회의는 7월 15일 외국인의 반감을 야기하는 과격한 언사와 행동을 자제하고, 교육과 출판에 힘써 한인의 지식과 실력을 배양함으로써 장래 한국의 독립을 기약할 것을 결의하는 것으로 끝을 맺었다. 손세일, 『이승만과 김구 1-3』, 29-38쪽.

여기서 이승만이 세 번째 이유로 거론한 내용에 특히 주목할 필요가 있는데, 만국공법으로 인정받지 못한 일체의 무장투쟁을 부정한 데서 그의 외교노선이 한국인의 입장에서 정당한 외교가 아니라 미국인에게 호소력 있는 외교로 기울어가는 정황을 확인할 수 있기 때문이다.[69] 3월과 8월의 두 논설 사이에 전명운·장인환의 스티븐스 암살의거(1908.3.23)가 있었고, 그 후 그가 의장을 맡은 덴버회의에서 외국인의 반감을 야기하는 과격한 언사와 행동을 자제할 것을 결의한 사실로 보아, 그러한 입장 변화에는 스티븐스 암살사건이 적지 않은 영향을 미친 것으로 파악된다.

실제 이승만은 이 사건 이후 하버드대 대학원 담당교수로부터 면담은 물론 논문심사까지 거절당하였다.[70] 덴버 회의 직후 이승만은 스티븐스를 암살한 장인환 재판의 통역을 맡아달라는 후원회의 요청을 거절한 것도 표면상 기독교인의 신분으로 살인사건 재판의 통역을 원치 않는다는 이유를 내세웠지만,[71] 실상은 미국내 여론이 좋지 않았던 때문으로 보인다. 『한국교회핍박』에서 일본이 이런 기회를 타서 배일 한인들이 미주를 근거지로 암살대를 꾸며 일본 관인과 미국 친구들을 암살하려 한다는 언론 공세를 펴니 미국인들이 혹 곧이 듣고 한인들을 의심하게 되

---

68) 이승만은 반면에 일본은 서양과 통상후 외국의 선진 학문과 문물 제도를 배우고 행하여 안으로 군사를 조련하고, 밖으로 영국·미국과의 외교에 힘써 청일전쟁과 러일전쟁에서 승리할 수 있었다고 하면서, 남과 대적하려면 내가 먼지 준비해야 하는데 학문의 숭상이 그것이라고 주장하였다. 우남, 「남을 대적하려면 내가 먼저 준비할 일」, 『공립신보』, 1908년 8월 12일.

69) 독립운동 과정에서 이승만이 일차적으로 중시한 것은 항일 민족운동의 의지와 조직적 역량의 성장이 아니라, 미국을 비롯한 세계 여론의 향배와 지지 여부였다. 정병준, 『우남 이승만 연구』, 121쪽.

70) Robert T. Oliver, 황정일 옮김, 『이승만—신화에 가린 인물』, 121쪽.

71) 김원용, 『재미한인오십년사』, USA : Reedley, Calif., 1959, 326쪽.

었다고 개탄한 데서[72] 그 단서를 찾을 수 있다.

이승만의 의병 비판은 9월에 기고한 논설에서도 계속 이어졌다. 이 글에서 그는 의병이 자기의 형세와 세상 공론을 돌아보지 않고 다만 용진하는 마음으로 도처에서 일어나 지방을 소요케 하는 것은 일본이 오히려 반가이 여기는 바라고 주장하였다. 공법으로 세상에 알린 뒤 군사를 보내 하나씩 무찌르면 그만이고, 그로 인해 도탄에 빠진 백성들이 차라리 일본의 보호라도 받아 편하게 살기를 원하기 때문이라는 것이다.[73] 그 뒤 미일 양국 정부가 태평양에서 평균한 상업상 권리와 영토상 권리를 상호 보장하기로 5개조의 협약에 합의하자, 이승만은 이 협약이 텐진조약처럼 장차 두 나라 사이에 새로운 시비의 발단이 될 것이라고 하며, 이 협약으로 미일전쟁설이 근거를 상실했다는 다른 견해를 반박하였다. 공한 물건의 주인이 둘이면 화평을 얻기 어려우니, 태평양 동서 양편에서 세력을 확장하는 두 나라가 장차 충돌할 것은 자연한 형세라는 것이다.[74] 앞서도 그는 일본이 강한 제 힘만 믿고 외교를 소홀히 하여 외로이 서는 날 한국에 친구가 많이 생길 것이라 하여, 미일 개전에 즈음해 외교를 통해 독립을 달성할 것을 넌지시 주장하였다.

이와 같이 이승만은 1908년 스티븐스 암살사건 이후 의병투쟁과 의열투쟁에 대한 반대입장을 분명히 하며, 단체를 결성하고 교육과 출판에 힘써 지식과 실력을 배양하다가, 장차 일본이 국제적으로 고립되어 태평양을 무대로 미일전쟁을 일으키는 때를 맞아 전시외교를 통해 독립의 목표를 달성하자는, 이른바 미일전쟁론에 근거한 외교 독립구상을 가다듬었다. 그러나 세계 공론과 국제 외교의 현실은 『한국교회핍박』에서 다

72) 이승만, 『한국교회핍박』, 15-16쪽.

73) 우남, 「일본의 기탄하는 일이 곧 우리의 행복될 일이라」, 『공립신보』, 1908년 9월 2일.

74) 이승만, 「論美日協商」, 『공립신보』, 1908년 12월 16일.

음과 같이 지적한대로 일본 편으로 기울어져 있었다.

> 일본이 통상한 이후로 각국의 정의를 얻는 것이 가장 긴중한 줄을 깨달은 고로 통상외교에 전력하여…외교상 수단이 점점 연숙하여지매 세상을 대하여 무슨 말을 하던지 남이 신뢰할만치 되었나니, 이는 일·로전쟁 후 3, 4년간 정형이라. 외교상으로 신앙을 이만치 받으며 일변으로 신문상 세력을 확장하여…만국신문연합회와 비밀히 약속하고, 동양 대세에 관한 모든 소문을 일본정부에서 원하는대로 세상에 전파되게 하나니, 이것이 다 세계에 공론을 인도하는 큰 기관의 고동을 잡고 앉음이라.[75]

일본의 외교 수단과 언론의 세력이 굉장하여 한국에 대한 세계 공론을 자신의 의도대로 통제하므로 지난 6, 7년간 국내 도처에서 무슨 일이 일어나도 아는 자가 없고 알려고 하는 자도 없는 까닭에, 독립 외교가 벽에 부딪힐 수밖에 없다는 한탄이었다. 그런데 105인사건이 터져 세계 각국의 시비를 일으키며 기대치 않았던 세계 공론의 각별한 주목을 받자, 이승만은 교회의 국제적 네트웍에서 위기에 봉착한 외교 독립운동의 새로운 가능성을 발견하였다.

105인사건과 관련하여 이승만은 동서양 각국이 이렇듯 한국에 주목하는 것은 통상한 후로 처음 있는 일이라는, 미국 뉴욕에서 발행되는 월간 잡지 *The Outlook*의 1912년 12월 기사를 인용하며[76] 외교전에서 일본을 이긴 첫 사건으로 기념하였다. 이후 해방을 맞을 때까지 이승만이 견지한 유일한 독립운동 방략은 미국 의회와 행정부를 향한 청원과, 미국 시민과 언론을 대상으로 한 선전·호소의 두 갈래로 이루어진 대미외교였다.[77] 이때 그는 미국 교회의 인맥·조직·언론을 적극 활용하는

75) 이승만, 『한국교회핍박』, 5-6쪽.

76) 이승만, 『한국교회핍박』, 1쪽.

외교 전술을 구사하였는데, 그 밑거름이 된 것이 바로 105인사건의 기억이었다.

그는 만일 105인사건이 일본의 외교가 극히 성하였던 4, 5년 전에 일어났더라면, 또 교회와 관계만 없었다면 진실이 무엇이든 간에 세상에 널리 알려지지 않은 채 묻혀버렸을 것이라고 판단하였다. 그런데 교회가 관계된 까닭에 미국 선교회 본부와 유력 신문사에서 특파원을 파송하여 사건의 진상을 조사하고 재판 상황을 보도하매, 세상에 동정 여론이 일어 외국인들이 차차 일본인의 성질을 깨닫고 저들이 발표한대로 곧이들으려 하지 않게 되었다는 것이다.[78]

그러한 경험을 통해 이승만은 내외국인이 한덩어리가 되어 국내는 물론 서양 각국과 호흡을 교통하는 교회야말로 한인이 외교하는 가장 유력한 창구라는 인식을 갖게 되었다.[79] 교회의 국제적 네트워을 통해 세계 공론을 조성하는 방법을 체득한 것이다. 그는 그러한 교회의 능력에 경각심을 가진 일본이 한국교회를 통할하여 장래 식민통치의 화근을 제거하기 위해 사건을 조작하였다고 보았다. 미국 선교사들이 한인과 공모하여 조선총독을 살해하려 하였다고 하면 세상에서 할 말이 없을 터이니, 그것으로 교회와 선교사를 공박하려 하였다는 것이다.[80]

그러면서 그는 서양의 교회 친구들이 동양에 갈 때 놀라운 발전을 확인하기 위해 만사를 제쳐 놓고 찾는 교회가 아니고는 한국이 세상 사람들의 눈길을 끌만한 것이 없다고 단언하였다.[81] 또 좋은 나라와 집을 버리고 자기나라 돈을 가져다가 언어와 풍속이 생소한 나라에 와서 온갖

77) 정병준, 『우남 이승만 연구』, 123쪽.
78) 이승만, 『한국교회핍박』, 7・24-25쪽.
79) 이승만, 『한국교회핍박』, 25-26쪽.
80) 이승만, 『한국교회핍박』, 22쪽.
81) 이승만, 『한국교회핍박』, 38-39쪽.

어려움을 무릅쓰고 예수의 도를 전하는 선교사들이야말로 한국인의 진정한 친구라고 하였다. 그밖에 상업자본가들과 외교관이 있지만, 그들은 모두 우리의 금은과 토지를 얻거나 내정을 간섭하려 온 자들로서 우리를 이롭게 하려는 자들이 아니라는 것이다.[82] 때문에 교회의 독립을 주장하며 선교사를 배척하는 것은 한국인과 선교사 사이를 이간질하려는 일본의 농간에 놀아나는 결과가 된다고 경계하였다. 외국 교회와 연락하는 중에 우리 일을 남이 알고, 남의 일을 우리가 배울 수 있어 피차에 연락 교통함으로 서로 이익이 있으므로 아직은 독립교회를 이야기할 때가 아니라는 것이다.[83]

이처럼 105인사건을 통해 이승만의 외교 독립노선은 새로운 전기를 마련하였다. 교회의 국제적 창구를 통해 세계 공론을 조성하는 민간 외교의 새로운 영역에 눈을 뜬 때문이었다. 이후 그는 미국 정부를 대상으로 하는 청원 외교뿐 아니라, 한국독립 여론의 조성을 위한 미국 교회와의 긴밀한 관계 구축과 언론 활동에 더욱 각별한 노력을 기울였다.

『한국교회핍박』은 그러한 외교 독립노선의 원형이 응축되어 있는 저작이었다. 이 책에서 그는 1908년 후반 이래 친미 외교 일변도로 가닥을 잡은 자신의 독립노선을 교회 네트웍을 활용한 세계 공론의 조성에 초점을 맞추어 재구성하였다. 요컨대 ① 형편과 사정을 살펴 단체를 결성하고 교육과 출판에 힘써 지식과 실력을 배양하는 한편, 영문을 배워 미국인과 소통하고, ② 교회와 사회의 좋은 친구를 많이 얻어 세력을 넓히며, ③ 의로운 일을 힘써 행함으로 미국 정부와 여론의 동정을 얻은 다음, ④ 미・일 개전의 기회를 기다려 대업을 도모하는 외교 독립방략이었다.[84]

82) 이승만, 『한국교회핍박』, 72-73쪽.

83) 이승만, 『한국교회핍박』, 32-35쪽.

84) 이승만, 『한국교회핍박』, 16쪽.

『한국교회핍박』이 출판되고 나서 이승만은 1913년 8월 하와이 감리교회로부터 한인기숙학교의 운영권을 일임 받아 교장에 취임한 뒤, 9월에 월간 『태평양잡지』를 창간하여 자신의 경륜을 펼치는 장으로 삼았다. 『태평양잡지』 제6호에 실린 「본 잡지의 주의」에서 그는 우리의 주의는 전쟁에 있지 않고 평화에 있다고 하면서, 용맹을 기르고 의리를 배양함으로써 피 흘리지 않고 될 전쟁을 준비하자고 주장하였다. 그리고 피 안 흘리는 전쟁으로 외교상의 전쟁, 경제상의 전쟁, 종교·도덕·문명상의 전쟁을 들고, 먼저 인민의 지·덕·체를 두루 발달시켜 이런 싸움을 담당할 인재를 만들어내는 것이 급선무라고 역설하였다.

더불어 이승만은 일본인을 왜놈이라 욕하며 울분을 토로하는 언행과 한두 사람의 의열투쟁이 문명 정도가 높고 지식이 넓은 미국인에게는 미개한 행동으로 비쳐질 수밖에 없다고 비판하였다. 국제공법 조례에 따르면 남을 욕하는 것은 내가 먼저 실수하는 것이니, 설령 남과 시비를 하더라도 사리의 옳고 그름을 따져 공담·공의로 쳐야 한다고 것이었다.[85] 외교상의 전쟁을 중심으로 거기에 국민 교화와 교육, 경제적 실력 양성을 결합시킨 독립노선의 천명이었다. 다음의 인용문은 그러한 선상에서 당시 그에게 105인사건이 어떤 의미로 다가왔는지를 잘 보여준다.

> 지금은 공의로 행세하는 시대인즉, 세상 의론을 배반하고 공의를 대적하면 문명 상등국의 대우를 받을 수 없는 터인즉, 우리가 공의를 세상에 드러낼수록 우리의 친구는 많이 생기고, 우리를 해하려는 자는 외로와서 스스로 서기 어려울 지경에 이를지니, 이는 이번 한국의 교회핍박 일절로만 보아도 가히 깨달을지라.
>
> 오늘날 한인의 당한 처지에서 군사 십만 명을 허비하고라도 능히 세상 공론을 일으켜 일본으로 하여금 고개를 숙이게 만들지 못하였을 것이어늘,

85) 이승만, 「본 잡지의 주의」, 『태평양잡지』 6, 1914년 2월, 65-71쪽.

> 몇 십명 교인이 의를 잡고 핍박을 당함으로 인연하여 각국의 공론을 일으켜 일본이 능히 씻지 못할 수욕을 당한지라. 이것이 곧 의리로써 세상을 이기는 능력의 증거이니, 우리가 이 능력만 많이 배양하면 전쟁을 아니 하고라도 능히 우리의 국권을 회복할 수 있을지라. 이것을 우리의 이른바 피 아니 흘리는 전쟁이라 함이로다.[86]

105인사건을 통해 일본에게 씻지 못할 외교적 타격을 입힘으로써 국권회복을 위해 전쟁보다 외교가 더 중요함을 확인하는 계기가 되었으니, 이것이 곧 의리로써 세상 공론을 일으켜 승리하는 능력의 증거라는 주장이었다. 그런데 이러한 이승만의 외교독립론은 무장투쟁불가론·자력독립불가론·준비론과 맞물려 다른 노선의 독립운동에 대해 지극히 배타적이고 편향적인 시각을 드러냈다.[87]

『한국교회핍박』에서 이승만은 일본에게 질 줄 알면서 싸우려 하는 것은 심히 어리석은 일이라는 견지에서, 독립전쟁을 준비하자든지 배일사상을 고취하여 독립을 회복하자는 주장을 어리석은 생각으로 치부하였다.[88] 그리고 배일운동자에 대해 한인들이 혹 은근히 앙망도 하며 추종하고자 하나 수효도 많지 못하거니와, 국외에 나가 있지 않으면 옥중이나 섬중에 귀양살이로 세월을 보내니 별 볼일 없는 영웅이라고 폄하하였다.[89] 또한 전국 각지에서 일어난 의병에 대해서도 규율 없이 전시공법도 모른 채 완전치 못한 무기로 맞서니 그 수가 아무리 많을지라도 단련된 일본 군대를 대적할 수 없으며, 세상에 아는 자도 없고 알고자 하는 자도 없으니 일본에 큰 위협이 되지 못한다고 무시하였다.[90] 특히

---

86) 이승만, 「본 잡지의 주의」, 67-68쪽.

87) 정병준, 『우남 이승만 연구』, 117-122쪽.

88) 이승만, 『한국교회핍박』, 35쪽.

89) 이승만, 『한국교회핍박』, 59쪽.

의열투쟁에 대해서는 대한제국 외교고문 스티븐스와 초대 한국통감 이토 히로부미 암살사건이 오히려 일본의 언론 공작에 빌미를 제공하여 한인과 미국인 사이를 소원하게 만들고, 그래서 일본이 총독모살미수사건을 조작하여 한국교회를 핍박하는 결과를 초래했다고 비판하였다.[91]

이와 같이 이승만은 스티븐스 암살사건을 거치며 미국내 여론의 향배와 지지 여부를 무엇보다 우선시하는 친미 일변도의 외교 독립노선으로 돌아섰다. 그리고 105인사건을 통해 세계로 열린 교회의 국제적 창구를 재발견하고, 의리로써 세계 공론을 일으켜 일본을 이기는 외교 독립운동의 새로운 돌파구를 찾았다. 『한국교회핍박』은 그러한 외교독립론의 원형이 잘 나타나 있는 저작으로, 이승만의 외교 독립노선의 형성과정을 계보학적으로 추적할 수 있는 중요한 자료다.

Ⅴ. 맺음말

105인사건을 소재로 한 『한국교회핍박』은 이승만이 1913년 하와이에 터를 잡고 독립운동을 전개하려 할 때에 자신의 독립구상을 스케치한 저작이다. 그는 이 책을 한인교포들에게 자신의 기독교관과 정치적 비전을 주지시키는 교재로 활용하였다. 2달 간의 짧은 집필기간이 말해주듯, 이 책은 정제되어 있지도, 체계적이지도 않다. 그러나 그 안에는 기독교입국과 외교 독립을 양대 축으로 하는 그의 독립구상이 원석의 형태로 고스란히 담겨 있다.

이승만은 옥중 개종 이후 각종 논설을 통해 자신의 기독교 입국구상

---

90) 이승만, 『한국교회핍박』, 7・25쪽.

91) 이승만, 『한국교회핍박』, 15-16쪽.

을 밝혔다. 이때 그는 기능적 정교분리와는 또 다른 차원에서 기독교를 서양 근대문명을 일구어낸 원동력으로 보고, 기독교를 통한 국민교화를 정치개혁의 근본으로 삼았다. 한국이 장차 서양 문명국과 같은 문명부강을 누리기 위해서는 개명한 나라의 정치제도와 법률을 일체로 받아들여 내정을 개혁하고, 만국공법에 따라 공평정대한 중립외교를 벌여 국제적으로 독립을 보장받는 것이 무엇보다 필요한데, 먼저 하느님의 도리로 국민을 교화하여 그 마음을 바로잡지 않고는 도저히 이룰 수 없는 일이기 때문에, 기독교야말로 만사의 근본이라는 주장이었다.

그러한 그의 주장은 이후 『한국교회핍박』에서 보다 폭넓게 개진되었다. 이 책에서 이승만은 기독교로 국민을 교화하여 장차 구미 각국과 동등한 문명·자유·복락을 누리자는 기조 위에, ① 하느님에 대한 믿음과 소망으로 국민의 원기를 되살리고, ② 예수가 가르친 이웃사랑의 정신으로 국민통합을 도모하는 한편, ③ 기독교의 자유·평등 이념에 기초해 상등 문명국가를 건설하는 자신의 기독교 입국구상을 밝혔다. 앞서의 옥중논설과 달라진 것은 충국애국의 발상 곧 공화주의를 입국의 전제로 깔고, 교회의 외교상 관계를 특별히 주목했다는 점이다. 한편 그러한 구상에는 타종교에 대한 배타적 태도와 선교사 편향적 시각이 또한 녹아 있었다. 특히 선교사 편향적 시각은 미국 편향의 외교노선으로 이어져, 미국의 입장에서 한국의 독립문제를 바라봄으로써 민족운동의 주체적 역량을 도외시하는 한계를 낳았다.

다음으로 이승만은 옥중에서 『독립정신』을 집필할 당시부터 정치의 급무는 외교에 있다고 하여 만국공법에 따른 공평정대한 외교의 중요성을 강조하였다. 그러나 이때 그가 강조한 외교는 독립협회에서 주장한, 내치와 짝을 이루는 자주 외교였고, 열강의 세력균형을 중시하는 중립외교였다. 친미외교 일변도로 나간 미국유학 이후의 독립노선과는 차이가 있었다.

이승만이 무장투쟁과 의열투쟁에 대한 반대 입장을 분명히 하고, 미국 내 여론의 향배와 지지 여부를 무엇보다 우선시하는 친미 일변도의 외교로 독립노선의 가닥을 잡은 것은 1908년 3월 스티븐스 암살사건에 대한 미국인의 따가운 비판 여론을 경험하면서였다. 그러나 그의 외교노선은 일본의 압도적인 외교 수단과 언론 공세에 밀려 별다른 성과를 거두지 못하였다.

그러한 상황에서 일어나 일본에게 씻지 못할 외교적 타격을 입힌 105인사건은 이승만의 외교운동에 새로운 전기를 제공하였다. 교회의 국제적 창구를 통해 세계 공론을 조성하는 민간 외교의 새로운 영역을 발견한 까닭이었다. 그러한 깨달음을 밑거름으로 이후 그는 미국교회의 인맥·조직·언론을 적극 활용하고, 그 밖의 외교적 수단과 언론을 동원하여 한국독립에 유리한 세계 공론을 조성하는 방향으로 외교운동의 물꼬를 텄다. 『한국교회핍박』은 그러한 외교 독립론의 원형이 잘 나타나 있는 저작이었다.

이 책에서 이승만은 ① 형편과 사정을 살펴 단체를 결성하고 교육과 출판에 힘써 지식과 실력을 배양하는 한편, 영문을 배워 미국인과 소통하고, ② 교회와 사회의 좋은 친구를 많이 얻어 세력을 넓히며, ③ 의로운 일을 힘써 행함으로 미국 정부와 여론의 동정을 얻은 다음, ④ 미·일 개전의 기회를 기다려 대업을 도모하자는 자신의 독립방략을 제시하였다. 이후 그는 자신이 발행하는 『태평양잡지』의 '주의'를 천명하면서, 외교 교섭과 언론 공세 등의 외교상 전쟁을 중심으로 거기에 국민 교화와 교육, 경제적 실력양성을 결합시킨 외교 독립노선을 정립하였다. 그런데 그러한 그의 독립방략은 무장투쟁과 의열투쟁을 배제시킴으로써 외교노선 일변도의 편향을 여실히 드러냈다.

『한국교회핍박』은 이와 같이 기독교를 통해 입국의 근본을 확립하고, 선교사·미국 교회와의 네트워을 활용하여 민족운동의 국제적 창구를 마련한 바탕 위에서, 한국독립에 동정적인 세계 공론을 조성하여, 미일 개전의 때를 맞아 외교 방략으로 독립을 도모한다는 이승만의 독립 구상이 오롯이 담긴 중요한 자료다. 그러나 외교독립론과 관련해 이 책은 그동안 별다른 주목을 받지 못하였다. 따라서 앞으로 이승만의 외교 독립론의 형성과정을 계보학적으로 추적하는 과정에서 다시금 새롭게 조명할 필요가 있는 자료라 할 수 있다.

이승만의 『일본내막기』 집필 배경과 내용 분석

고 정 휴*

〈목 차〉

Ⅰ. 머리말

이승만의 독립운동은 말과 글, 글과 말로써 전개되었다. 이른바 외교·선전활동이 그것이다. 20세기에 활약한 식민지 약소민족의 독립운동가들 중 이승만만큼 많은 글을 남긴 인물을 찾기도 쉽지는 않을 것이다. 그의 저술은 크게 두 부류로 나눌 수 있다. 첫째는 국내외 한국인들을 상대로 한 계몽용 저작 내지 번역물들로서, 『독립정신』(1910)과 『청일전기』(1917)가 그 대표적인 예이다. 둘째는 서구 열강 특히 미국인들을 대상으

* 高珽烋, 포항공대 인문사회학부 교수

로 한 선전용 책자이다. 구미위원부의 이름으로 발간된 『한국은 독립되어야 한다(*Korea Must Be Free*)』(1930)와 국제연맹(UN)에 '한국문제'를 제출할 필요성에서 만들어진 『만주의 한국인: 이승만 박사의 논평과 함께 리튼보고서 발췌(*The Koreans in Manchuria: Extracts from the Lytton Report with Comments by the Dr. Syngman Rhee*)』(1933)가 그러한 예이다.[1] *Japan Inside Out: The Challenge of Today*(1941)는 태평양전쟁을 불과 4개월 앞둔 시점에서 출간된 것으로서, 엄격히 말한다면 이 책 또한 미국인들의 대일 경각심을 높이기 위한 선전적 목적에서 집필되었다고 볼 수 있다. 이 책은 제1공화국 시대에 『일본내막기』라는 제명으로 번역·출간되었고,[2] 그 후 『일본군국주의 실상』(1987)에[3] 이어 『일본 그 가면의 실체』(2007)라는[4] 제명의 번역서가 나오기도 했다. 이리하여 *Japan Inside Out*은 『독립정신』과 더불어 이승만의 대표적인 저술로 일반에 알려지게 되었다.

Japan Inside Out(이하 『일본내막기』)은 이처럼 국내에 여러 차례 번역·소개되었지만 그 책의 집필 배경이라든가 당대의 평가, 그리고 실제 책의 내용에 대한 심층적인 분석은 아직 제대로 이루어지지 못했

---

1) *Korea Must Be Free*와 *The Koreans in Manchuria*는 국사편찬위원회에서 2007년에 발간한 『대한민국임시정부자료집』, 제18권에 원문과 함께 번역문이 수록되어 있다.

2) 이승만 저, 朴마리아 역, 『日本內幕記』, 自由黨宣傳部, 1954; 이승만 저, 최덕신 역, 『日本之裏面』, 友絃社, 1954. 『日本內幕記』는 1957년 文化春秋社에서 다시 출간되었다.

3) 이승만 저, 이종익 역, 『日本軍國主義實像』, 나남, 1987. 이종익은 이 책에서 1954년 박마리아 譯의 『日本內幕記』가 실제로는 자신이 번역했던 것임을 밝혔다.

4) 이승만, 『일본 그 가면의 실체: 다시는 종의 멍에를 메지 말라』, 청미디어, 2007.

다.[5] 이 논문은 향후 좀 더 깊이 있는 연구를 위한 기초작업이라고 할 수 있다.

Ⅱ. 집필 배경과 목적

1937년 7월 중일전쟁의 발발은 침체되었던 국외의 한국독립운동에 새로운 활력을 불어넣었다. 미주한인사회도 예외는 아니었다. 대한인국민회는 이때 '비상시국'임을 선포하고 대한민국임시정부(이하 임정)를 지원하기 위한 모금운동에 나서는 한편 한인단체들의 통합을 추진했다. 그런데 이때 하와이에 머물고 있던 이승만의 움직임은 더디고 신중했다. 그는 전쟁의 추이와 미일관계의 변화를 지켜보았다. 중국이 자력으로 일본과의 전쟁에서 이길 수 있다고는 생각하지 않았기 때문이다. 미국 또는 소련이 중일전쟁에 어떤 반응을 보이느냐가 그의 최대 관심사였다.[6]

이승만은 일본의 중국 침공에 대한 미국의 적극적인 개입을 원했지만, 미국의 반응은 신중했다. 중일전쟁이 발발한 지 3개월이 지난 후에야 루스벨트(Franklin D. Roosevelt) 대통령은 전쟁이라는 전염병이 퍼져나가지 않도록 국제사회가 '방역선(quarantine)'을 쳐야 한다고 선언했다.

---

5) 현재까지는 『月刊 朝鮮』 28-3, 2007년 3월호에 게재된 「孫世一의 비교 評傳(60) : 한국 민족주의의 두 類型—李承晩과 金九」가 『일본내막기』에 대한 서술에서 가장 자세하다.

6) 이승만은 1939년 8월 30일 金九에게 보낸 편지에서 한국인과 중국인이 국제정세에 대하여 '몽매'한 것을 한탄하면서 중국인이 아무리 혈전고투할지라도 제3국의 원조가 아니면 '제2의 조선'을 면하기 어려울 것이라고 단언했다. 따라서 미국에서 대대적인 선전을 펼쳐 이곳 국민들의 동정을 얻을 수 있도록 중국 국민정부의 주석 蔣介石에게 권고해 보라고 말했다. 『雩南李承晩文書』, 제16권, 11-12쪽.

여기서 말하는 방역선의 의미는 모호했다. 일단 그것은 일본과의 외교단절을 의미하는 것으로 받아들여졌지만, 구체적인 행동은 뒤따르지 않았다. 다시 말하여 일본에 대한 외교적·경제적·군사적 제제는 없었다. 루스벨트의 발언이 지나치게 강경했다고 비난하는 여론이 고조되자 그는 결국 자신의 발언마저 취소하고 말았다.

전쟁개입을 회피하려는 미국인들의 태도는 다른 문제에서도 나타났다. 1937년 12월에는 중국의 양자강을 운항하던 미국 전함 파네이(Panay)호가 일본 항공기들에 의해 격침되는 사건이 일어났다. 일본의 공격은 의도적이었다. 그럼에도 불구하고 미국의 여론은 일본과의 정면대결을 회피하기 위해 파네이호에 대한 폭격을 우발적인 사고로 받아들이려고 했다. 미국은 일본의 공식 사과와 배상을 받는 선에서 그 사태를 해결하였다.[7)]

한동안 중일전쟁의 추이와 미국 내의 여론동향을 살피던 이승만은 1939년 4월에 워싱턴 DC로 진출했다. 미·일간 '협조체제'를 성립시켰던 워싱턴회의(Washington Conference, 1921.11~1922.2) 이후 유명무실했던 '구미위원부(Korean Commission)'의 활동을 재개하기 위한 것이었다.[8)] 이 무렵 중한민중동맹단(Sino-Korean People's League, 이하 중한동맹단)의 '워싱턴대표' 한길수(Kilsoo K. Haan, 1900~1976)의 배일선전활동이 미주한인사회 뿐만 아니라 미국 정계 및 언론의 주목을 끌고 있었다.[9)] 이승만의 워싱턴 진출은 이러한 한길수의 활동을 견제하

7) 아주영·황혜성 외,『미국현대사—진주만 기습에서부터 클린턴 행정부까지—』, 비봉출판사, 1996, 30-31쪽.

8) 고정휴,「제2차 세계대전기 재미한인사회의 동향과 주미외교위원부의 활동」,『국사관논총』49, 1993, 226-227쪽.

9) 이와 관련해서는 Michael C. Sandusky, *America's Parallel* (Alexandria, VA: Old Dominion Press, 1983), 65-91쪽; 방선주,「1930년대의 재미한인독

기 위한 목적도 있었다.

한길수는 미 의회에서 중립법안의 수정을 둘러싼 찬·반 논쟁이 벌어지던 1939년 4월에 중한민중동맹단의 대표 자격으로 하원 외교위원회 청문회에 출석하여 다음과 같은 요지의 증언을 했다. (1) 중일전쟁은 일본의 전제주의와 중국의 공화주의의 충돌이다. 그런데 미국의 지금 '중립법'은 일본 군벌에게는 힘을 주고 중국과 한국에는 해를 입히고 있다. 미국이 지금 태평양정책을 강경하게 쓰지 않으면 하와이 등 태평양에 있는 미국의 영토가 위태로울 뿐 아니라 동양인들은 미국인과 같은 자유를 누리지 못하게 될 것이다. (2) 1937년 미 의회에서 중립법안이 만들어지자 [하와이의] 일본 총영사는 나에게 미국은 평화 즉 'peace'를 원하지만, 일본은 땅을 조각조각 나누어 갖는 'piece'를 원한다며 중립법안의 통과를 경사라고 말했다. 또 이쓰가와라는 한 외교정보원은 나에게 일본이 진정 원하는 것은 땅이 넓은 미주 대륙이라고 했다. (3) 미국의 태평양에 대한 현 정책은 일본 군벌에게는 미국의 '정신적 약점'으로 보이며, 또 중립법은 일본의 팽창을 재촉하는 것이나 다를 바 없다. 미국 서부에는 일본의 아들과 딸이 75만 명이나 되는데, 그들 중 절반 이상은 일본의 이익을 위하여 자기들에게 맡겨진 책임을 다할 것이다. (4) 결론적으로 나는 현 중립법에 대한 상원의원 토마스씨의 수정안이 채택되어 괌(Guam)에 육해군 근거지가 확장될 수 있기를 바란다. 이렇게 되면 동양에 영구한 평화를 유지하고 일본의 하와이·알라스카 및 파나마운하에 대한 공격에 대비할 수 있을 것이다.[10)]

립운동」, 『한민족독립운동사』 8, 국사편찬위원회, 1990; 稲葉强, 「太平洋戰爭中の在美朝鮮人運動 ― 特に韓吉洙の活動を中心に―」, 『朝鮮民族運動史研究』 7, 1991; 방선주, 「한길수와 이승만」, 유영익 편, 『이승만연구 ― 독립운동과 대한민국 건국』, 연세대 출판부, 2000 참조.

10) *The New Korea*, 1939년 6월 8일자, "Kilsoo Haan in Testimony before

그 후 한길수는 미국 전역(주로 서부지역)을 돌아다니며 중립법안의 수정, 일본에 대한 전략물자의 금수조치와 미일통상조약의 폐기, 그리고 미국 내 일본인 및 일본계 미국인에 대한 경계 강화를 주장하는 강연활동을 펼쳤다. 그는 또한 신문이나 잡지에 글을 싣고 방송에 출연하는 등 가능한 모든 기회를 활용하여 배일선전의 목소리를 높였다. 그는 1941년 4월까지 2년여 동안 3만 2천 마일을 돌아다니며 35개주 90개 도시에서 169회의 강연을 했고 라디오 방송에도 7번이나 나갔다며 스스로 자신의 '업적'을 자랑했다.[11] 한길수가 이처럼 활발한 선전활동을 펼칠 수 있었던 배경에는 아이오아주 출신의 민주당원으로서 1936년에 상원의원에 당선된 후 외교관계위원회와 해군위원회 등에서 활약하던 질레트(Guy M. Gillette, 1879~1973)가 있었다. 질레트와 한길수의 관계에 대하여는 앞으로 깊이 있는 검토가 필요하다.

어떻든 아시아에서 일본의 팽창에 맞설 수 있는 유일한 나라는 미국이었고, 따라서 이승만과 한길수 등 재미한인단체의 중심인물들은 한결같이 미국의 대일 강경정책을 촉구하고 있었다. 1939년 7월 루스벨트 대통령은 미일통상조약의 파기를 선언했다. 이는 일본의 중국본토에 이은 '남방(南方) 진출'을 견제하기 위한 조처였다. 미국은 강력한 경제적 제재를 통해 일본의 팽창 욕구가 억제될 수 있기를 희망했다. 1938년 당시 미국은 일본 수입액의 44%를 차지했고 여기에는 자동차, 기계류, 구리, 석유, 연철, 강철 등 전략적 물품들이 포함되어 있었다.[12]

1939년 9월에는 독일의 폴란드 침공으로 유럽이 전쟁의 소용돌이에

Congress Committee"; 「중한민중동맹단 선전문」 제15호, 1939년 6월, 『雩南李承晩文書』 제12권, 563-572쪽.

11) 稲葉强, 앞의 논문, 59쪽.

12) 차상철 · 김봉중 외, 『미국외교사—워싱턴시대부터 루스벨트시대까지(1774-1939)』, 비봉출판사, 1999, 362쪽.

휩쓸려 들어가자 루스벨트 대통령은 즉시 미국은 중립을 지킬 것이라고 선언했다. 그러나 "나는 모든 미국인이 정신에서마저도 중립적이 되라고 요구할 수는 없다"라고 덧붙임으로써 미국 대통령이 영국과 프랑스를 비롯한 연합국에 대하여 호의적임을 표시하였다. 그 후 루스벨트 행정부는 '중립정책'에서 점차 '개입정책'으로의 방향 전환을 시도하게 되는데, 이에 대한 반대의 목소리들도 만만치 않았다.

당시 반전론의 선두에 섰던 것은 제1차 세계대전 종결 이후 그 세력을 키워 왔던 '고립주의자들(isolationists)'이었다. 이 세력의 중심은 정치적으로 공화당, 지역적으로는 농업지대인 중서부였다. 고립주의자들이 우세했던 상원에서는 나이(Gerald P. Nye)를 위원장으로 한 특별위원회를 구성하여 미국이 1차대전에 참전하게 된 원인을 조사하였다. 이 위원회에서는 1차대전 중에 미국 은행들이 연합국 특히 영국에게 빌려 준 돈을 받아내기 위해 윌슨행정부에 참전 압력을 넣었다는 사실을 밝혀냈다. 역사가이며 고립주의자인 베커(Carl Becker)는 1차대전에 대해, 미국이 민주주의를 위한 세계의 안전과 번영을 수호하기보다는 오히려 독재자에게 안전한 세계를 만드는데 기여했고 경제적으로는 악성부채로 수백만 달러를 잃었다고 비판했다.[13)]

미국의 참전에 반대하는 두 번째 집단은 1차대전이 끝난 후 독일에 대한 가혹한 처벌로 죄의식에 사로잡혀 있던 진보주의자들(liberals)이었다. 그들 또한 세계의 민주주의를 수호하기 위해서가 아니라 은행가들, 군수산업가들, 영국 정부의 선전 때문에 미국이 1차대전에 끌려가게 되었다고 믿었다. 철학자 존 듀이(John Dewey)와 『리퍼블릭(*Republic*)』 잡지도 미국이 철저히 중립을 지킬 것을 촉구하였다.

세 번째 집단은 숫자는 적지만 강력한 힘을 가졌던 친파시스트(pro-

13) 위의 책, 346-347쪽.

fascist) 세력이었다. 그들의 대변자는 가톨릭교회의 코플린(Charles Coughlin) 신부였다. 그들은 무솔리니 정권이 과거의 정권들과는 달리 바티칸을 독립국으로 인정함으로써 로마 교황청에게 자율성을 부여한 데 대해 감사해 하고 있었다. 여기에 독일계 미국인연맹(German-American Bund)도 가세했다. 이들은 히틀러의 반유대주의(Anti-Semitism)를 지지했다.

네 번째 집단은 6만 명의 당원을 가진 미국공산당이었다. 이들은 미국이 소련의 모범을 따라 중립을 지켜야 한다고 주장하였다. 그러나 나치 독일이 소련을 침략하자 그들의 주장은 재빨리 참전 방향으로 바뀌었다. 트로츠키주의자들만이 계속 중립을 고수하였다.

다섯 번째 집단은 연합국 측에 적대감을 가진 소수민족들이었다. 아일랜드계 미국인들과 폴란드계 미국인들은 미국이 각각 영국과 소련을 원조하는 데 대해 불만이었고, 이탈리아계와 독일계 미국인들은 미국이 그들의 모국과 적대관계에 놓이게 되는 데 불만을 품었다.[14)]

이러한 반전여론이 미국 국민들에게 미치는 영향은 지대했다. 일본의 진주만 공격이 임박한 1941년 11월 말의 한 여론조사에 따르면 미국 국민들 중 불과 20%만이 전쟁 개입에 찬성했던 것으로 나타났다.[15)]

이승만이 『일본내막기』를 집필하게 된 직접적인 동기 내지 목적이 바로 여기에 있었다. 즉 그는 미국 내의 반전여론을 잠재우고 아시아·태평양지역에서 미국의 세력과 이권을 구축하고 있던 일본에 대한 선제적 대응—여기에는 정치적·경제적·도덕적인 조처뿐만 아니라 군사적 대응도 포함된다—을 촉구하고자 했던 것이었다. 그는 "목적 여하를 막론

14) 아주영·황혜성 외, 『미국현대사—진주만 기습에서부터 클린턴 행정부까지—』, 36-37쪽.

15) F. 프라이델·A. 브린클리 저, 박무성 옮김, 『미국현대사, 1900~1981』, 문맥사, 1987, 344쪽.

하고 전쟁에 반대하는" 미국의 반전론자들을 제5열(Fifth Columnists)과 같이 위험하고 파괴적인 분자들이라고 호되게 비판했다. 그들의 주장을 그대로 따르게 되면, 일본・러시아・독일・이탈리아 등이 서반구를 제외한 세계의 모든 지역을 지배하게 되고 미국의 민주주의는 '전체주의의 바다' 가운데 단 하나의 섬으로 남게 된다고 경고했다.[16)]

한편으로 이승만은 나치 독일에 못지않게 군국주의 일본이 미국의 안보를 위협하고 있지만, 일본과 그의 조종을 받는 미국 내 '친일세력'들의 선전 책동으로 말미암아 미국 국민들이 '일본의 도전'에 대한 위기의식을 지니지 못하고 있다고 판단했다. 이 때문에 그는 일본의 은폐된 침략 야욕을 속속들이 드러낼 필요가 있다고 생각했다. 『일본내막기』라는 책 제목이 붙여진 것도 그러한 이유에서였다.

일본이 지금은 '아시아에서의 새로운 질서'를 외치고 있지만 머지않아 '세계의 새로운 질서'로까지 그것을 확장하려고 한다. 이러한 상황에서 일본이 압력을 느낄 수 있을 정도의 충분한 도의적 또는 경제적 무기를 사용할 수 있는 국가는 미국밖에 없다. 따라서 미국은 지금이라도 군사적인 것을 포함한 모든 역량을 발휘하여 일본을 억제해야만 한다. 그것만이 일본과의 전쟁을 피하는 유일한 길이라는 것이 이승만의 주장이었다.[17)]

한편으로 이승만은 『일본내막기』의 집필을 통하여 워싱턴회의 종결 이후 근 20년간 지속되었던 외교 및 선전활동의 공백을 메우고 다시금 워싱턴 외교무대의 전면에 나서고자 했다. 이 때문에 그는 『일본내막기』를 출간하면서 그 속표지에 명기된 자신의 이름 뒤에 '망명 대한민국임시정부 초대대통령(First President of the Provisional Government of the Republic of Korea in Exile)'이라는 직함을 넣었다. 그리고 재판본

---

16) Syngman Rhee, *Japan Inside Out: The Challenge of Today* (New York: Fleming H. Revell Company), p. 190.

17) *Japan Inside Out*, pp. 13-15, 123-124, 199-202.

에는 저자 소개란을 따로 만들어 자신의 사진과 간단한 이력을 한 페이지로 정리하여 넣었다.[18)]

Ⅲ. 출간 시기와 평가

이승만이 『일본내막기』의 집필에 착수한 것은 독일의 폴란드 침공으로 유럽이 전쟁의 화염에 휩싸이던 1939년 겨울이고, 최종 탈고한 시점은 히틀러가 소련에 대하여 전격 선전포고를 한 직후로서 1941년 6월 말 내지 7월 초로 추측된다.[19)] 1년 반 이상의 집필기간 동안 이승만은 거의 언론에 노출되지 않았다. 같은 시기 한길수가 미국 전역을 순회하며 배일선전활동을 벌이고 있었던 것과는 사뭇 대조적이었다. 아마도 이승만은 미일관계가 파국으로 치닫기까지 은인자중하고 있었던 것으로 보인다.

『일본내막기』는 1941년 8월 1일 뉴욕에서 출간되었다. 그러니까 태평양전쟁이 발발하기 4개월 전이었다. 이 무렵 미국과 일본 정부 간에는 마지막 협상이 진행되고 있었지만, 그것이 성사될 가능성은 거의 없어 보였다. 이제 누가 먼저 전쟁을 선포하느냐가 문제였다. 전쟁 개시를 목전에 둔 시점이었기 때문에 이승만은 일본의 침략 야욕과 미국 내의 반전여론을 겨냥하여 신랄한 비판을 공개적으로 가할 수 있었다. 이러한 극적인 효과를 통하여 이승만은 자신의 존재를 미주한인사회와 미국 조야에 널리 알리려고 했던 것으로 보인다.

---

18) 이 판본은 독립기념관에 소장되어 있으며(자료번호 1-B00038-000), 한국독립운동사 정보시스템을 통하여서도 그 원문 이미지를 볼 수 있다(http://search.i815.or.kr/ImageViewer.jsp).

19) *Japan Inside Out*, p. 201.

먼저 이승만은 미국의 루스벨트 대통령에게 다음과 같은 내용의 편지(1941년 8월 1일자)와 함께 이제 막 출간된 자신의 책을 증정했다.

> 경애하는 각하께: 나의 이 졸작(this little volume) 『일본내막기』는 일본의 실체가 어떠한 것인지, 그들이 지향하는 바가 무엇인지를 미국 국민들에게 있는 그대로 드러내고자 하는 진지한 소망을 가지고 집필되었습니다. 이 책을 출판함에 있어 예상치 못한 지연이 있었지만, 그로 말미암아 이 책의 유용성이 사라지지 않았기를 희망합니다.
>
> 이 책에서 말하는 바가 사실과 어긋나거나 또는 각하의 외교정책에 반하는 일이 없다면 진실로 그 이상의 기쁨은 없습니다. 혹 다른 경우가 있다면 재판 과정에서 수정이 이루어질 수 있도록 나에게 알려주시기 바랍니다.
>
> 최고의 존경과 경의를 표하며 나는 각하께 이 신간 견본(an advance copy)을 증정하는 큰 기쁨을 누립니다. 각하께서도 부디 이 책을 일별할 수 있는 기회가 있기를 희망합니다.[20)]

이승만은 루스벨트 대통령 부인(Anna Eleanor Roosevelt)과 육군장관 스팀슨(Henry L. Stimson)에게도 우편으로 책을 증정했다. 그리고 국무장관 헐(Cordell Hull)에게는 국무부 극동국의 혼벡(Stanley K. Hornbeck) 박사를 통하여 증정했다.[21)] 이승만과 개인적 친분이 있던 혼벡은 그의 책을 읽고 정정해야 할 곳을 알려주기도 했다.[22)]

『일본내막기』에 대한 첫 서평은 뉴욕에서 발간되는 『아시아(*Asia*)』라

---

20) 미 국무부 문서번호 895.00/1096 Syngman Rhee→President Roosevelt (1941. 8. 1). Department of State, U.S., “Records of the U.S. Department of State Relating to Internal Affairs of Korea, 1940~1944,” LM79.

21) Syngman Rhee→Dr. Hornbeck(1941. 8. 5). 이 편지는 미국 스탠포드대학의 Hoover Institution에 소장된 ‘Goodfellow File’에 있다.

22) S. K. Hornbeck→Dr. Rhee(1941. 8. 13), 위의 문서철 수록.

는 월간 잡지(1941년 9월호)에 실렸다. 평자는 '대지 3부작'—*The Good Earth*(1931), *Sons*(1932), *A House Divided*(1935)— 으로 1938년에 노벨문학상을 수상했던 펄 벅(Pearl S. Buck, 1892~1973)이었다. 여기서 우리는 잠시 『아시아』라는 잡지와 펄 벅의 관계를 살펴볼 필요가 있다.

미국의 동아시아로의 진출이 본격화되던 19세기 말 뉴욕에서는 미국아시아협회(The American Asiatic Association)라는 단체가 결성되었다. 이 협회의 주된 목적은 동아시아 특히 중국시장(China market)에서의 미국의 이권 보호 및 확장에 있었던 바,[23] 1898년 7월부터 기관지인 *Jouranl of the American Asiatic Association*을 발행하여 미국 실업인들에게 아시아 국가들과의 교역의 중요성을 환기시켰다.[24] 딱딱한 경제관련 기사들을 집중적으로 보도하던 그 기관지는 1917년 3월부터 『아시아』로 제호를 바꾼 후 여행관련 기사들과 소설 그리고 화보 위주의 대중적인 잡지로의 변신을 꾀하였다.[25]

펄 벅의 첫 단편소설인 「중국 여성은 말한다(A Chinese Woman Speaks)」가 실렸던 것도 바로 『아시아』(제26권 4호, 1926.4)였다. 그

23) John Eperjesi, "The American Asiatic Association and the Imperialist Imaginary of the American Pacific," *Boundary 2* (Duke University Press), 28-1(Spring 2001), pp. 196-197.

24) *Jouranl of the American Asiatic Association*의 창간인 겸 편집인은 John Foord(1844~1922)였다. 그는 *New York Times*의 편집장과 *Harper's Weekly*라든가 *The Journal of Commerce* 등의 편집인을 지낸 중견 언론인으로 미국아시아협회를 창설하는데 앞장선 바 있다. 언론인으로의 그의 삶에 대하여는 *New York Times*(1922. 4. 19)에 실렸던 그의 사망기사("John Foord dies from auto injuries") 참조.

25) 1917년 3월부터 '아시아'로 제호를 바꾼 후에도 잠시 동안은 "Jouranl of the American Asiatic Association"라는 부제를 달았었다.

후 펄 벅은 『동풍, 서풍(*East Wind, West Wind*)』(1930)이라는 소설로 작가로서의 이름을 알리기 시작했고 이어 '대지 3부작'을 발표하게 되었다. 이들 소설은 모두 뉴욕의 한 출판사(John Day Publishing Company)에서 나왔는데, 펄 벅은 그 출판사의 대표이자 발행인이었던 월시(Richard J. Walsh)와 1935년에 재혼하였다. 이 무렵 월시와 펄 벅은 『아시아』의 편집과 발행을 맡게 되면서 '여행안내서'와 같던 그 잡지에 아시아의 역사·사회·문화를 다룬 전문가들의 비평을 싣기 시작하면서 미국 내에서 아시아에 대한 진지한 관심과 공정한 여론을 환기시키는데 기여하고자 했다.[26]

그 후 펄 벅이 『아시아』에 집중적으로 쓴 글과 서평들을 보면 그가 거의 모든 분야에 관심을 갖고 있었음을 보여준다. 즉 신문 잡지에 실린 산문과 회고록에서부터 정치사와 사회사, 아시아의 예술과 종교·법·음악에 이르기까지 온갖 분야의 서평을 썼다. 그는 자유무역, 문화교류, 인권을 옹호한 반면 식민정책, 인종차별, 군국주의를 신랄하게 비판했다. 중일전쟁(1937) 발발 후에는 뉴욕에 본부를 둔 중국긴급구호위원회라든가 중국구호연합과 같은 단체들의 회장직을 맡으면서 중국의 입장을 지지하고 대변하는 역할을 수행했다. 그는 이제 중국문제 전문가로서 미국 내에서 가장 영향력 있는 여성들 가운데 한 사람이 되었다.[27]

이승만의 『일본내막기』에 대한 서평을 쓸 때 펄 벅의 명성은 거의 절정에 달했다. 태평양전쟁의 발발을 불과 4개월 앞둔 시점에서 『아시아』에 실린 펄 벅의 서평은 그간 여러 저술들(주로 이승만 전기류)에서 부분적으로 인용되는 과정에서 오류 내지 부정확한 점들이 있었기 때문에 다소 길지만 그 전문 번역을 시도해 보았다.

---

26) 피터 콘 지음, 이한음 옮김, 『펄벅 평전』, 도서출판 은행나무, 2004, 289-292쪽.

27) 위의 책, 327, 384, 392, 396쪽.

이승만이라는 한 한국인 애국자가 한국인의 관점에서 대담하게 『일본내막기』라는 제목으로 일본에 관한 책을 썼다. 그것은 무서운 책이다(It is a terrifying book). 나는 그것이 진실이 아니라고 말할 수 있기를 바라지만, 그것이 오직 너무 진실인 것이 두렵다. 사실 이박사는 일본에 정복된 나라의 한 시민으로서 전반적으로 놀랄 만큼 온건하다. 그는 공포를 말하려는 것이 아니라, 다만 일어나고 있는 사실을 기술하고 그에 대한 증거들을 제시하고 있을 뿐이다. 만약 아시아에서 현재 일본이 계획하고 있는 신질서(New Order)에 대해 권위 있게 말할 수 있는 어떤 민족이 있다면 그것은 한국인들이다. 평화를 애호하는 민족으로서 국제정치에 대하여는 순진할 정도로 무심했던 그들은 오직 홀로 있기만을 요구했다. 그러나 16세기 이래 그들은 아시아를 지배하려는 일본의 야심을 두려워 할 이유가 있었다. 그들은 한반도가 중국으로 진출하기 위한 발판이 된다는 사실을 깨달았다. 동·서양 국가들 사이에 관계가 맺어지자 한국은 [외부로부터의] 공격에 대비하여 서구 열강과 우호적인 상호 지원조약을 체결했다. 그러한 조약은 1882년에 한국과 미국 사이에도 체결되었다.

나는 이박사가 미국 사람들이 거의 알지 못하는 사실, 곧 미국이 수치스럽게도 그 조약을 폐기했고, 그럼으로써 일본의 한국 병합을 허용했다고 말해준 것을 기쁘게 생각한다. 이박사는 "이것이 큰 불로 점화되는 불씨였다"고 말하고 있는데, 나는 당연히 이 말에 두려움을 느낀다. 그것은 만주[사변] 훨씬 이전에 역사상 우리 세대들이 인도(humanity)에 대하여 불명예스럽게 만든 무자비한 영토 쟁탈의 시작이었다. 미국 사람들은 이 사실을 알아야만 한다. 그들이 그 사실을 알고 있었더라면 그러한 사태가 일어나기를 바라는 사람들은 거의 없었으리라고 믿기 때문이다. 그것은 한 나라의 국민들이 거의 대부분 모르는 외교의 해악(evils)을 말해 주는 또 하나의 증거이다.

이 책에 나오는 사실들 대부분은 이미 잘 알려졌지만, 이박사는 한국인으로서 새로운 관점을 가지고 그것들을 보여준다. 이 점이 그 책을 중요하게 만든다. 그는 일본인들의 위험한 심리, 즉 종교적으로 그들 자신의 우월

성과 인류에 대한 신의 소명을 믿는 심리적 상태를 설명하고 강조한다. 그는 또 미국에 대한 일본인들의 태도를 설명한 다음에 미국인들을 향하여 진실 되고 열정적인 경고를 하고 있다. 일본인들에 대한 개인적인 증오는 전혀 드러나지 않지만, 일본인들의 심리 상태가 인류에 초래할 위험성에 대한 확실한 진단은 있다. 이박사는 우리들이 나치즘의 구성 요소라고 생각해 온 온갖 술책과 구실과 망상이 히틀러의 탄생 이전에 일본의 정책이었다는 것을 보여준다.

이것은 미국인들이 반드시 읽어야 할 책이다. 왜냐하면 이 책은 미국인들을 위하여 집필되었으며 지금이야말로 미국인들이 이 책을 읽어야만 할 때이기 때문이다. 거듭 말하지만 나는 이것이 진실임을 두려워한다.[28)]

펄 벅의 이처럼 호의적인 서평을 썼던 데에는 나름대로의 이유가 있었다. 무엇보다도 『일본내막기』가 일본의 식민지배를 받고 있는, 따라서 다른 어떤 민족보다도 일본의 내부를 잘 들여다볼 수 있는 한국인의 저술이라는 점이다. 미국에서 중국인의 시각에서 중국의 입장을 대변하던 펄 벅에게 있어서 한국인의 일본군국주의에 대한 비판은 충분히 경청할 만한 일이며 그의 주장과 활동에도 도움이 될 수 있었다.[29)] 『일본내막기』에서의 미국 내 '고립주의자' 또는 '중립론자'에 대한 신랄한 비판도 펄 벅의 입장과 유사했다. 그는 기본적으로 평화론자였지만, 중일전쟁에서의 미국의 중립적 태도는 사실상 일본을 지지하는 것이며 진정한 중

28) "The Asia Book-Shelf: A Review by Pearl S. Buck," *Asia,* 41-9 (September 1941), 521쪽. 이 서평란에는 *Japan Inside Out* 외에도 세 권의 신간 즉 *Ah Q and Others: Selected Stories of Lusin* (New York: Columbia University Press), *The China of Chiang K'ai-Shek: A Political Study* (Boston: World Peace Foundation), *War and Diplomacy in Eastern Asia* (New York: The Macmillan Co.)에 대한 서평이 실려 있다.

29) 펄 벅은 중일전쟁 초기에 난징대학살 소식을 전해 듣고 일본의 야만적인 군국주의정신을 공박했었다. 『펄벅 평전』, 328-329쪽.

립은 불가능하다고 보았다.[30] 요컨대 아시아에서 일본의 지속적인 팽창을 저지해야 한다는 점에 있어서 이승만과 펄 벅은 일치된 견해를 갖고 있었다.

펄 벅의 서평에서 특별히 관심을 끄는 것은 한미수호통상조약(1882)에 대한 언급이다. 이승만은 『일본내막기』에서 러일전쟁(1904) 후 미국이 한미수호조약에 명시된 '거중조정' 조항을 무시하고 한반도를 일본에 넘김으로써 오늘날 유럽과 아시아를 휩쓰는 대혼란과 소동의 직접 원인의 하나인 '조약 위반의 시대(an era of treaty violation)'를 초래했다면서 "그것은 진실로 찬란한 미국 역사의 페이지 위에 새겨진 큰 오점이다"라고 비판했다.[31] 펄 벅은 이러한 이승만의 비판에 전적으로 공감하고 또 두려움을 느낀다고 했다. 왜냐하면 "그것은 만주[사변] 훨씬 이전에 역사상 우리 세대들이 인도(humanity)에 대하여 불명예스럽게 만든 무자비한 영토 쟁탈의 시작"이었기 때문이다. 펄 벅은 미국인들이 당연히 이러한 역사적 사실을 알아야 한다고 역설했다.[32]

펄 벅의 호의적인 서평이 『일본내막기』에 대한 일반의 관심을 얼마만큼 끌어올렸는지를 확인하기는 어렵지만, 이승만과 그의 지지자들은 그 서평을 자랑스럽게 생각하고 널리 선전했다. 그런데 펄 벅의 서평과 관련하여 흥미로운 이야기가 있다. 이승만이 하와이에 살고 있던 그의 최측근 이원순(李元淳, 1890~1993)에게 보낸 편지(1941년 11월 13일자)

30) 위의 책, 363-364쪽.

31) *Japan Inside Out*, 176쪽.

32) 펄 벅은 구한말부터 해방이 되는 시점까지의 한국의 역사를 다룬 장편소설 *The Living Reed*를 1963년 뉴욕에서 출간하면서 이 소설의 주인공인 김일한(Kim Il-han)의 입을 빌어 한미수호조약에 대한 한국민의 기대와 배신감을 토로하고 있다(*The Living Reed*, pp. 217, 244-245). 사실상 근대 한미관계사를 다룬 그 소설은 이승만의 『일본내막기』에서 받은바 영향이 컸다.

를 보면 다음과 같은 내용이 나온다.

> 에가 스노우(Edgar Snow)의 부인[Nym Wales]이 책을 써서 김약산의 역사를 소개하였는데 공산당 선전이라 하여 어떤 신문에서는 극히 공박하고 있소. 그 책을 발행한 회사가 펄 벅의 남편의 회사인데 그 회사에서 나에게 그 책을 보내며 비평하여 달라기로 해 주마고 답을 하였소. 그러나 좀 난처한 것은 그 책을 찬성하기도 어렵고 또 일변으로 쳐서 말하기도 어려운 것이 펄 벅이 내 책을 극히 찬양하여 소개하였기 때문에 그 책을 논박하기도 난(難)하여 생각 중이오.
>
> 서기문 씨가 스노우의 글을 많이 번역하여 [태평양]주보에 냈기로 그것을 알려주고 서(徐)의 주소를 펄 벅에게 보냈으니 아마 서씨에게 편지할 것 같소. 편지가 오거든 그 책이 매우 좋다고 하고, 한 가지는 중국에 있는 한인이 다 공산분자가 아니라는 것을 설명할 수 있으면 더욱 좋겠다고 말해 주시오.
>
> 내 책은 앞으로 2차에 걸쳐 증간하기로 준비가 다 되었는데 각처에서 서로 선전해서 널리 전파된다고 하니 다행이외다.[33)]

주지하듯이 이 편지에 나오는 님 웨일즈의 책은 『아리랑: 어떤 한국인 반역자의 삶 이야기 (*Song of Ariran: The Life Story of a Korean Rebel*)』 (New York: John Day Company, 1941)이다. 이 책의 출판사는 펄 벅이 재혼한 남편(Richard Walsh)의 소유였다. 그러니까 펄 벅의 『일본내막기』에 대한 호평은 곧 출간될 『아리랑』에 대한 이승만의 서평을 염두에 둔 것일 수도 있었다. 『아리랑』에 대한 서평은 1941년 11월 30일자 『뉴욕 타임스』에 실렸다.[34)] 이승만으로서는 큰 짐을 벗은 셈이었

33) 李元淳, 『世紀를 넘어서—海史 李元淳 自傳』, 신태양사, 1989, 238쪽.

34) *New York Times*, 1941년 11월 30자, “The Story of a Young Korean Patriot.”

다. 이승만이 『아리랑』의 주인공으로 등장하는 김산(Kim San, 본명 張志樂 또는 張志鶴, 1905~1938)을 김약산(金若山) 즉 김원봉(金元鳳, 1898~1958)으로 잘못 알고 있었던 것도 흥미롭다.

한편 미주한인사회에서 『일본내막기』의 출간에 대한 반응은 극명하게 엇갈렸다. 즉 북미 대한인국민회의 기관지인 『신한민보』에서는 그 책의 출간 사실조차 보도하지 않았던 반면에 이승만을 지지하던 대한인동지회에서는 즉각 대대적인 선전에 나섰다. 예컨대 뉴욕의 대한인동지회에서는 "우리의 기대하고 갈망하던 이박사의 저술(일본의 안팍)은 으래벨회사의 출판으로 지난 8월 1일에 발행되였다. 우리는 지금 이같이 자랑할 만한 저술이 우리 독립운동의 지도자이오 선각자인 이박사 자신의 저술임에 있어서 더 한층 기뻐하는 바이며 또 현재 국제적 정세가 이같이 값있는 저술을 요구하는 의미에 있어서 우리는 시기에 적절한 요구를 공급하는 것을 생각할 때에 가슴에 넘치는 자랑과 기쁨을 걷을 수 없다"는 감회를 밝혔다.

이어서 그들은 책의 내용을 다음과 같이 소개하였다. (1) 일본의 음흉한 정치적 계획을 여지없이 폭로시켰다. (2) 일본의 정치적 선전의 교묘함을 논급하여 소위 아시아주의가 일본의 이권을 확장 보급함에 있음을 지적하였다. (3) 일본의 전통적 정치사상이 근대 민주주의에 반대됨을 논박함이다. (4) 근대 민주주의국가, 특별히 미국의 이권이 동아시아에 있어서 일본의 그것과 대치됨을 말하여 미국인의 각성을 소치(召致)하는 동시에 미일간의 평화를 주장하는 미국인의 무능함을 탄핵하였다. (5) 민주주의국가는 일본의 영토 확장을 제지할 필요를 상세히 진술하였다.

그들은 또한 『일본내막기』의 출간 의의에 대하여 설명하기를, (1) 시기에 적절히 요구되는 문제의 요점을 누락 없이 읽기 쉽게 쓴 것이 특점이며, (2) 내용이 풍부하여 연구재료로 쓸 수도 있는 학술적 가치가 있는 연구논문이라 함이 가할 것 같고, (3) 서사와 문장이 읽기 부드럽

다면서 '근대에 드문 명저'임을 첨언하기에 조금도 기탄할 바 없을 것이라고 했다.[35)]

한편 하와이 동지회의 기관지인 『태평양주보』는 1941년 8월 16일자 표지 기사에서 '이박사의 영문서책' 출간을 알리면서 항내(港內, 호놀룰루)에서는 벌써 100여 권을 팔았고 각 농장에는 청구하는 대로 분전하겠다고 공고했다. 그 다음 호인 8월 23일자 주보에서도 역시 표지 기사로 '이박사의 영문서책'을 다루었다. 9월 13일자 주보에서는 『일본내막기』에 대한 펄 벅의 평론을 번역・소개하였다. 11월 8일자 주보의 표지에서는 『아리랑 고개 넘어가는 전기』라 하여 앞서 살핀 님 웨일즈의 책을 소개하였다. 이는 이승만의 요청에 따랐던 것으로 볼 수 있다.

참고로 이승만의 전기류에서는 태평양전쟁이 발발한 후 그를 경원하던 미국의 정객들까지도 그제야 그의 저서를 인정하고, 그를 평가하기를 "마치 성서의 선지자와 같은 눈을 가지고 있다"고 절찬했으며,[36)] 이후 『일본내막기』는 베스트셀러가 되었다고 기술해 왔지만 그를 뒷받침할 수 있는 객관적인 자료는 아직 부족한 형편이다.

필자가 1941~1942년 간 『뉴욕 타임스』에 소개된 신간서적 기사들을 조사해 본 바에 따르면, 이승만의 『일본내막기』에 대한 기사는 나오지 않는 반면에 1942년 4월에 한길수의 명의로 출간된 번역서 *How Japan Plans to Win* (Boston: Little, Brown and Company)에[37)] 대하여는 4 차례에 걸쳐 소개되고 있음을 확인하였다.[38)] 이 무렵 한길수는 태평양전

35) 『태평양주보』, 1941년 9월 6일, 「뉴욕동지회보」.

36) 이원순 편저, 『인간 이승만』, 신태양사, 1988, 197쪽

37) 이 책의 원본은 마쓰오 키노아키(松尾樹明)의 「三國同盟과 日米戰」(東京: 霞ケ關書房, 1940)이었다.

38) *New York Times*, 2월 22일, "Books and Authors" ; 3월 4일, "Books—Authors" ; 4월 11일, "Books of the Time" ; 4월 26일, "A Pep Talk for

쟁의 발발을 사전에 미국 정부에 통지했던 것으로 알려지면서 그에 대한 언론의 관심이 높아지고 있었다. 어떻든 이승만과 그의 지지자의 입장에서 볼 때 한길수의 존재는 불편했고, 이것이 미주한인사회의 여론을 갈라놓았다.

Ⅳ. 내용 분석

1. 구성 및 인용자료

『일본내막기』는 머리말과 결론을 제외하면 총 15개의 장으로 구성된 바, 그 목차만을 먼저 소개하면 다음과 같다.

1. 일본의 '神命(Divine Mission)'과 전쟁 심리
2. 다나까 메모리얼(Tanaka Memorial)
3. 자신의 정체를 드러낼 준비가 된 일본
4. 중일전쟁의 발발
5. 외국 기자는 물러가야만 한다
6. 외국인 선교사들
7. '레이디버드(Ladybird)'와 '파네이(Panay)'호 사건
8. 미국 국민과 그들의 권익
9. 9개국 회의
10. 일본의 정복 행군과 그 반항
11. 미국 해군의 증강
12. 일본의 선전은 저지되어야만 한다
13. 미국의 평화주의자들

the Japanese".

이상의 목차만을 놓고 보면 책의 구성이 다소 산만하다는 느낌을 받을 수 있다. 전체적인 이야기의 전개를 알기도 쉽지 않다. 그런데 가만히 내용을 들여다보면 나름대로 논지를 살려나가고 있음을 알 수 있다.

제1장에서는 일본군국주의의 상징이자 그 기반이라 할 수 있는 천황제와 사무라이에 대하여 언급하면서 일본인들이 신도적(神道的) 신비주의와 극단적 애국심을 결합시켜 특수한 전쟁심리를 발전시키고 있다고 했다. 지금은 그들이 '아시아에서 새로운 질서'를 수립하는 일이 하늘이 일본에게 준 사명이라고 외치고 있지만, 머지않아 그것을 '세계의 새로운 질서'로 확장해 나갈 것이라고 했다. 일본인들에게 대외적인 침략전쟁은 천황의 명에 따른 '성전(crusade)'에 다름 아니다.

제2장에서는 당시는 물론 오늘날에도 그 진위 여부가 논란이 되고 있는 이른바 '다나까 메모리얼'을 다루었다. 전중상주문(田中上奏文) 또는 다나까 메모랜덤(Tanaka Memorandum) 또는 전중주의(田中奏議)라고도 불리는 이 문서는, 일본 수상 다나카 기이치(田中義一)가 1927년 동방회의의 비밀결정에 따라 중국 침략의 방법과 순서 등 21개 항목을 구체적으로 작성해 천황에게 상주한 비밀문서였다는 것이다. 이승만은 이 비밀문서가 히틀러의 『나의 투쟁(*Mein Kampf*)』(제1권 1925년, 제2권 1926년 출간)이 독일에 대해 가진 것과 같은 의의를 일본에 대해 갖고 있다면서, 이들 문서는 앞으로 일어날 사태를 말하는 예언서가 아니라 세계의 지도를 뜯어고치기 위한 군사계획서라고 잘라 말했다.

제3장부터 10장까지는 일본의 구체적인 침략 준비와 중일전쟁 발발 이후의 사태들을 사례별로 다루었다. 즉 중국과 일본에서 활동하던 외국

인(주로 영국과 미국) 기자들과 외교관·선교사들에 대한 박해와 추방, 영국 군함 레이디버드호와 미국 군함 파네이호 격침사건, 국기 모독사건, 9개국 회의의 결렬, 그리고 일본군의 아시아 전역으로의 진출 등이 그것이다. 요컨대 일본은 새로운 '아시아 먼로주의'라는 범아시아적 구호를 주창하면서 아시아에 거주하는 모든 서양인들을 축출할 결심을 행동으로 보여주었음에도 불구하고 구미 열강은 그에 제대로 대응하지 못했을 뿐 아니라 영국같은 경우는 대일 유화적인 태도까지 보였다고 비판했다.

제11장부터 15장까지는 일본의 군사적 팽창에 대한 미국의 적극적인 대응을 촉구하고 있다. 이승만은 전세계에서 오직 미국만이 일본에 대한 도의적, 경제적, 군사적 압력을 가하여 그들의 대외팽창을 저지시킬 수 있다는 확신을 가지고 미국 정부와 국민들의 대일 경각심을 고취시키고자 했다. 이를 위하여 미국 해군의 증강, 미국 내에서 일본의 선전활동 억제, 미국 내 반전 평화주의자들에 대한 힐책, 끝으로 세계 민주주의를 수호하기 위한 미국인들의 분발을 촉구하는 것이다.

이승만이 『일본내막기』를 쓰면서 사용한 주요 자료는 신문과 잡지들이다. 즉 일본에서 발행되던 『저팬 애드버타이저(*Japan Advertiser*)』라든가 『저팬 타임스(*Japan Times*)』 또는 『아사히신문(朝日新聞)』, 그리고 미국에서 발행되던 『뉴욕 타임스(*New York Times*)』, 『워싱턴포스트(*The Washington Post*)』, 『리터러리 다이제스트(*The Literary Digest*)』, 『외교문제(*Foreign Affairs*)』 등이 그것이다. 이승만은 여기에 실린 일본과 미국 두 나라 외교당국자들과 군사지도자들의 발언, 주요 사건이나 회담에 대한 보도 기사와 논평 등을 적절히 인용하면서 자신의 논지를 살려 나갔다. 따라서 『일본내막기』는 일종의 시사비평서로도 볼 수 있다.

2. 미일전쟁에 대한 인식

20세기는 전쟁과 혁명 그리고 이데올로기로 인한 극단적 대립이 전개되었던 시대이다. 이승만은 바로 그러한 시대를 살았던 증인이자 참여적 관찰자였다. 그는 청일전쟁(1894)과 러일전쟁(1904)의 현장에 있었고 이로 인하여 한국의 국권이 상실되는 과정을 지켜보았다. 미국으로 '망명'한 후에는 '그의 스승' 윌슨(Woodrow Wilson) 대통령이 민주주의의 수호를 명분으로 내걸고 제1차 세계대전에 참전하는 것을 지켜보았다. 그리고 파리강화회의와 워싱턴회의를 통하여 전후의 세계질서가 재편될 때 '한국문제'를 가지고 직접 열강들에게 호소하려는 시도를 해보았다. 대한민국임시정부의 임시대통령으로 중국 상해를 방문했을 때(1920.12~1921.5)에는 국무총리 이동휘와 임정의 조직과 진로 문제를 놓고 충돌했었다. 그 바탕에는 이념과 노선 문제가 깔려 있었다. 특히 소비에트 러시아와의 관계 설정이 최대 현안으로 부각되기도 했다. 1930년대 초반 제네바의 국제연맹(LN) 총회에서 일본의 만주침공 문제가 논의될 때 그 현장에 있었다. 그리고는 세계 공산주의운동의 지도부가 있던 모스크바를 직접 방문했다. 태평양전쟁기 임정을 대표하여 워싱턴에서 '전시외교'를 펼쳤고, 해방 후 대한민국을 수립해서는 냉전시대의 열전인 한국전쟁을 치루었다.

에릭 홉스봄은 『극단의 시대: 세계의 역사, 1914~1991』에서 "전쟁은 단기 20세기(The short twentieth century)에 흔적을 남겼다. 그 세기에는 총소리가 나지 않고 폭탄이 터지지 않았을 때조차 세계전쟁의 견지에서 살고 사고했다"라고 기술했는데,[39] 실제로 이승만이 그러했다. 따지고 보면 『일본내막기』는 이미 벌어졌던 전쟁, 그리고 앞으로 다가올

---

39) Eric Hobsbawm, *The Age of Extremes: A History of the World, 1914~1991* (New York: Vintage Books, 1996), 22쪽.

전쟁에 대한 이야기이다. 이승만은 이 책을 제2차 세계대전이 진행되는 과정에서 집필했다. 『일본내막기』의 문체에서는 전체적으로 간결하면서도 선동적인 힘이 느껴지는데, 이는 이승만이 자신의 경험과 관찰에 근거하여 감추어진 일본의 실체를 드러내고자 했기 때문이다. 펄 벅이 적절히 지적했듯이 일본 팽창의 실체를 파악할 수 있던 사람은 그 희생자인 한국인들 밖에 없었다. 이승만은 한국인들 중에서도 가장 예리하게 일본의 팽창 이면을 들여다 볼 수 있었다.

이승만에게 있어 미일전쟁은 숙명과도 같았다. 그는 미주한인사회에서 발간되던 1908년 12월 16일자 『공립신보』에 기고한 「논미일협상(論美日協商)」이라는 논설에서, "미・일간의 관계를 정돈식힐 것은 붓이 아니요 칼인 줄로 믿는 바이며"라고 하여 태평양에서 이제 막 세력경쟁을 벌이기 시작한 미・일 양국간 충돌이 불가피함을 역설한 바 있다. 이후 그는 미・일관계가 긴장될 때마다 전쟁 발발의 가능성에 대하여 이야기했다. 1920년대 중반 국내에서 미국 지식인들이 주도하던 범태평양협회(The Pan-Pacific Union)라든가 태평양문제연구회(The Institute of Pacific Relations)의 조선지부가 창립되기도 했는데, 이들 단체는 하와이의 이승만과 비밀리에 연계되어 미・일간 충돌에 대비하려는 장기적 전망 위에서 결성된 것이었다.[40]

1930년대에 들어서면 국내 지식인들 사이에는 제2차 세계대전이 언제 어디서 어떻게 일어날 것인가에 대한 전망들이 분분하였다. 대공황으로 인한 자본주의체제의 동요, 경제적 위기를 극복하기 위한 정치적 반동으로서 파시즘의 대두와 그에 따른 의회제도의 붕괴, 사회적으로는 광범한 중산층의 몰락과 실업의 만연에 따른 계급투쟁의 격화, 이러한 세계적

---

40) 고정휴, 「태평양문제연구회 조선지회와 조선사정조사연구회」, 『역사와 현실』 6, 1991 참조.

혼란과 동요는 세계적 규모의 전쟁으로써만 해결된다고 보았던 것이다.

특히 '1936년 위기설'이 당시 국내에서는 하나의 상식처럼 통했는데, 그 근거인 즉 다음과 같았다. (1) 일본의 국제연맹 탈퇴가 1935년에 효력을 발생하면서 남양군도 위임통치 문제가 일본과 미국・독일 사이에 쟁점으로 떠오른다는 것, (2) 워싱턴조약 및 런던해군조약이 1936년에 만기를 맞으며 군축문제가 재연된다는 것, (3) 미국・일본・영국 등 세계열강의 대규모 함대증설계획이 일단 1936년에 완료됨으로써 국제적 긴장이 한층 고조된다는 것, (4) 소비에트 러시아가 제2차 5개년계획을 마무리하면서 농업국에서 공업국으로 변모한다는 것, (5) 일본과 독일의 탈퇴로 인한 국제연맹의 무력화, 부전(不戰)조약의 유명무실화, 군축회의의 실패 등이 국제적 무정부상태를 연출하리라는 것 등이다. (이러한 점들은 『일본내막기』에서도 지적되었다.) 흥미로운 것은 이때 '민족진영'의 입장을 대변하던 잡지인 『동광(東光)』과 『신동아』가 태평양을 사이에 둔 미・일 충돌이 세계전쟁으로 확산되리라고 예측했다는 점이다.[41] 이승만 또한 1934년 샌프란시스코의 한 한국인 집에서 『일미전쟁미래기(日米戰爭未來記)』라는 책을 읽은 일이 있다고 했다.[42]

이승만과 국내민족주의자들의 미일전쟁에 대한 예견은 나름대로의 객관적 근거들을 지니기도 했지만, 그 밑바탕에는 어떤 신념같은 것이 자리잡고 있었다. 그것은 다름 아닌 미일전쟁이 한국의 독립으로 연결될 가능성에 대한 전망이었다. 식민지 약소민족으로서는 현상유지가 아니라 현상타파에 의해서만 독립이 회복될 수 있기에 전쟁은 두려운 것이면서도 한번 기대를 걸어볼 만한 것이었다. 독립운동기 내내 국내외 지식인

41) 龍岳山人, 「太平洋上의 假想戰」, 『新東亞』, 1932년 1월호; 吳天錫, 「日米가 開戰한다면」, 『新東亞』, 1932년 5월호; 盧子泳, 「名作小說에 나타난 太平洋戰爭 豫想記」, 『新東亞』, 933년 5월호).

42) *Japan Inside Out*, p. 25.

과 민족운동가들 사이에 미일전쟁설 또는 소일전쟁설이 회자되었던 것도 바로 그러한 연유에서였다.

문제는 예견되는 미일전쟁을 어떤 시각으로 바라볼 것인가 하는 점이다. 이는 전쟁의 성격에 대한 이해와도 밀접하게 관련되어 있다. 당시 사회주의자 또는 사회주의적 경향의 지식인들은 모든 전쟁은 제국주의 열강 간 이해관계의 충돌에서 비롯되는 것으로서 자신들이 그러한 전쟁에 개입해야 할 이유란 없다고 보았다. 특히 소비에트 러시아를 상대로 한 전쟁에 대하여는 적극적인 반대의 입장에 섰다.

이승만은 당연히 사회주의자들과 달랐다. 그는 곧 벌어질 미일전쟁 내지 추축국들과의 전쟁을 인류 최후의 전쟁이 될 '선악의 대결전(Armageddon)' '민주주의 대 전체주의의 대결' '악당국가들(the gangster nations, 추축국)' 또는 '현대의 문명한 야만인들(modern 'civilized' barbarians)들'과의 싸움 등으로 묘사했다.[43] 그러니까 전쟁에 십자군적인 요소를 도입했던 것이다. 『일본내막기』의 제1장은 다음과 같이 시작된다.

> 민주주의의 수호를 위하여 미국 국민들은 세계정세를 직시하고 신속히 행동하여야 하며, 자신들이 누리는 자유를 지키거나 또는 잃어버린 자유를 되찾고자 하는 세계의 모든 민족들과 협력해야만 한다. 미국은 서반구는 물론이고 전 세계의 평화와 안정에 관련된 모든 세계적 큰 논쟁에서 적극적이고 주도적인 역할을 맡아야만 한다. 이 세계가 민주주의와 전체주의로 양분되어 있는 한 평화도 안전도 있을 수 없는 일이다. 우리는 그 중 어느 하나를 택하여야 한다. 이것 아니면 저것이다(It must be one of the other). 현 시점에서 세계 민주주의 유지는 미국 국민들이 어떤 태도를 취하느냐에 달려 있다.[44]

43) *Japan Inside Out,* p. 22. 103, 179.

44) *Japan Inside Out,* p. 13.

요컨대 이 세계에서는 민주주의 국가들과 전체주의 국가들이 공존할 수 없으며 또 그렇게 해서도 안된다는 것이다. 왜냐하면 그것은 선과 악, 양자택일의 문제이기 때문이다. 이승만이 반전 평화론자들을 '5열'과 같다고 신랄하게 비판했던 것도 그러한 이유 때문이다. 그리고 전체주의 국가들과의 대결에서는 기다릴 것이 아니라 선제적 조처를 취해야만 한다. "병균은 전염된 곳이 아니라 그 발생처에서 박멸해야 한다(Germs should be destroyed at the source, not at tributary)."[45] 이승만은 파리강화회의에서 제1차 세계대전을 일으켰던 독일을 철저히 응징하지 못했던 것이 히틀러의 나치즘으로 되살아나는 배경이 되었다고 보았다. 이는 곧 미일전쟁이 종결되면 일본에게 철저하게 책임을 물어야 한다는 의미를 지녔다.

3. 민주주의에 대한 이해

『일본내막기』에서 전쟁 다음으로 중요한 의미를 지닌 단어는 '민주주의(democracy)'가 아닌가 싶다. 이는 이승만의 정치사상에 대하여 이야기할 때에도 한번은 짚고 넘어가야 할 문제이다. 주지하듯이 민주주의는 매우 다양한 의미를 지닌 어휘이다. 앞에 어떤 수식어를 붙이느냐에 따라 그 내용이 완전히 달라진다. 자유민주주의가 있는가 하면 사회민주주의가 있을 수 있고 인민민주주의, 참여민주주의도 있다. 물론 여기에는 '국민주권'이라는 공통적 요소가 깔려 있지만, 그것이 특정국가와 사회 속에서 어떻게 발현되는가에 따라 다양한 해석과 평가가 내려질 수 있다는 것이다.

그렇다면 이승만에게 있어 민주주의란 어떠한 의미를 지녔던 것일까? 『일본내막기』의 제15장에서는 민주주의와 전체주의에 대하여 서술하고

---

45) *Japan Inside Out*, p. 179.

있는데, 다음과 같이 시작된다.

> 정부의 민주주의적 제 원칙을 믿는 사람은 본질적으로 개인주의자(individualist)이다. 정부의 권력은 그 시민권으로부터 나온다. 그러므로 개인적인 제반 권리와 자유는 국가라는 구조물이 세워지는 근본토대인 것이다. 민주주의는 국민이 정부에 반드시 복종해야 한다고 주장하는 전체주의적 이데올로기와 달라서 국민의 권리들은 정부의 어떤 형태의 침해 가능성으로부터도 보호되어야 한다는 것을 주장한다.[46)]

이러한 이승만은 견해는 다분히 개인주의적 자유주의에 바탕을 둔 미국식 민주주의의 개념을 차용한 것으로 보인다. 사실 이승만에게 있어 민주주의란 미국의 정치제도와 사상 그 자체를 의미했으며, 3·1운동 직후 필라델피아에서 열린 '제1차 한인회의(The First Congress)'에서는 장차 한국이 독립하면 미국식의 민주공화국을 수립하겠다고 공언한 바 있었다.[47)]

그런데 이승만은 미국의 민주주의가 현실적으로 작동함에 있어 적지 않은 문제점을 내포하고 있다고 보았다. 예컨대 권력간 상호 견제와 균형을 추구하는 삼권분립의 원칙이라든가 정당정치, 그리고 국민들의 극단적 개인주의가 여론(public opinion)을 통일하기 보다는 오히려 분열시키는 경향을 지녔다는 것이다. 따라서 "어떤 시민들은 정부 없이는 민주주의가 없고, 민주주의 없이는 어떤 자유도 있을 수 없다는 것을 생각하지 않고 그들의 정부를 희생시키면서조차 자신의 자유와 권리만을 주장한다"고 비판했다.[48)]

---

46) *Japan Inside Out,* p. 188.

47) 유영익, 「3·1운동 후 서재필의 新大韓 건국구상—필라델피아 대한인총대표회의 의사록 및 대한민국임시정부 각원들에게 보낸 공한 분석—」, 『서재필과 그 시대』, 서재필기념회, 2003 참조.

한편으로 이승만은 미국인들의 개인주의가 국가를 국제적 고립주의 상태로 몰고 간다고 보았다. 즉 "다른 사람들은 자신들이 돌보게 내버려 두라"는 개인주의적 인생관이 "자신의 일이나 염려하고 타인의 문제에는 간섭하지 말라"는 정부의 고립주의 정책으로 발전했다는 것이다. 이리하여 미국이 국제사회에서 지도적 역할을 담당하지 못함으로써 아시아와 유럽에서 혼란스러운 무정부상태를 낳게 되었다고 했다. "인간사회는 평화와 질서를 위하여 지도력(leadership)을 필요로 한다. 독재자(a dictator) 없이는 어떤 전체주의적 조직도 있을 수 없다. 행정적 지도자(an executive head) 없이는 어떤 민주주의적 사회도 기능을 할 수 없다. 국가들의 공동체(The family of nations)라는 것은 가족단위(the family unit)를 확장시켜 놓은 것에 지나지 않는다."[49]

이승만은 미국이 한때 인류를 위한 자유와 평등 그리고 정의의 사상을 전파하였지만, 언제부터인가 무역 증진에 점차 관심을 집중시키면서 그 이상의 국제적 책임을 지지 않게 되었다고 했다. "어떤 이념보다는 직접적이며 실질적인 상업이윤이 그들의 주된 관심사가 되었다. 이러한 미국인들의 정서는 미국의 지도력이 곧 미국 상품들을 위한 세계시장을 의미한다는 생각을 가질 수 없도록 했다."[50] 요컨대 미국인들이 당장의 상업적 이익에 급급하다 보니 국제사회에서 미국의 정치적·이념적 지도력이 확보될 때 미국 상품을 위한 세계시장 확대도 가능하다는 사실을 잊게 되었다는 것이다.

그렇다면 앞으로 미국이 해야 할 일은 무엇인가? 이승만은 먼저 애국심이 당파성(partisanship)을 초월해야 한다고 했다. 그리하여 통일된 국가의 외교정책이 채택되면 모든 국민은 개인의 자유와 부귀, 필요하다면

48) *Japan Inside Out,* p. 188.

49) *Japan Inside Out,* p. 191.

50) *Japan Inside Out,* p. 192.

자기의 생명까지라도 국가의 이익을 위하여 희생할 수 있어야 한다. 국가가 망한다면 무엇이 남겠는가. 세계전쟁의 위험은 점점 더 커지며 미국에 다가오고 있다. 뿐만 아니라 소비에트 러시아, 일본, 나치 독일과 같은 전체주의국가들은 미국 내에 그들의 조직체를 갖고 미국 정부의 전복을 꾀하고 있다. 미국 국민들은 그러한 사실을 더 이상 간과하거나 외면해서는 안된다. "[오늘날] 미국의 민주주의는 전체주의의 바다 가운데 있는 단 하나의 섬이다(American democracy is but an island in a sea of totalitarianism).[51)]

Ⅴ. 맺음말

『일본내막기』는 펄 벅이 적절히 지적하였듯이 이미 세상에 잘 알려진 사실들을 한국인의 관점에서 새롭게 재해석하고 평가했다는 점에서 가치를 지닌다. 이 책에 보이는 이승만의 독특한 관점과 그 이면에 깔려 있는 사상, 그리고 국제정세에 대한 이해에 대하여는 앞으로 보다 깊이 있는 분석이 필요하다는 전제를 두고 이 논문에서는 두 가지 문제만을 다루었다.

첫 번째는 '전쟁'에 대한 인식이다. 『일본내막기』는 이미 벌어졌던 전쟁, 현재 진행되고 있는 전쟁, 그리고 앞으로 벌어질 전쟁에 대한 이야기이다. 특히 이승만이 각별히 관심을 가지고 지켜보았던 것은 미일전쟁의 가능성이었다. 그는 이미 1908년에 태평양의 패권을 차지하기 위한 미・일간 충돌의 불가피성을 예견한 바 있는데, 그 결정판이 바로 『일본내막기』였다. 그는 조만간 예견되는 미일전쟁을 '아마겟돈'에 비유했다.

51) *Japan Inside Out*, p. 190.

그러나 이것이 인류 최후의 결전은 아니었다. 태평양전쟁이 일어나자 이승만은 또 다른 새로운 전쟁, 즉 미소전쟁의 가능성을 언급하기 시작했다. 1945년 5월에는 소위 얄타밀약설을 언급하면서 "만일 미국 국민들이 이러한 일[한국에 대한 미・영・소 3국간 밀약]을 저지시키지 못한다면, 그들의 아들은 다음 15년 내에 제3차 세계전쟁을 치르기 위하여 불려나갈 것"이라고 경고했다.[52] 이승만은 '팍스 아메리카나(Fax Americana)'만이 인류에 진정한 평화를 가져다 줄 수 있으며, 한국 또한 그러한 세계질서 속에서만 국가의 독립과 안정을 유지할 수 있다는 어떤 확신을 지니고 있었다.

두 번째는 '민주주의'에 대한 이해이다. 이승만에게 있어 민주주의란 미국의 정치제도와 사상 그 자체를 의미했으며, 장차 한국이 독립했을 때 미국식 민주공화국을 수립하겠다고 공언한 바 있었다. 이러한 그의 신념은 『일본내막기』에서도 그대로 표출된다. 그런데 문제는 민주주의라는 이상과 그 현실적 적용 사이에 괴리가 있었다는 점이다. 이승만은 미국이 일본이나 나치 독일 또는 소련과 같은 전체주의국가들과 맞서려면 내부 결속이 무엇보다 중요한 데, 이를 위해서는 개인의 자유와 재산 심지어 생명조차도 국가의 이익을 위하여 희생할 수 있어야 한다고 역설했다. 그는 또한 삼권분립이라든가 정당정치에 대하여도 회의적인 견해를 피력했다. 여기서 우리는 이승만의 정치사상을 어떻게 이해하고 평가할 것인가 하는 어려운 문제에 부딪친다.

52) 『獨立』(미주판) 1945년 5월 30일자 「리승만씨의 편지」. 이 편지는 이승만이 5월 13일 미국 내에서 영향력 있던 신문사주 허스트(William Hearst)에게 보냈던 것이다. 보다 자세한 것은 고정휴, 「샌프란시스코회의(1945)와 얄타밀약설」, 연세대 국학연구원 편, 『미주한인의 민족운동』, 혜안, 2003 참조.

『건국과 이상』에 나타난 이승만의 인식·구상·노선

박 명 림*

〈목 차〉

Ⅰ. 문제의 제기

1945년 12월 25일 성탄절에 출간된 『건국과 이상』(국제문화협회)은 해방 이후 이승만의 최초 저서이다. 동시에 이 책자는 2차 세계대전 직후 한국인 정치지도자들에 의해 출간된 책 중 최초의 것이기도 하다.

『건국과 이상』은 이승만이 1945년 10월 16일 귀국하였고, 1945년 12월 25일이 출간 시점이었음에 비추어 볼 때 두 달 간의 매우 짧은 기간 동안 진행된 언설들의 모음인 것이다. 10개의 짧은 글로 이루어진 이 소책자는 겨우 40페이지에 불과하다. 그러나 격변적인 짧은 두 달 동안의

* 朴明林, 연세대 대학원 지역학협동과정 교수

언설에 그의 거의 모든 향후의 정치 노선과 인식의 단초가 들어있음은 주목할 만하다. 따라서 비록 작은 책자이지만, 초대대통령 이승만의 구상과 노선을 분석하는 데에는 핵심 저작이라 할 수 있다.[1)]

책의 목차는 다음과 같다. 목차에서 보듯 김구와 임시정부에 대한 견해와 같은 매우 예민한 현실적인 문제까지 포함되어 있다. 서문에서 안재홍(安在鴻)은 "우남 이승만 박사는 우리 민족해방운동의 최고(最高)한 지도자"[2)]라고 소개하고 있다. 송진우(宋鎭禹)·김성수(金性洙)와 함께 당시 우파의 최고 지도자의 한 사람이었던 안재홍이 서문을 집필하였다는 점이 이미 많은 것을 말해주고 있는 것이었다.

서-민중에게 부탁하는 말슴 (안재홍)

1부 건국을 위하야
1. 고국에 도라와서
2. 3천만 동포에게 고함
3. 전민족의 급무
4. 공산당에 대한 나의 관념
5. 임시정부와 김구 주석

2부 통일 합동하자
1. 귀국 후에 제일성(第一聲)
2. 각 정당대표에게
3. 일헛든 강산을 찾자
4. 전국민에 맹서

1) 이승만 생애와 사상, 노선에 대한 종합적 안내는 유영익 편, 『이승만 대통령 재평가』, 연세대 출판부, 2005 참조.

2) 『건국과 이상』, 3쪽.

5. 태극기와 절므니들

『건국과 이상』은 당시의 연설과 대담 등을 묶은 소책자로서 체계적인 단일 저술은 아니지만 긴박했던 제2차 세계대전 종전 직후 한반도의 상황에서 이승만의 여러 구상과 노선을 파악할 수 있는 유일한 저작이라고 할 수 있다. 동시에 미군정 3년 및 건국 이후 등장할 이승만의 정치 노선과 사상의 핵심 단초를 미리 보여주고 있다는 점에서도 주목할 만하다. 누구보다 정치적 사고와 대처, 공격과 방어에 뛰어난 능력을 갖고 있던 그가 각종 현안 문제에 대해 특유의 암시와 은유를 통해 자신의 구상과 노선을 은연 중, 때로는 노골적으로 드러내고 있기 때문이다.

정치활동 시작 이후 이승만의 언명 가운데 정치적이지 않은 것은 거의 없었으며, 동시에 한국에서 그처럼 정치언어의 구사에 능숙한 정치인도 드물었다. 그의 언명은, 말을 하는 시점과 상황과 대상과 주변 분위기를 포함해, 모든 것이 정치행위의 일부였으며, 동시에 그의 사고와 구상의 표현 계기였다. 기실 이승만의 말은, 선명한 메시지와 함께, 주의를 기울여 듣지 않으면 알 수 없을 만큼 복선적인 진술이 섞여있었다. 어떤 때는, 그 상황에 함께 놓여있는 사람만이 알 수 있는, 특정 대상인만을 염두에 둔 진술과 담화, 발화(發話)도 여럿 존재했다. 일반인들은 거의 알아들을 수 없었지만 그 대상만은 명백히 알고 있었다.

이승만의 정치언어는 얼핏 지나쳐서는 그 함의를 모를 내용들이 아주 많다. 그의 언어는 당대의 구체적 상황이나 장면, 또는 먼 미래의 자기 정치구상과 연결되지 않은 것이 없었으며, 동시에 복합적 복선을 깔지 않은 것이 거의 없었다. 그는 명분을 언어화하는 데에도 탁월한 능력을 갖고 있었다.

이승만은 이미 청년기에 대한제국을 뒤흔든 청년 연설가이자 논객이었다. 그는 정치적 말의 힘을 누구보다도 잘 알고 있었다. 절제와 격정, 단순메시지와 복선이 혼재한 그의 정치언어는 상대를 제압하고 대중을 장악하는데 엄청난 힘을 발휘하였다. 때로는 더듬거리는 것처럼 보이는 기술조차도 그의 연설기법의 하나였다.

『건국과 이상』이 정치적 말의 중요성을 누구보다 잘 알고 있는 이승만이 해방 직후 최초로 출간한 책자라는 점은, 그가 자신의 생각과 구상을 주변과 대중에게 직접 전달하려 한 것이었다는 점에서 의미가 크다고 하겠다. 즉 이것은 아직 어떤 지도자도 정치저작을 출간하지 않은 혼돈의 시점에 명백히 정치적 의도를 갖고 저술된 것이었다. 제목 자체가 주는 의미도 시사적이다. 그는 모든 것이 혼란스러웠던 1945년 12월의 시점에 이미 '건국'을 말하고 있었고, 그것을 향한 자신의 '이상'을 말하고 있는 것이었다.

그동안 『건국과 이상』은 이승만에 관한 학술연구에서 인용된 적이 없었다. 무엇보다도 이 책자의 존재 자체가 알려져 있지 않았기 때문이었다. 필자는 오래 전에 이 소책자를 하버드대학교의 하버드-옌칭도서관에서 발견하여 복사, 입수하였다. 그러나 본고가 『건국과 이상』에 대한 최초의 소개이기는 해도, 내용 자체는 당시의 신문보도를 통해 알려진 것들이 많았다. 즉 책자 자체는 새로이 발굴되어 공개되는 것이지만, 또 해방 직후의 최초 저서라는 의미를 갖고 있지만, 포함하고 있는 내용이 처음 알려지는 사실들은 아니라는 점이다.

본고는 『건국과 이상』이 담고 있는 내용에서 중심적인 정치 구상과 노선, 해법, 주장을 추출하여 차례대로 설명하는 방식을 취하고자 한다. 다만 당시 상황을 고려한 맥락적(contextual) 해설 대신 텍스트 자체에 대한 문면적(textual) 설명에 충실하고자 한다. 동시에 이승만 전체 사상 및 노선과의 비교라든가 내용분석, 위치지우기 역시 추후의 과제로 미루고자 한다. 일단 이승만의 언명 자체가 담고 있는 내용을 축조적(逐條

的)으로 설명하려는 것이다.

Ⅱ. 건국을 위하야

1. 고국에 도라와서

이승만은 먼저 "조선을 떠난 지 33년 만에 처음으로 도라와서 그립든 산천과 고국 남녀 동포를 맛나니 기뻐서 웃고도 십고 슬퍼서 울고도 십습니다"고 하여 자신이 얼마나 오랫동안 고국을 떠나 독립운동에 진력했는지를 드러내며 격정을 토로하고 있었다. 또한 그는 "내 예정은 중국에 잇는 임시정부 당국자들과 상의하고 김구 씨와 가치 도라올랴고 햇스나 중국 방면에 여러 가지 장해가 많어서 함께 오지 못하고 미국 군용비행기로 태평양을 건너오게 된 것"이라며 당시 민중적 지지와 기대를 받고 있던 중경임시정부에 대한 충성 및 일체성을 강조하고, 또 김구와의 동반 귀국의지를 피력하여 김구와의 동지적 연대를 표명하는 것을 숨기지 않았다. 전쟁 직후 최고 권력집단이자 점령 당국인 미국 군용비행기로 들어올 수 있었다는 점은, 그 자신이 얼마나 절대적으로 미군의 지지를 받고 있는가를 나타내 주는 것이었다. 더욱이 이승만은 엄연히 임정이 존재하는 상황에서 한껏 몸을 낮추어 "내가 이번에 이러게 온 것은 임시정부나 외교관게로 온 것이 아니고 다만 평민의 자격으로 사행(私行)처럼 온 것"[3]이라며, 개인자격에 의한 귀국임을 강조하였다. 미군과 임정을 자극하고 싶지 않았던 것이다.

그러나 이승만은 곧바로 "미경 와싱톤을 지난 10월 4일 태평양을 향하야 떠나올 적에 아무에게도 알니지 아니하고 몰래 떠낫는데 급히 정

3) 『건국과 이상』, 7쪽.

거장에 나와 보니 남녀 친우 수 십 명이 전송을 해 주섯습니다. 밤 9시 발 상항(桑港)에 도착하야 피행기를 바구어 타고 하와이와 괌도를 거처서 지난 10일 동경에 도착하니 전후 6일 간에 조선 리수(里數)로 3만 3천 리를 온 것임니다"[4]며 동포들의 전송을 받으며 미국을 떠나 3만 3천 리나 되는 길을 돌아왔음을 강조하였다.

이승만은 곧 "동경에서 하지 중장을 만나서 담화하였음을" 공표하여 점령 미군의 최고책임자와 미리 동경에서 회합하고 돌아왔음을 과시하였다. 미군비행기를 타고 귀국하였을 뿐만 아니라 동경에서 하지와 직접 만나고 귀국하였다는 사실은 다른 정치인과 대중들, 언론인들에게는 이승만이 매우 크고 영향력 있는 정치인임을 보여주기에 충분한 것이었다.

나아가 이승만은 "내가 조선에 소문 업시 온 것은 비밀관게나 어떤 정당과 연낙이 잇서 온 것도 아닙니다. 모든 정당과 당파가 협동하야 우리 조선의 완전무결한 자주독립을 찾는 것이 나의 희망하는 바임니다"며 모든 정치세력과의 국가건설 협력과 연대의 가능성을 열어놓는 주도면밀함을 보여주었다. 그는 또한 "지금 이 기회는 전무하고도 또 후무한 기회"라면서 민족의 운명이 얼마나 중대한 기로에 놓여있는지를 강조하려 하였다. 이 점은 이승만의 가장 중요한 상황인식이었다.[5]

이승만은 "미국인들이 우리들에게 한번 기회를 주어보자는 것이니 우리가 이때에 사감과 사리를 버리고 합심협력하야 회복을 주장하면 잘될 수 잇는 것을 나는 확신하는 바임니다. 이 말을 일반동포에게 일일히 잘 알여 주시기 바람니다"며 미국의 절대적 선의를 강조하는 동안 전체 민중의 협력이 얼마나 중요한지를 반복하였다. 그리고는 아직 한국 정치인 누구도 만난 적이 없던 맥아더를 포함해 하지, 아놀드를 모두 만났음을

4) 『건국과 이상』, 7쪽.

5) 『건국과 이상』, 8쪽.

초기부터 드러내며 자신의 비중을 최대한으로 높여놓았다.[6] "미국정부나 백성은 우리의 독립을 절대로 주장하고 잇습니다. 일본에서 조선까지 오면서 맥아더 대장과 하지 중장, 아놀드 소장은 모다 우리들의 동정자임을 알엇습니다. 그분들이 말하기를 한인이 차차 배워가며 자치 자립할 능력을 어들 수 잇다고 말하얏습니다."[7]

미국의 선의를 강조하는 것은, 이승만 자신이 이들과 함께 하고 있음을 드러내어 경쟁자들을 위축시키고, 민중들의 지지를 견인하며 반대자들을 압박하고 미국의 편에 서게 하기 위한 다층적 복화술에 가까운 어법이었다. 그리고는 미국의 도움을 받기 위해서라도 내부의 능력과 단결을 강조하고 있다. "친구들이 일을 도와주드라도 일을 아니하든지 자기에게 능력이 없으면 남의 도움이 아모 소용이 업는 것입니다.…다시 한번 부탁할 것은 남녀 여러분은 일심합력으로 이 기회를 일치 말기를 바라는 바입니다."[8]

2. 삼천만동포에게 고함

이승만은 귀국 후 자신이 얼마나 많은 민중들의 방문을 받고 있는지를 자랑하는 동시에 대중 속에서 그들과 함께 하고픈 특유의 대중노선을 숨기지 않았다.

> 서울 게신 여러분과 시골 게신 손님들이 날로 문이 미어지게 나를 보러와 주십니다. 나는 무한이 감격합니다. 그동안 여러분을 접대하기에 좀 분주하나 아모 일도 못하고 지냇으며 연속 오시는 분들에게 충분한 기회도

---

6) 이승만과 맥아더, 하지의 동경회합에 대해서는, 정병준, 『우남 이승만 연구』, 역사비평사, 2005, 440-446쪽 참조.

7) 『건국과 이상』, 8쪽.

8) 『건국과 이상』, 8쪽.

> 못 드리고 또 그 외에도 여러 번을 문밖에 왔다가 드러오시지 못하고 가신 분이 많다 하니 이 사람 마음에 심히 죄송합니다. 내 마음에 원하는 것은 책임 없는 일개 평민으로 우리 동포를 집집이 찾어다니며 심방도 하고 담화도 해서 기쁘고 슲은 것을 함께 하고 십습니다.[9)]

그러나 이승만은 그렇게 할 수 없는 비상국면임을 강조하고 있었다. 이 말은 그의 진심일 것이다. 이 비상상황에서 가장 중요한 것은, 대동단결을 위한 "3천만의 한 몸, 한 뜻, 한 뭉치, 한 길"이었다.

> 그러나 우리가 지금 비상한 시기를 당해서 한편으로는 좋은 기회요 또 한편으로는 심이 위태한 시기입니다. 이 기회에 있어서 우리 3천만이 한몸 한뜻으로 한뭉치가 되어 사나 죽으나 한길로 나가기로 결심하면 우리 조상이 반만년 유업인 3천리 강토를 회복하야 갓이고 자손만대 자유복락을 누릴 기초를 베풀 수 있고 만일 그럿치 못하면 다시 어떤 지경에 빠질넌지 알 수 없는 터입니다. 이런 중요 시기임을 각오하는 우리는 일시일각이라도 허송할 수 없는 처지입니다.[10)]

이 말을 통해 볼 때 이승만은 이미 해방의 첫 해가 가기도 전에 절박한 기회와 위기를 동시에 깨닫고 있었음을 말해준다. 그가 3천만이 한 몸 한 뜻으로 한 뭉치가 되어 사나 죽으나 한 길로 나가기로 결심하자고 호소하는 것을 보면 결연하고도 비장한 결심의 일단을 읽게 해준다. 한 몸, 한 뜻, 한 뭉치, 한 길, 벌써부터 하나를 유난히 강조하고 있는 것은 분열과 갈등의 골이 이미 상당히 깊게 파이고 있었기 때문이었다. 동시에 이승만의 독특한 정치사상이었던 일민주의(一民主義)를 엿볼 수

---

9) 『건국과 이상』, 9쪽.

10) 『건국과 이상』, 9쪽

있게 한다.[11)]

이승만은 독립운동의 최고 정화인 3・1운동과 독립선언과 민족대표 33인을 대중들에게 불러내고 추억하게 하는 것을 잊지 않았다. 민족주의의 '과거의' 정수(精髓)를 불러내어 자신과 대중의 '현재의' 연결고리로 만들고 있는 것이었다.

> 내가 처음에 여기 오니까 하지 중장이 종이쪼각에 쓴 것을 주며 만세운동 때에 독립선언에 서명하신 33인 중에 아직도 생존하신 이가 여러분이니 이분들을 먼저 맛날 것이 좋다 합니다. 이 어른들을 당장에 가 보이려 한 것이 지금껏 못하고 있으니 과연 죄송합니다. 시간이 허락하는대로 여러분을 일일이 맛나도록 주선하랴 하니 아직은 심방을 좀 정지해 주시고 긴절히 하실 말삼이 있거든 글로 써서 보내주시면 도움이 많이 될 것입니다.[12)]

3・1운동에 맞서 바로 일본 제국주의의 포악성에 대비하고 있다. 그러나 자력으로 일제를 구축하지 못한 것에 대한 안타까움을 표명하는 동시에 일본인들에 대한 불신을 표명하여 대중들의 분노와 함께하고 있었다. 이승만은 벌써 '우리 정부'라는 표현을 써가며 건국을 향한 때 이른 조급증을 표출하고 있었다.

> 포악무도한 왜적은 아조 망하고 말었읍니다. 왼 세상이 다 저이 것으로 알고 방정을 떨다가 아주 결단 낫지요.…물론 우리 손으로 우리 원수를 갑지 못한 것은 우리가 불만이 생각할 수밖에 없으나 예수교 성경에 말한 바와 가치 "너이는 원수를 보복하지 마라 내가 갑하주리라" 하신 것 가치 과

11) 일민주의에 대해서는, 양우정, 『이대통령의 건국정치이념—일민주의의 이론적 전개』, 연합신문사, 1949를, 일민주의에 대한 체계적인 분석으로는 서중석, 『이승만의 정치이데올로기』, 역사비평사, 2005, 15-164쪽을 참조.

12) 『건국과 이상』, 10쪽.

> 연 그대로가 된 것입니다.…차라리 일본섬은 내노을지언정 조선을 내노치 않는다 하덧 것이 일조에 저이는 망하고 우리는 다시 이러나게 되었음니다. 그래서 그자들은 다 손을 떼고 가만이 물너 가게 되니 그 사람들은 참 복통할 것임니다. 지금 여기 남아 있는 사람은 조신시민이 되여서 잘 복종하고 살기를 원하야 허락해 달라고 애걸합니다. 그 정경을 생각하면 측은한 점도 없지 않으나 일본사람들이 기왕부터 도처에 너무 악독하고 교활해서 믿기가 어렵습니다. 일후 우리 정부에서 이 사람들에게 대한 정책이 있을 것임니다.[13)]

이승만은 일제 패망, 해방, 독립에도 불구하고 주권을 찾지 못한 이유를 두 가지로 들고 있었다. 하나는 우리가 자치 자주의 능력이 결여되었다고 악선전을 한 일제의 책임이며, 다른 하나는 민족 내부의 소수 불평불만자들이었다. 친일파를 언급하며 비판하지 않고 불평불만분자를 지칭한 것은 주목할 만하다. 민족 내부의 이견세력에 대한 강력한 경고의 의미로 읽히는 것이다.

> 지금은 우리 독립의 원수 일본이 패망한 것은 우리나라를 해방한 것이니 우리 독립에 대하야는 다시 문제가 아닌데 아직도 우리가 주권을 찾이 못하고 잇는 것은 무슨 연고임니까? 다름 아니라 일본이 지난 40년 동안에 우리를 겹겹히 속박하야 아모 것도 할 수 없게 만들어 노코 한편으로는 세계를 향하야 조선 사람들은 저이끼리 분쟁을 일삼으며 일을 할 줄을 몰르고 하려 하지도 아니하는 고로 자치 자주할 능력이 없으니 일본이 다시려 주는 것이 저이의 큰 복이 된다고 역선전을 한 까닭임니다. 1941년 12월 7일에 진주만사건이 생긴 이후로는 미주와 중국 방면으로 소수 불평분자들이 임시정부를 해칠 목적으로 도라다니며 모든 악선전을 한 것은 참 한인이 되고서는 들을 수 없는 일이 많었음니다. “임시정부를 아는 이는

13) 『건국과 이상』, 10-11쪽.

내지에는 도모지 없다. 임시정부 당국들은 다 무능해서 소용이 없다"는 등 언론으로 연합국 당국들의 이목을 현황케 한 고로 연합국 정부들은 "한인들이 분열되어 분쟁하니 승인할 수 없다. 어떤 단체가 전국을 대표한 것인지 알기 어렵다" 하는 언사로 한국문제를 까라앉어 온 것입니다.[14)]

여기에서 이승만은 임시정부가 정권을 잡게 되었으면 모든 것이 다 해결되었을 것으로 상정하고 있었다. 그러나 그는 임시정부가 결코 정부 자격으로 귀국할 수 없고 정권을 잡을 수 없는 상황임을 알고 있음에도 아래처럼 언명하여 그의 내면의 의도가 무엇인지를 생각하게 한다.

그리하야 일본의 항복을 받게 되니 몰론 임시정부가 드러와서 인심을 집중하고 정권을 잡게 되엇더면은 모든 문제가 다 차서로 해결되고 미국 군정부에서도 아모 어려운 일이 없이 우리 정부로 넘기고 말었을 것인데 임시정부는 드러오지 안코 나라는 로군과 미군이 반식 갈나 점령하게 되매 민심이 자연 선동되는 중에서 여러 정당이 생겨나서 각각 기치를 들고 주의 주장을 세우기에 이른 고로 서울서 발표된 신문 통신에 정당이 열이라 스물이라 하는 불리한 보도가 전파되니 한인들이 자치할 능력이 없다 하든 사람들의 말이 더욱 믿기 쉬울 만치 된 것입니다.[15)]

심각한 정당분열과 파쟁으로 인한 불신을 비판하고 있는 것이었다. 이후로도 이승만은 전(全) 통치시기를 통하여 정당에 대한 강한 부정적 의식을 갖고 있었다.

나아가 이승만은 1945년 12월 27일 모스크바 3상회의에서의 신탁통치 결정과 보도가 나오기 훨씬 이전부터 국제신탁을 언명하며 '널리 유행 중이라며' 명백히 반대하는 의사를 표명하고 있었다. 그것도 일본에 비

14) 『건국과 이상』, 11쪽.

15) 『건국과 이상』, 11-12쪽.

유해가면서 여럿이 상전하는 것과 같다면서 완강한 반대를 표명하고 있었다. 자신의 식민시기의 노선과는 크게 달라져 있었던 것이다. 이러한 전환에는, 맥아더-하지-아놀드와의 일련의 만남과 관계가 결정적인 영향을 끼쳤음은 물론이었다.

> 그래서 근일에 국제신탁이라는 말도 다 이러한 관계로 인하야 나는 것이시 그 본의는 다른 것이 아니오 한인들이 저이 일을 해갈 만한 자격이 못 되니 누가 대신 다사려서 한인들을 넉넉히 교육식힌 후에 맡게 할 터인데 어떤 나라이던지 한 나라에 맛기면 그 나라이 맡하 가지고 어떠케 할넌지 모르니까 여러 나라이 합동하야 신탁처럼 맨들어 그 일홈으로 맛하서 다사리자 하는 말임니다. 이 의론이 지금 널니 유행하는 중이니 이때 우리가 무식하야 모르고 앉엇던지 무능하야 알고도 아무 수 없이 앉었으면 필경은 이런 언론으로 작정될 것이니 그때는 아모리 반항해도 매우 어려울 것이오. 몇 십년 동안을 또 남의 노예로 지낼 터인데 전에는 왜놈 하나이 우리의 상전 노릇을 하엿지만은 국제신탁제가 되면 우리의 상전이 여럿이 될 것이니 그 굴레를 버서나기 어려울 것입니다.[16)]

이승만은 이때에 벌써 미리 찬탁 노선을 유념하여 "그런즉 이때에 한시밧뻬 우리가 합동하야 한덩어리를 만들어 갖이고 우리의 자치 자주할 능력을 세계에 표명하는 것이 제일 급하고 제일 긴급지 않음니까"[17)] 하고 묻는다. 반탁으로 하나 되자는 호소인 것이다. 그런데 놀랍게도 그는 신탁통치를 주장하는 워싱턴이나 국무성과는 달리 맥아더와 미군정 당국은 한국인의 자치능력을 믿어 신탁통치 노선이 아니라 한국의 정부수립을 도와주려 하고 있음을 암시하고 있었다. 이승만은 초기부터 자신의

16) 『건국과 이상』, 12쪽.

17) 『건국과 이상』, 12-13쪽.

진짜 후원자가 누구인지를 명확하게 알았던 것이다.

> 다행이 미국 군정부 당국들은 다 우리 독립의 친구입니다. 동경서 맥아더 장군을 맛나니 고성으로 말하기를 한인이 자주독립할 능력이 없다는 것이 다 거즛말이고 실상은 잘 해나갈 수 있은 것을 믿는다고 합데다. 여긔 군정부 당국들은 일인에게 빼아슨 건물과 재산을 다 봉쇄하여 노코 한국정부가 하로밧베 승인을 엇는 날은 다 넘겨 맛겨서 한인들의 생활을 개량하며 한국의 권리를 공고케 하기로 전력중입니다.[18]

통일과 단결을 주장하는 이승만은, 아직 임정이 귀국도 하지 않은 시점에, 자신의 귀국 1주일 만에 독립촉성중앙협의회(독촉)을 결성한 뒤이 '민족대표기관'을 중심으로 뭉치자고 하고 있다. 명백하게 임정을 의식한 것임에 틀림없었다. 임정과의 날카로운 경쟁의식의 발로인 동시에 독촉을 중심으로 뭉치자는 권력독점의식의 발로였던 것이다. 그렇지 않고는 귀국 1주일 만에 이토록 거대한 조직을 결성한다는 것은 불가능하며, 동시에 민족대표기관으로 자임하기도 어려웠을 것이다.

> 그럼으로 내가 귀국한 이후로 각 단체를 모하 노코 이런 내색을 설명하야 지금 최급선무인 합동을 주창하여 모든 정당이 다 일치로 협의하야 민족대표기관으로 한 단체를 일우워 우리의 원하는 것이 무엇이라는 것과 우리가 능히 자주독립할 자격이 된다는 것을 세계에 표명하자고 결정되여서 금월(10월) 23일에 조선호텔에 모든 대표가 모혀 독립촉성중앙협의회를 조직하고 11월 2일에 천도교 대강당에서 다시 모히여 그 협의회 일흠으로 각국에 선포문을 보내여 38도 분단한 문제를 속히 해결하여 달날 것과 신탁통치를 우리가 원치 안는다고 하엿으니 이 소문이 각국 정부에 전보로 다 도달되려니와 각국 신문에도 널니 게제될 것입니다.[19]

---

18) 『건국과 이상』, 13쪽.

이승만이 인식하기에 통일단결의 가장 큰 장애는 공산당이었다. 그러나 아직은 공산당에 대한 공격을 극도로 자제하고 있었다.[20] 외려 그들이 하나가 되겠다고 한 점을 언급하여 행동의 제어 명분으로 삼고자 하였다.

> 우리 합동문제에 대하야 가장 어려운 관계는 공산당입니다. 타국에서도 이것으로 인연하야 민족분렬이 되는 고로 당초에는 우리도 이 문제에 대하야 참여한 것입니다. 그러나 우리가 몇 번 토의한 결과로 조선에 잇는 공산당 간부 중에 유명한 인도자들이 모다 국권을 회복할 때까지는 각 정당의 주의주장을 희생하야 정지하고 오직 통일된 민족으로 한뭉치가 되자고 언명하고 공석에서 선서로 맹세하였으나 이 모든 인도자들의 애국심에는 우리가 다 감복하는 바입니다.[21]

이승만은 나아가 자기를 최고 지도자로 추대한 조선인민공화국에 대한 거부의사를 완곡하게 표명한 뒤, 임정에 대한 지지의사를 분명하게 천명하였다. 동시에 임정 역시 독촉을 중심으로 단결할 것을 요구하며 임정이 정부로 승인받을 때까지 민족대표기관 역할을 수행할 것임을 명백히 하였다. 이미 임정과의 경쟁관계를 강력히 의식하고 있을 뿐 아니라 임정이 정부로 승인받지 못한 것을 아는 상태에서의 언명이라는 점을 주목할 필요가 있다. 인공 부인—임정 지지—독촉 중심이라는, 이승만의 일관된 노선이 해방 첫해부터 분명하게 드러나고 있음을 알 수 있다.

---

19) 『건국과 이상』, 13쪽.

20) 이승만과 박헌영은 1945년 10월 31일에 만나 3시간 동안 회담을 한 바 있었다. 『매일신보』, 1945년 11월 2일, 『자료대한민국사』, 국사편찬위원회, 1968, 338-339쪽.

21) 『건국과 이상』, 13-14쪽.

> 내가 여기 와서 들은즉 인민공화국이라는 명의로 정부를 조직하고 주권자들을 선정하엿는데 나를 두령으로 선거하엿다는 말을 듯고 즉시 공식으로나 비공식으로나 관게 업는 것을 알니고저 하였으나 각 인도자들과 합동을 생각하는 바가 있어서 침묵하고 있었읍니다. 나는 본래 임시정부에 복종하야 김구 선생과 그 정부 안의 몇몇 우리 인도자들을 옹호하야 온 터이니 다른 정부와 관게를 둘 수가 없는 터임니다. 그러나 지금은 이상에 말한 바와 가치 우리의 국권회복을 위하야 통일이 제일 긴급한 줄로 각오하고 각 정당이 대동단결하야 독립촉성중앙협의회로 뭉치게 된 이상 다른 이의가 없이 정부도 하나가 되여야 할 것임니다. 그럼으로 나는 공산당과 그의 여러 정당의 인도자들이 애국심으로 자긔들의 주의주장을 이만치 희생하고 대동통일을 완성케 하는 것을 깁히 감사합니다.
>
> 이미 공포한 바와 가치 이 협의회는 정부도 아니오 정부 대표기관도 아님니다. 다만 우리의 임시정부가 각국의 승인을 밧고 국권을 맡을 때까지 우리 민국 전체를 대표하야 우리 국민 전체의 의지를 발표하자는 주의로 성립된 것이니 각 지방에서도 이와 갓치 아시고 모든 단체가 속히 합동하야 공동기관을 세우고 대표를 선거하야 본회에 참가하도록 유의하시며 중앙에서 의결되는 일을 따라 준행하기를 바람니다.[22)]

지방에서까지 독촉을 중심으로 단결하고 선거를 통해 참여하며 중앙의 결정을 따라 행동하라는 마지막 문장은 이미 정부 또는 자치를 위임받은 중앙기구인 것처럼 의식하고 있음을 강력하게 시사하고 있다. 미군의 후원 하에 중앙을 장악한 이승만의 인식은 1945년에 이미 이 단계까지 가 있었던 것이다.

3. 전민족의 급무

이승만은 귀국과 동시에 각 정당과 단체의 통일단결을 가장 중요한

22) 『건국과 이상』, 14쪽.

과제로 인식하고 강조하였다. 그 이유는 국제사회의 인식 때문이었다.

> 이상 각 단체들은 각국 신문에 전파되여 이 6~70 단체로 인연하여 한국이 분열이라 한 고로 이 단체들을 위선 한 뭉치로 몰아보자는 의미에서 그와 가치 착수한 것입니다. 이러케라도 방법을 도모하지 안코는 도저히 국제상에 잇어서 문제를 해결할 길이 업는 까닭입니다. 우리가 파당으로 인연하여 혼돈한 상태를 그대로 계속한다면 연합국 사람들은 우리 한인들의 원하는 바가 무엇인지 알 수 업다 하는 것이 보통 비평입니다. 이럼에도 불구하고 우리들이 정당싸움이나 하고 안저서 통일을 이루지 못하면 종당은 연합국이 우리의 원치 아니하는 것을 맨드러다가 내려눌을 것입니다. 그때에는 우리의 국권을 회복하기 더욱 어려울 것입니다. 국권이 업는데 정당이 어대 잇을 것입니까. 그러므로 내가 여러분과 가치 하로밥비 통일의 전면을 이루워 가지고 우리의 전민족이 원하는 것이 무엇이며 우리가 우리의 일을 할 수 잇다는 것을 세게에 표명하자는 목적에 유일한 동기가 된 것입니다.[23]

단체와 정당이 많아서 요구가 많을 경우 국제사회는 우리가 원하는 것을 알 수가 없으며, 결국 자신들이 원하는대로 할 것이라는 말이었다. 국제정세에 밝지 않은 다른 정당과 단체들을 위압하는 가장 용이한 방법이요 통로는 자신이 가장 잘 아는 그 국제를 활용하는 것이었다. 이 말은 자신을 중심으로 단결하여 한 목소리를 내야 국제사회가 우리 견해를 들어 건국을 도와줄 것이라는 뜻이었다. 국권이 없는데 정당이 어대 있을 것이냐는 언명은, 국가일원주의의 관점에서 조선시대 이래의 파쟁을 극도로 불신해온 이승만의 가장 근본적인 정치사상 가운데 하나였다.

---

23) 『건국과 이상』, 15-16쪽.

> 각 단체의 인도자의 애국성심으로 심리적 단결이 형성되여 각 단체의 대표가 합동하여 독립촉성중앙협의회를 조직하고 이 회에서 내게 위임하여 전형위원을 택정하고 그분들의 공천으로 중앙집행위원회를 설치하기로 한 것임니다. 그러나 임시정부가 수일 내에 입성한다는 보도를 듯고 아즉 정지하고 잇슴니다. 그것은 당국(當國)한 제공과 상의하여 진행하는 것이 더욱 조흘 줄로 밋기 때문임니다.[24)]

이 부분은 임정의 귀국을 앞두고 그들과의 연대를 고려하고 있음을 보여주고 있다.

동시에 이승만은 계속하여 일부 결렬분자들에 대해 경고하고 있었다. 그는 또한 명백히 공화주의적 견지에서 전제정권 및 식민통치와 비교하여 시민 하나하나의 책임을 언급하고 있었다. 그럼에도 불구하고 정당과 이견을 수용하려 하지 않는 것으로 보아 이승만의 사상은 공화주의라기보다는, 대의와 정당과 대표를 부인하고 국민과 국가, 최고 지도자와 인민이 직접 관계를 맺는 이른바 국민주의/국민민주주의(plebiscitarianism)에 가까운 것이었다.[25)] 아래에서 '결열분자'는 공산세력을 지칭하고 있음이 분명하였다.

> 그러나 불행한 것은 아즉도 결열분자가 약간 잇어서 통일 완성을 은근히 방해하는 모양이라 합니다. 조선사람들이 다 합동해서 조선 강토를 회복하여 가지고 조선민족이 가치 살길을 차저 나아가자 하는 것을 조선민족의 피를 가진 사람들로서 반대한다면 이것은 고지들을 수 업는 말이요 이것이 우리 민족 전체의 큰 근심이 되는 점임니다. 이왕 전제정권 미테서는

24) 『건국과 이상』, 16쪽.

25) 국민민주주의에 대해서는 Reinhard Bendix, *Nation-building and Citizenship,* pp. 90-105; J. L.Talmon, *The Origins of Totalitarian Democracy* (Boulder; Westview,1985) 참조.

> 백성에게 정권을 허락하지 안헛은즉 이조 말년에 모든 부패한 정령은 그때 당국의 죄라 할 수 잇고 과거 40년 동안 포악잔혹한 정치는 왜적의 죄라 할 수 잇으되 지금은 공화제도 아레에서 모든 속박은 다 끈혀버리고 일국의 존망과 안위를 전수의 일반 인민에게 맛겻은즉 이후부터는 조선이 잘되든지 못되든지 전혀 조선사람의 담책이니 우리 3천만 민족 가운데 이 책임을 면할 수는 업슬 것입니다.[26)]

이승만은 전제정권, 식민통치와는 다른 공화제도에서의 일반 인민의 역할을 강조하면서, 모두의 합동과 단결을 강조하기 위해 주체적 책임과 헌신을 요구하고 있다. 동시에 그는 4천년 부여민족의 기상을 언급하며 주인과 노예를 대비하며, 주인으로 살자고 호소한다. 정당을 우회한 채 대중과 직접 관계 맺는 국민민주주의 및 외세와 민족을 대비한 민족주의는 이승만에게 초기부터 가장 강력한 두 가지 동원재료요 기제였음을 알 수 있는 것이다. 여기에다 앞서 말한 반공주의를 합치면, 우리는 이미 1945년 두 달 동안의 언설에서 이승만의 핵심 정치사상 세 가지가 모두 명확하게 드러나 있음을 알게 된다.

> 지금부터는 할 수 업다는 말은 영영 업시 해야 될 것입니다. 해도 우리가 하고 아니 해도 우리가 아니 하는 것이지 시킬 사람도 업고 막을 사람도 업습니다. 우리가 할 수 업다 하고 안젓으면 이는 다만 남의 노예 노릇박게 할 수 없다는 말입니다. 남의 노예로만 살자 할진덴 이는 결코 우리 민족의 정신도 아니요 4천 여년 부여 유족(遺族)의 기상도 아닙니다.[27)]

물론 그는 공화주의 정치를 언급하며 민중평등의 사상을 견지하고 있음도 보여주고 있다. 이승만에게 일체의 특권과 귀족을 타파하는 급진개

---

26) 『건국과 이상』, 16-17쪽.

27) 『건국과 이상』, 17쪽.

혁 사상은 한말 개혁운동을 할 때부터 이승만의 기본적인 정치노선이었음을 알 수 있다.[28] 민주주의와 공화주의에 대한 국민책임, 시민 개개인의 책임의식 역시 확고하게 인식하고 있음을 아래의 인용은 잘 보여주고 있다. 게다가 공심을 갖는 국민의 전체 및 국가에 대한 충성을 강조하는 언명을 보면 이승만은 대의민주주의자라기보다는 전형적인 국민민주주의자임을 알 수 있다.

> 공화정치 미테는 놉고 귀한 이도 업고 얏고 천한 이도 업는 것임니다. 경향의 구별이나 지위의 등분이나 다 업슬 것임니다. 중앙정부나 지방정부의 잘되고 못되는 것은 다 그 정부 미테 사는 남녀가 일체로 책임을 지는 것임니다. 이는 달음이 아니라 그 정부의 당국을 인민이 공동히 투표하여 선정하는 까닭임니다. 인민이 각각 그 직책을 다 하여 그른 사람을 피면하고 옳은 사람을 보호하면 나라이 잘되고 지방이 잘되나니 이는 각각 인민의 여론을 따러서 하는 연고임니다. 그런고로 인민이 각각 사욕만 잇고 공심이 업어서 남은 살던지 죽던지 나라는 잇던지 업든지 나 하나만 살면 그만이라 할진댄 그 나라는 서지 못하는 법임니다. 나라가 서지 못하면 나의 정당은 어데 잇으며 나의 가정은 어데 잇으며 누가 보호할 것임잇까. 이것은 지난 40년 동안에 지낸 경험이 소상하니 더 말할 필요가 업슬 것임니다.[29]

그러나 이익갈등은 그가 보기에 사욕과 불행을 고취하는 행동이자 막대한 피해를 주는 일이었다. 우선 노동자 파업에 대한 이승만의 생각은 분명하였다. 아직 국가가 서지도 않았음에도 불구하고 그는 나라가 먼저

---

28) 유영익, 『젊은 날의 이승만』, 연세대학교 출판부, 2002: 이정식, 『이승만의 구한말 개혁운동』, 배제대학교 출판부, 2005: 손세일, 『이승만과 김구』, 1-2권, 나남, 2008.

29) 『건국과 이상』, 17쪽.

요 개인이 뒤라고 하고 있다. 거의 국가원수와 같은 언명을 하고 있는 것이다. 동시에 이승만은 자유주의를 불신하고 인정하고 있지 않음을 알 수 있다. 자유주의의 부정과 국민주의의 수용 및 추구, 이점은 이승만 사상과 노선의 가장 중요한 특징으로 보인다. 노동자의 정치참여에 대한 생각 역시 거의 반대에 가까운 것이다. 파업을 노동자의 권리로 인식하고 있지도 않은 것이다.

> 왜적의 압박정치가 문어지고 공화자유를 공포한 이후 모든 충애한 동포는 공심(公心)을 가지고 이 복스러운 자유권을 보호해서 만세복락의 기초를 셰우려고 로심로력하는 가운데에 불행히 선동하는 자들이 잇서서 민중의 사욕과 불행을 고츼하야 경향 각처에 불소한 폐해을 주는 일이 잇다 하니 그 사실을 깁히 조사하지 못하고 경솔히 말하기는 어려우나 위선 보고된 바에 의하야 몟 가지 폐단 되는 조건을 간단히 설명하랴 함니다.
>
> 첫재로는 동맹파공입니다. 선동자들이 말하기를 우리가 지금부터는 공전을 만히 밧고 일하는 시간을 주리고 모든 대우는 더 낫게 하랴 하야 동맹파공하면 우리의 원하는대로 될 수 있다 하는 것이니 이것은 실로 나라가 먼저요 개인이 뒤라는 것을 생각치 못하는 말입니다. 이때에 각 개인이 다 ―사사의 리해만 위하고 민국의 리해을 불고하면 우리 독립의 일은 엇지 될 것입니가? 동맹파공을 주장하는 분들 생각해 보시요. 우리의 원수가 우리를 노예와 우마처럼 모라다가 우리 동족을 잔해하는 일을 억지로 식힐 적에도 우리는 아모 말도 없이 40년을 참아 왓거든 지금 우리가 우리나라을 차자 가지고 자유독립의 기초을 셰우랴고 하는 이때에 설혹 불공평한 대우을 바들지라도 우리가 애국애족하는 마음으로 참고 민국 건설에 도움이 되도록 힘을 써야 할 것입니다. 기계 하나라도 놀여서는 아니될 것이라고 결심해야 됩니다. 그러케 하는 것이 참으로 자유민의 애국하는 본의임니다.[30]

30) 『건국과 이상』, 18쪽.

또 이승만은 일본인들을 당장 징벌하거나 내쫓는 것에 대해서도 반대하였다. 해방 직후 임에도 이 문제는 민족정서나 도덕주의보다는 특유의 현실주의, 또는 실용주의적으로 접근하고 있는 것이다. 일본인에 대해서는 현실주의적이었으나, 반면 뒤에 보듯 공산당에 대한 적의는 매우 강경했다. 마치 훗날 건국 이후의 친일파 처벌 반대논리와 유사하다. 우리가 지금 보고 있는 바와 같이 건국 2개월의 짧은 시간에 나타나는 이승만의 구상, 사상, 노선은 아주 오래된 사상의 단기표출인 동시에 집중표현이며, 또한 건국 이후의 정치노선과 시책의 기반을 이루고 있다는 점이다. 즉 이 짧은 시기의 언설에 그의 정치 노선의 거의 모든 것이 들어있음을 알 수 있는 것이다. 그는 말하고 있다.

> 석탄을 케야 합니다. 석탄을 케면 긔차를 부려서 운수할 터인데 모든 기관수는 거의 일인이라 한즉 일인 기관수을 쓰지 안코는 필경 탄광도 열지 못하고 철도도 폐지할 지경이라 하니 삼동(三冬)에 어러 죽을 사람은 우리 한일들 뿐입니다. 그런즉 아모리 실트래도 일인 기관수를 림시로 써서 모든 공장이 열이게 하고 일변으로 배와서 한인 기관수가 대신할만 하면 즉시 갈아내게 해야 될 것입니다. 이와 같은 결심으로 일을 시작하는 것이 실로 애국하는 본의입니다. 탄광의 광부들은 일제히 분기하야 나라를 위하야 동포를 위하야 노력하기를 바람니다. 우리가 하로밥비 일인를 다 모라내고 십지만은 일변으로는 일인을 얼마 동안 자바 두는 것이 올흘가 합니다. 저의가 우리나라에서 쫏겨나게 될 때에 모든 기게와 건물을 파상식힌 것이 불소함니다. 이것은 일인을 자바다가 채측질로 때려가며 다시 건축도 하고 계량도 해노와야 할 것입니다. 평안히 돌려보내고 우리 손으로 계량하는 것은 오히려 어리석은 일입니다.[31)]

---

31) 『건국과 이상』, 20쪽.

마침내 친일분자를 처벌하는 문제에 다다른다. 건국 훨씬 이전일 뿐만 아니라 막 독립된 직후의 그의 구상과 입장은 무엇일까?

> 넷재로는 친일분자들을 중벌하자는 문제입니다. 도처에 이러나는 중요한 문제는 과거 수 십 년 동안에 왜적을 의지하고 해국잔민(害國殘民)한 여러 반역분자들을 군정 당국에서 처벌치 안어 선악이 분별되지 안코 □□□□ 대우하야 충역을 혼잡식히니 인심이 불복이라 합니다. 과연 나라를 팔고 동족을 잔해한 공적을 일일히 중벌하야 국민성을 청결케 해 노와야 장원한 기초가 바로잡힐 것으로 밋습니다. 그러나 내 생각에는 이 사람들을 아즉 방임하여 두엇다가 일후 국권이 회복하는 날에 우리 법정에서 심판 처리하는 것이 올흘 것입니다. 이는 다름 아니라 첫재는 우리의 공분을 우리의 손으로 설치(雪恥)할 것이고 외인의 손을 비려 하는 것은 우리의 원이 아니며 둘재로는 미국사람이 우리를 대신하야 벌을 준다 해도 누가 누구인 것을 알기도 어렵고 상당히 증치할는지도 의문이니 이것은 아즉 정지하얏다가 시기를 기다리는 것이 올흘 줄로 압니다.[32]

지금의 이 언설은 중요해 보인다. 분명한 것은 이승만이 미군 주도하의 친일파 처벌에 대해 반대하고 있다는 점이다. 우리 손으로 처벌하자는 논리와, 미군은 범죄자들을 잘 모른다는 논리에 의해서 였다. 그러나 이 둘은 모두 틀린 주장이었다. 후자는 성립 자체가 안되는 주장이었으며, 전자 역시 왜 꼭 우리가 직접 처벌해야만 한다는 것인지 논리가 서질 않는 것이었다. 훗날 우리에게 처벌의 권한이 주어졌을 때 오히려 이승만은 지금보다 더 강하게 친일파 처벌을 반대한바 있었다. 국제법상 시효 완성을 갖지 않는 범죄라고 할 수 있는, 제2차 세계대전 이후 과거 전쟁범죄(past wrongdoings)나 반인륜범죄(crime against humanity), 반평화범죄(crime against peace)에 대한 근절에 실패한 유일한 지역이

32) 『건국과 이상』, 20-21쪽.

동아시아 지역이었다는 점에 비추어, 동시에 노동자들을 포함한 불평불만 분자에 대한 그의 엄정한 인식과 대처에 비추어, 이미 범죄가 판명해진 친일파들에 대한 그의 관용은 이중 기준임에 분명한 것이었다.

나아가 이승만은 일관되게 양반사상과 자본주의를 반대하였다. 그에게 자본주의는 특권계급의 이익을 보장해 주는 반(反)민생, 반(反)평민, 반(反)평등 경제체제로 이해되었다. 그것은 민주주의와 공화제에 반대되는 것이었다. 초기부터 나중에 일민주의를 제창할 때까지 이승만의 반자본주의 사상은 일관된 것이었다. 또한 보통선거에 대한 그의 지지 역시 확고한 것이었다. 또한 그는 아직 정부가 수립되기 이전임에도 불구하고 토지분배에 대한 의지 역시 확고하였다. 자본과 노동 사이의 이익의 평균 분배를 주장하고 있기도 하다. 이는 건국 헌법과 건국 직후의 경제사상과 노선에서도 동일하였다. 더욱 놀라운 점은 그가 벌써부터 정부 당국자들의 계획을 말하고 있다는 점이었다. 마치 자기 정부와 자신의 시책을 말하고 있는 듯한 뉘앙스를 주고 있는 것이다. 그는 이미 정부를 수임한 듯 행세하고 있는 것인가?

> 다섯재는 양반게급과 자본주의와 완고사상입니다. 근자에 선동하는 자들의 말이 림시정부는 완고한 양반게급이오 자본주의자들이니 국가와 민생에 방해를 줄 터이라 하는 말이 있습니다. 이런 말을 듯는 선량한 남녀는 주의하야 들어주기를 바람니다. 1919년에 한성에서 림시정부를 조직한 국민대회의 선포한 약장에 일럿스되 우리나라는 민주주의요 정체는 공화제이며 문벌과 등급을 타파하고 법율 아래 다 일시 평등이라 하엿스며 남녀의 구별이 없시 연령이 찬 사람은 일병 투표권을 허한다 하엿습니다. 이 정체 밋혜서 다른 것이 잇슬 수 엄습니다. 그리고 지금 군정에서 모든 일본인의 토지와 부동산을 봉쇄하여 두엇스니 일후에 우리 정부에서 법측으로 타정하고 각 농민에게 상당하게 분배하야 년기를 한하고 경작하게 될 것임니다. 공업을 권려하되 법률로 재정하야 자본과 로동이 평균히 리익

를 누리게 하고 국가의 부요를 도모하게 하랴하는 것입니다. 이것이 다 우리 정부 당국자들의 계획 가운데에 잇는 몃 가지만을 말삼하는 것임니다. 이상의 각 조건이 다 나라를 먼저 회복하고야 쉽게 진행될 일이요 나라를 회복하기는 전민족이 먼저 통일되고야 할 일입니다. 일반동포는 남의 선동에 흔들리지 말고 각각 그 맛튼 책임을 부지런히 행하시요. 부지러니 일 할 적에 한 가지 목적을 가지고 나아가야 함니다. 이 목적은 우리가 다 합동해서 일헛든 나라를 먼저 찻자는 것입니다. 이대로 하면 성공될 줄 밋습니다.[33)]

4. 공산당에 대한 나의 관념

당시에 가장 첨예한 문제였던 공산주의와 공산당에 대한 이승만의 초기 생각은 무엇이었을까? 그는 "나는 자초로 공산당에 대하여 호감을 가진 사람"이라고 먼저 말하고 있다.[34)] 특히 그는 경제정책을 수용할 것임을 밝히고 있다. 자본주의를 반대하는 이면에 적어도 경제정책 상에서는 공산주의를 일정 부분 동정하고 있는 것이다. 아래 말한 농민에 대한 토지분배 등은 그가 집권 후에 실지로 시행하는 구상이었다.

그 주의의 얼마는 찬성합니다. 일후 우리 정부에서 경제정책을 세울 적에 공산주의에서 채용할 것이 여러 가지입니다. 자본주의나 계급주의를 혁제(革除)하여 농민은 땅이 잇고 빈민은 의식이 잇게 할 것입니다. 나는 공산주의에 얼마큼 동정입니다.[35)]

서백리아 눈바람에 가진 풍상을 격그며 고국을 위하아 혈전고투하는 동포들과 악독왜적의 압박 밋에서 지하공작으로 백절불굴하고 배일 항전하던 공산당원들을 나는 공산당원으로 보지 안코 애국자로 인정합니다.[36)]

---

33) 『건국과 이상』, 21-22쪽.

34) 『건국과 이상』, 22쪽.

35) 『건국과 이상』, 22쪽.

이는 독립투쟁을 진행한 공산주의자들에 대한 인정인 것이다.

> 왜적이 항복한 후에 외국의 승인을 엇기 위하야 인민공화국을 세운 것은 사욕이나 불의의 생각이 아닌 줄로 밋습니다. 내가 그 정부의 두령으로 피선된 것은 나의 과분의 영광으로 암니다. 그러나 한 나라에 두 정부가 잇슬 수 업는 것은 내가 선포한 바와 가트며 또 나 개인의 소원은 다른 것이 업습니다. 여러 번 죽엇든 목슴이 살아서 고국에 도라왓스니 지금은 우리 독립정부 밑에서 일개의 자유로운 평민으로 우리 동포와 사생을 가치하자는 것이 나의 소원입니다.[37]

인공의 추대도 이해한다는 입장이며, 평민들과의 동일시를 추구하겠다는 의지의 표현이었다. 이러한 평민노선, 대중주의, 군중노선은 이승만 정치의 중요한 파괴력이자 생명력의 하나였다.

그러나 이승만은 동시에 매우 때 이르게 공산주의자들에 대한 우려를 표명하고 있었다. 초기에 이 정도의 언설이면 그것은 상당히 강하게 표현하고 있는 것이었다. 식민시대의 악선전과 선동, 분열을 그들의 책임으로 몰아가고 있는 것이다. 경제평등정책의 부분적 수용을 제외하면 이승만의 반공주의는 일제시대부터 요지부동이었던 것이다.

> 과거 수년래로 한인공산당에 대하얀 다소 우려하는 점이 잇습니다. 공산주의자를 두 부분으로 난호아 말할 수 잇는데 첫재는 공산주의가 경제방면으로 근로대중에게 복리를 줄 것이니 이것을 채용하자는 목적으로 주장하는 인사들입니다. 이러한 공산주의에 나는 얼마큼 찬성합니다. 둘재는 경제정책의 이해는 엇지 되던지 공산정부를 세우기만 위하야 무책임하게 각 방면으로 선동하는 중에서 분쟁이 발생하야 국사에 손해를 끼치는 이들이니

36) 『건국과 이상』, 22쪽.

37) 『건국과 이상』, 23쪽.

> 이 극열분자가 참으로 염녀 되는 점입니다.
>
> 미주와 중국에 잇는 한인에게도 이런 분자가 몃몃 잇서서 내외국의 인심을 현혹케 하는 바가 잇슴니다. 한인이 분열이라 또는 한인이 자치할 능역이 업다 하는 등 모든 악선전이 다 이 분자들의 선동한 결과임니다. 우리 한인 뿐 아니라 중국과 구리파의 각 해방국에도 다 각각 이러한 분자들이 국중에 잇서서 국민이 분열되고 골육이 상쟁하는 참화를 양성하니 나는 이러한 공산분자로 인연하야 근심함니다.[38]

공산정부 수립을 위한 선동분자를 반대하고, 동시에 한인에 대한 악선전의 책임을 거듭 공산주의자들에게 묻고 있는 것이다. 그것도 일반화하여 비판하고 있음에 주목할 필요가 있다. 친일파 처벌도 미루자고 주장하면서, 공산당에게는 때 이르게 책임을 묻고 있음을 알 수 있다. 이승만의 공산당에 대한 비난과 비판은 매우 구체적이고 적의에 찬 것이었다. 또 그들을 일본의 모략에 빠진 것으로 인식하기도 하였다. 소란 야기, 외국인 배척, 임시정부 반대, 미군정 퇴각, 낭설 조작, 인심 현혹, 위협과 공겁, 민간 재정강탈, 국가 정령 문란, 암살대 조직, 불법행동 등등 사용하는 용어도 벌써 초강경이었다.

해방 직후의 시점에 이미 좌파와 우파의 합동은 불가능하다는 점을 아래의 언설은 약여하게 보여주고 있다. 공산주의자들에 대한 조치가 없다면 벌써 안녕과 질서를 유지하기 어려운 단계로 인식하고 있음은 가장 주목할 만하다. 즉 이 점은 공산주의자들과의 공존, 양립 불능을 넘어 벌써 미군에게 일정한 조치를 요구하고 있음을 의미하기 때문이다. 공산주의자들로 인하여 한소관계가 틀어질 것을 우려하는 방식도 독특하다. 공산주의자들의 행동에 대한 이승만의 인식과 공격을 살펴보자.

---

38) 『건국과 이상』, 23-24쪽.

이 사람들이 일인의 재정을 얻어 가지고 모든 활동으로 각 지방에 소란를 일흐키며 외국인을 배척하는 선전과 임시정부를 반대하는 운동으로 인심을 리산시켜서 미국 군정부가 한국을 해방시키지 못하고 속히 밀려 나가기를 도모하는 것이니 이는 일인의 모략에 빠지는 것입니다. 일인은 한미 양국 간에 오해가 생겨서 형세가 일본에 유리하게 전개되기를 바라고 잇는 것입니다. 이 사람들로 인연하여 실로 애국하는 공산당원들의 명예가 손상됩니다. 이 분자로 인연하여 장차는 한국과 로국 사이에 친선한 우의를 손상하며 국제상 오해가 생길 염려도 불무합니다. 각 지방에 흐터저서 모든 부언랑설을 고작(鼓作)하여 인심을 현혹시키며 위협과 공겁으로 당파를 확장해서 민간의 재정을 강탈하는 폐단이 종종 있어 일국의 정령을 문란케 하니 이런 난국을 수습치 않고는 안령과 질서를 유지하기 어려울 것입니다. 순량한 청년들을 백방으로 꾀여다가 애국자의 미명을 쓰고 암살대를 조직하여 동족 간에 피를 흘□□□□로 언사로 맹약을 받아 불법행동을 비밀히 양성합니다.[39)]

결국 이승만은 해방 첫해 농촌과 공장의 각종 문제들을 이들의 책임으로 귀착시키며 자신의 최종의사를 표명한다. 중국이나 폴란드와 같은 종국적인 내란의 가능성을 차단하기 위해 이들을 방임하여서는 안된다는 것이었다. 국제공산주의의 침투위험성도 미리 경고하고 있다. 대중들의 조직화를 통한 반공투쟁도 독려하고 있다.

경향 각처에 이 극열분자들의 선동으로 농민이 추수를 걷으지 않는다 가게공장에 동맹파공을 시킨다 하는 등 모든 분요와 충돌이 다 이 분자들의 활동하는 결과입니다. 이것을 방임하면 앞으로 큰 환란을 만들어 종당은 중국이나 파란국과 같이 민족 간에 내란을 이르켜 피를 흘리고 쟁투하기에 이를 것입니다. 국제상 영향이 어데까지 미칠는지 모릅니다.

---

39) 『건국과 이상』, 24쪽.

> 이러한 폐단을 막을 계획은 다만 우리 애국 애족하는 모든 남녀에게 있습니다. 각각 제 정신을 차려서 이런 선동에 흔들리지 말고 각도 각군에 단체를 조직하여 서로 밀접하게 연락하며 촌촌면면(村村面面)이 심방하며 선전해서 모든 동포로 하여금 그 위험한 음모를 알게 하는 것이 유일한 방책입니다. 많은 동포가 사실을 모르고 그 선동에 빠져서 민국 장래를 위태케 하는 것을 일반 민중에게 해유하며 권연하여 일조에 석연히 각오만 되면 그제는 다시 악수 환영으로 합심 합력하여 화평과 안락의 길로 함께 나갈 줄 믿습니다. 요컨댄 이때는 우리가 사정과 사욕을 버리고 국권을 회복하며 강토를 찾는 한 일에 대동단결하여야 될 때입니다. 이 일에 대하여는 각 개인이 일일이 책임을 진 것입니다. 여러분은 하나도 빠지지 말고 분투 노력하시기를 간절히 부탁합니다.[40)]

전국적으로 도와 군에 조직을 만들어 공산당의 음모를 폭로하고 방지해야 화평과 안락의 길로 갈 수 있다는 의미의 언설이었다. 그를 위하여 사욕을 버리고 대동단결해야 할 때라는 것이다. 그가 말하는 단결과 통일의 의미와 목표, 대상이 어디에 있는지가 분명해지는 순간이었다.

5. 임시정부와 김구주석

해방 직후의 가장 중요한 문제의 하나는 좌우, 남북 분열로 치닫는 현실에서 이승만과 김구의 연대 여부였다. 임시정부와 김구의 귀국에 임하여 이승만은 "날마다 고대하던 우리 임시정부와 그 주석인 김구 선생 이하 합 15인이 지난 25일에 상해에서 미국 군용비행기로 서울에 도착하얏스니 우리 전국 인민은 일심으로 환영합니다"[41)]고 뜨거운 환영의 말을 표하였다. 그러나 이들의 입국에 대하여도 그는 공산당을 비난하였다. 이 점은 김구의 귀국에 즈음해 이승만 이상의 열렬한 환영사를 표했

---

40) 『건국과 이상』, 25쪽.

41) 『건국과 이상』, 25-26쪽.

던 조선공산당의 입장과는 상당히 다른 것이었다. 지속적으로 임정에 대한 저항과 반대가 강력하였음을 언급하는 의도는 다른데 있는지도 몰랐다. 즉 이미 독촉을 구성한 상태에서 그것의 단일정부성이나 통일성을 인정하지 않으려는 것인지도 몰랐다. 또 선량한인과 불량한인을 구분하는 데서 볼 수 있듯 이미 이념적으로 두 국민 전략은 분명한 것이었다.

> 우리가 이 분들을 공개로 환영치 못하고 비밀히 입성게 된 것은 일반이 다 큰 유감으로 생각합니다. 그러나 그 이유는 다만 한인 중 불평분자들이 임시정부를 은밀히 반대하야 백방으로 조전하다가 필경은 몇 백 명이 노상에서나 정거장에서 습격을 한다 또는 각 방면으로 충돌을 이르킨다는 등의 각종 랑설이 유행하는 고로 군정 당국들은 생명과 질서를 보호하는 책임에 특히 근신을 주장하야 비밀을 직힌 것이니 이것으로만 보아도 한국의 독립은 부량한인들의 장해로 손해를 받는 것입니다.[42]

그러나 3 · 1운동과 임정과 김구에 대한 의미 부여나 비중의 인정은 분명한 것이었다. 이승만은 3 · 1운동을 세계 비폭력 저항운동의 선구로 보고 있었다. 간디에도 앞섰다고 보고 있는 것이다. 그리고 그러한 비폭력 저항운동으로 인해 임시정부가 수립될 수 있었음도 명확하게 지적하고 있다. 아래 문장은 이승만이 해방 직후 3 · 1운동을 얼마나 크게 인식하고 있는지를 보여주는 역사인식이기에 좀 길게 인용한다.

> 우리 임시 정부는 기미만세운동에 우리 애국남녀의 의혈로 세운 것입니다. 기미년만세운동은 비폭력혁명이라는 명사가 세계 역사에 처음 되는 영광스러운 사적으로 세인의 칭송을 받는 것입니다. 각국 신문 잡지와 각종 서책에 우리 3 · 1운동을 기재한 것이 많읍니다. 그러나 재내(在內)한 동포

42) 『건국과 이상』, 26쪽.

들은 왜적의 압박으로 인연하야 아는 동포가 많치 못한 것이 사실입니다.

세상에서 인도국 간듸를 비폭력혁명의 시조로 인정하는 이가 많으나 실상은 우리가 비폭력혁명을 먼저 시작한 것입니다. 자고로 혁명이라는 것은 인명을 살해하고 폭력으로 정부를 번복하는 것인데 기미년 우리의 만세시위운동은 우리 원수를 살해하지 말고 우리가 죽기로서 정신적 항거로 폭력을 쓰지 않고 적국을 몰아내자는 주의입니다. 과연 역사상에 처음 되는 빛나는 일입니다.

기미년 3월 초하로날에 13도 대표 33인이 서울 명월관에 모혀서 독립선언서에 서명하고 왜(倭) 경찰서를 전화로 불너서 우리가 독립선언 하얐으니 와서 잡어가라고 앉어서 기다렸읍니다. 그 중에 길선주(吉善宙) 목사는 늦게 도착하야서 같이 잡혀 가지 못하고 도 경찰서에 가서 말하기를 자기도 33인 중 하나이니 가두어 달나 하였읍니다. 나라 독립을 위하야 죽기를 자원한 사람들이 이분들입니다.

독립선언서를 미리 목판에 삯여 여러 만장을 인쇄하여 비밀히 전국에 전파하엿다가 3월 1일에 33인이 서명한 후로 서울에서는 탑골공원에 수만 명이 모혀서 독립선언을 낭독하고 국기를 내저으며 만세를 부르고 종로 네거리로 행열하야 나갓고 동시에 전국 300여 도회처에서도 역시 일시에 이와 같이 하여서 왜적이 엇지할 줄을 모르게 된 고로 경찰정탐의 실패와 한인의 비밀조직력의 성공을 세상이 깜작 놀냈습니다. 그 후는 왜적의 만행으로 우리 충애하는 남녀를 한 없이 살해한 것과 우리의 애국동포가 백절불굴(百折不屈)로 어린 학생 아해들까지 열열한 정신으로 독립운동을 게속한 사적은 과연 자랑스러운 일입니다.

왜적의 순검, 병정, 헌병 등이 전국에 편만(遍滿)해서 인민을 무한히 살해하여 집집이 수색하기와 사람마다 검색하야 꼼작 못하게 만들어 노았으되 13도 우리 대표가 서울에 비밀히 모혀서 국민대회(國民大會)를 열고 임시정부(臨時政府)를 조직한 후 전문을 또 인쇄하야 세게에 발포하고 잡혀가서 옥에 가치고 악형을 당한 것입니다. 그런즉 우리 임시정부는 몇천 몇만 동포의 보배로운 피로써 세운 것입니다.[43)]

3·1운동의 피값과 임시정부를 동일시하고 있음을 알 수 있다. 그러나 그는 지금까지 예의 그러하였듯 임시정부의 고난에 대해서도 언급하는 동시에 국제적 승인이 임박했음도 언명한다.

> 이 정부가 상해로 위치를 정하게 처음은 내지의 많은 재정이 동하여 원조하다가 나종은 다 막히고 미주와 하와이, 멕시코, 큐바 동포들과 원동 외지 동포들의 열성으로 27년을 유지하여 왔는데 이번 전쟁 이후로 중국정부와 가치 이리저리 피란하다가 중경으로 가 있었으며 중국정부와 정치와 경제상 원조로 지나온 중 가장 장개석(蔣介石) 주석과 그 부인의 힘이 많었으니 우리는 장주석에게 감사할 일이 많음니다. 이번에 모든 각원의 귀국하신 것도 다부분 장주석과 여러 당국의 동지자의 협동 찬성으로 미국대통령과 협의하야 된 것이니 중·미·불 3국으로는 발서 법적 승인을 할만한 준비가 된 것임니다.
>
> 그러나 아직 연맹국 간에 양해가 충분 되지 못함으로 승인이 좀 지체되는 중인데 소위 신탁통치와 위임제통치라 하던 언론은 다소간 정지된 모양인데 하지 중장이 미정부에 보고한 힘이 많음니다. 지금은 국제상 다른 고장만 없으면 한인들이 합동하야 저의 원하는 것을 이의 업이 표명한다면 우선 38도 이남에 대한 해결책은 순조로 진전될 줄 믿음니다.[44]

임정에 대한 국제적 승인문제는 의도적이었든 무지였든 이승만의 오류가 분명하였지만, 아직 모스크바 3상회의 이전이었음에 비추어 신탁통치·위임통치문제에 대한 언급은 그가 하지와 얼마나 긴밀하게 협력하고 있는지를 알게 해주는 언설이다. 그와 맥아더, 하지는 이승만 귀국운동 추진 시점부터 일관되게 같은 구상과 정책을 견지하고 있음을 알게 해준다.

---

43) 『건국과 이상』, 26-28쪽.

44) 『건국과 이상』, 28쪽.

아래의 언설은 이승만으로서는 이례적으로, 동시에 처음이자 마지막으로 해방 이후 김구에 대한 개인적인 충성 언명일 것이다. 이승만이 이렇듯 김구에 대한 사실상의 복종 의사를 표명한 것은 이례적이었다. 임시정부의 귀국에 즈음하여 고양된 임정과 김구에 대한 환영 열기 및 미군의 깊은 관심을 반영한 것이 틀림없었다. 그러나 임정과 독촉이 헤게모니를 놓고 다툴 수밖에 없었듯 이승만과 김구의 연대는 불행하게도 한시적인 것이었다.

> 정치방면으로는 해내외에서 여러 인도자들의 진충갈력(盡忠竭力)한 공효를 다 일일히 설명키 어려웁니다. 그동안 작고하신 이도 여럿이오 각원 중으로도 생존하신 분이 몇 분 있어 무한한 풍상을 겪고 고국에 도라 와서 자유로 모혀 앉게 되니 슲으고 기쁜 정회를 금하기 어려웁니다. 임시정부를 지금까지 유지하여 온 공효를 정치상으로 보자면 김구 주석의 변치 안코 직혀온 공로가 가장 많은 줄 암니다. 나는 우리 정부의 주권 될 인격을 구할 적에 황홀 영롱한 영웅을 취하지 않음니다. 삼두육비(三頭六鼻)의 비상한 인물을 요구치 않음니다. 특수한 기능과 신기한 수완으로 조변석개(朝變夕改)하는 인도자들은 아직 미더서 국권을 맛기기 어려웁니다. 그럼으로 다만 애국애족하는 열정으로 이욕과 사정(私情)을 초월해서 직책을 맛기면 몸이 두 쪼각이 나더라도 주저치 않고 직혀 나가며 선의를 세워서 내외국인에게 추앙을 받을만한 자격을 가지신 이면 나는 더 요구가 없음니다. 5조약 7조약에 일홈만 한 번 두면 부귀영화 다 자기의 장중물(掌中物)이 될 것을 알고도 아니할 사람을 나는 원함니다. 천검만창(千劍萬鎗) 중에서도 굴하지 아니하고 우리 독립을 위해서 끗까지 싸홀 사람을 나는 요구함니다. 이런 인도자가 잇다면 나는 무조건하고 추대하여 그 분이 그 지위에 있어야 될 줄 암니다. 지금 그 분이 있으니 그 분은 우리 임시정부 주석인 김구 선생임니다. 우리가 김구 선생의 인솔 밋테 나아간다면 멀지 않어 성공할 줄로 밋는 바임니다.[45)]

Ⅲ. 통일 합동하자

1. 귀국 후에 제일성(第一聲)

이승만이 단결과 통일을 외친 것은 당시의 시기가 갖고 있는 중차대성도 있었지만 전술했듯 국제사회의 시각 역시 중요하였다. 물론 이 때 국제사회와 외국인들은 거의 전적으로 미국을 의미했다. 하루 빨리 귀국하고자 하는 미군철수에 대비하여 자력으로 치안을 확보하고 질서를 유지하자고 호소한다. 미군진주 시점부터 곧바로 이들의 귀국을 말하고 있는 놀라운 언설이었다. 이것은 소련군이 진주해 있는 상황에서 머지않은 장래에 미군이 실제로 철수해 주기를 바라는 마음의 표현이라기보다는 미군철수를 강조하여 국내적 단결을 촉진하고자 하는 의욕의 표현일지 몰랐다.

> 지금은 이 대로(大路)의 장애가 전부 제거되여 대도무문(大道無門)의 형태에 잇슨즉 우리는 지금부터 우리 조국의 재흥을 위하야 협심륙력(協心戮力)하지 안으면 안될 것이다. 과거의 우리의 역사를 회상할 때 우리 연배들이 책임저야 할 일이 만흐며 동시에 제군 청년에게 부여된 사명은 압흐로 큰 것이 잇으며 그 책임은 또한 중하다 할 것이다.
>
> 지금 외국의 조선에 대한 최대한 관심은 40년간 피압박 민족으로 탄압되는 조선민족에게 자유해방의 기회를 주면 과연 자주 독립의 훌륭한 정치를 해내갈까 하고 관심하는 것이다. 그만큼 우리의 실력을 평가하며 주시하고 잇다.
>
> 그럼으로 우리는 외국인들이 주시하고 평가하는 그 사실을 진지하게 생각하고 우리 한인 자체가 시급히 대동단결 합동통일전선을 형성하야 건국의 새 역사를 창조치 안으면 안될 것이다. 따러서 군정하의 치안을 담당하

45) 『건국과 이상』, 29쪽.

고 잇는 미국 주둔군은 하로빨리 귀국하고저 원함으로 우리들 자신이 치안을 확보하고 우리의 정치력을 집결식혀야만 할 것이다.[46)]

그런데 더욱 중요한 점은 이승만이 지속적으로 미군 고위 지도자들과의 의견 일치를 강조하고 있다는 점이었다. 그들과의 협조를 통해 건국의 기본방침을 확립해야 한다는 점도 분명히 하고 있었다. 이것은 친미노선을 확고히 하여 미국과 미군에게 보내는 신호이자 국민과 경쟁자들, 소련, 북한을 향한 복합적인 신호이기도 하였다. 미국, 미군과 가장 밀착한 정치인이 누구인지를 명징하게 보여주고 있는 동시에 힘의 실체와 충돌하지 않겠다는 의사의 표현이기도 하였다.

이번에 귀국하야 하지 지휘관과 아놀드 군정장관과 의논한 결과 공통된 논점을 발견하얏고 의견의 합치가 잇섯슴으로 우리는 다만 그들과 협조하야 조선건국의 기본방침을 확립하지 안으면 안될 것이다.[47)]

그러면서도 이승만은 국내 동포들을 향해 한껏 몸을 낮추었다. 대중과 국민들에게 호소하고 도움을 청하고 동원하는 그 특유의 평민노선, 대중노선, 군중노선의 표출이었다. 동시에 사인 자격임을 다시 강조하는 임정이나 미군정청에 대한 언명은 혼자 대표를 자임하여 많은 시련을 겪었던 임정 시기를 고려한 발언일 가능성이 매우 컸다. 그러면서도 군정청의 알선을 언급하여 이들이 자신의 뒤에 있음을 누누이 강조하려 하였다. 다른 경쟁자들은 결코 갖지 못한 것이었다.

34년간 고국을 떠나 잇섯슴으로 이곳 형편을 전연 알 수 엄스며 여러

46) 『건국과 이상』, 30-31쪽.

47) 『건국과 이상』, 31쪽.

가지로 이곳 사정을 드러 동포 제위와 제휴하야 허심탄회(虛心坦懷) 오즉 건국의 대로를 매진하고저 노력할 뿐이다. 이번 귀국한 것은 중경에 잇는 임시정부의 대표로 온 것도 아니오. 또한 외교부 책임자로도 온 것이 아니며 다만 한국 백성의 한 사람으로 한 평민으로 온 것이다. 따러서 이곳 군정청과 연락이 잇서 온 것도 아니다. 다만 군정 당국에서 알선해 주어서 온 것만은 사실인데 압흐로는 다만 프리랜서로 각 방면과 면담하고 협의할 터이며 또 정견을 달리한다 하드라도 건국의 목적을 위해서는 투쟁할 것도 주저치 안겠다.[48]

그러면서 그는 계속하여 개인은 전체를 위하여 희생할 것을 요구하고 있다.

우리는 오늘 세계 이목의 초점이 되는 절호한 기회와 처지에 잇는 만큼 우리는 소아(小我)의 영광과 자기 개인의 지위와 사인의 사욕을 버리고 다만 조선의 신국가건설과 3천만 동포의 신생 중흥을 위하야서만 싸워야겟고 일개인의 생명을 희생해서 우리 민족 천년의 역사창조와 우리 민족 만년의 영광을 위하야 통일합동해 나가기만 바랄 뿐이다.[49]

2. 각 정당대표에게

계속하여 이승만은 각 정당대표들을 면담하는 자리에서도 동일한 언명을 반복한다.

우리는 하로밧비 우리의 강토를 반환식혀 완전한 자주독립을 반석 우에 건설치 안으면 안될 것임니다. 그러자면 우리는 사사로운 입장을 버리고

48) 『건국과 이상』, 31-32쪽.

49) 『건국과 이상』, 32쪽.

> 개인의 사욕과 개인의 영광을 생각지 말 것이며 또한 당과 당과의 대립을 떠나 오직 합동통일이 잇서야만 하는 것입니다.[50]

정당간 경쟁 자체를 인정하지 않으려는 이승만의 정당관이 잘 드러나는 부분이다.

또한 이승만은 당시를 40년전 국권을 상실할 때보다도 더 위급한 상황으로 인식하고 있었다. 1945년의 시점에 이렇게 인식한 사람이 몇 명이나 있었을까를 상념하면 국제정세에 특히 밝은 이승만이 갖는 정보력과 판단력에 놀라게 된다. 그는 연합국의 특별한 은혜를 강조하면서 자주권을 위한 단결을 누누이 강조한다. 그는 식민지로의 전락 시점보다도 더 위급하다고 외치고 있다. 이러한 위기의식의 강조는 정보능력의 과시를 통해 주변 정치인과 정당을 긴장시키고 단념케 하며 동시에 대중들의 경각심을 불러일으킬 수 있는 이승만만이 가질 수 있는 무기이자 호재였다.

> 회고하건대 40년 전 우리가 조선의 완전 강고한 독립국가를 창조하고저 독립운동을 일으키든 그때를 생각하면 여러분으로 더부러 감개무량한 바 잇스나 그 감개에 압서서 더욱 절실히 늣겨지는 것은 그 당시의 국정(國情)보다 지금의 국정이 더욱 위급하다는 것을 말하고 십습니다. 즉 그 당시 국운(國運)이 기우러질 것을 그냥 방관할 수 업서 미주, 기타 각국으로 특사를 파견하야 우리의 실정을 토로하얏지만 지금 우리는 새삼스럽게 우리의 실정을 토로할 시기가 아니며 따러서 우리는 연합국의 특별한 의사로 오늘의 해방을 가젓슨즉 이 해방의 뒤에 올 자주권을 위하야 대동단결 모든 힘과 마음을 결탁하야 새 조선 건설의 기초를 삼지 안으면 안될 것입니다.

---

50) 『건국과 이상』, 32쪽.

우리가 바라는 이 자주독립 다시 말하면 우리의 자유라는 것은 무상으로 어더지는 것이 아입니다. 연합국의 실례를 보드라도 그들이 자주독립국가를 건설하고 모든 굴욕과 압박과 탄압에서 자유를 엇기까지에는 그 민족국가의 유혈이 존귀한 대가로 지불된 것입니다. 그러면 우리는 우리가 차지할 자주독립에 대하야 무슨 대가를 지불해야겟습니까? 물론 유혈의 대가를 지불하게 되면 그도 피치 못할 것입니다. 그러나 이 유혈은 타민족과 타국가로부터 우리의 일헛든 자유를 획득해 올 때에만 잇슬 수 잇는 것이나 우리는 이러한 유혈의 대가 업시 우리가 바라는 자유를 획득할 수 잇슴을 공연한 파쟁으로 불필요한 당파로 무형적인 유혈의 대가를 지불하는 것은 가장 우매할 일이라고 아니할 수 업습니다.[51]

그가 민족 내부의 유혈의 가능성을 일찍이 언급하는 것, 그리고 지속적으로 민족의 반역자나 불순분자를 언급하고 있었음은 주목할 만하다. 즉 그는 벌써 과거의 친일파와 현재의 공산당을 민족 반역자로 동일시하기 시작하였던 것이다. 동시에 자기를 이미 각 정당 대표들로부터 추대를 받고 그들을 아우르는 지도자로 여기고 있음을 알 수 있다. 귀국 몇 달만에 이승만의 인식과 언명 속에 명백히 자기 자신을 지도자로 인식하고 있음을 알 수 있는 것이다. 판을 어느 정도 읽고 정리해 내었다는 자신감이 묻어나는 것이다. 동시에 이들과 끝까지 함께 하려는 의지도 표명하여 단결의 구심적 역할을 하여 이들의 단결심과 충성심을 유도해내고 있었다. 이미 자임을 넘어서고 있었던 것이다.

우리가 과거 독립운동의 경험으로 보드라도 거기에는 민족의 반역자라할 불순한 분자가 잇섯든 까닭에 이 운동이 좌절되엇든 것을 우리는 아직도 기억하고 잇스며 그 당시 우리가 조국의 독립을 위하야 열열히 제창하고 절규하든 그 신념의 각서를 지금도 나는 소지하고 잇소이다.

51) 『건국과 이상』, 33쪽.

> 그러나 오늘날 우리의 진정하고 지대한 자주독립은 다만 조국애에 불타는 정열과 자기 생명을 희생하고라도 전선의 최선봉에 나슬만한 용기와 기백을 가저야만 할 것입니다.…오날 이 자리에 회동하신 여러분의 건전하신 그 모습을 뵈올 때 나 자신도 백발에 7순을 넘은 노인이라고는 하지만 과거 40년간 형극의 생활을 거러온 나이요 투옥의 과거도 가진 나인만큼 여생이 그 얼마나 되든 최후의 일순까지 여러분과 가치 합력하야 우리 조국의 독립을 위하야 애써보겟습니다. 여러분이 불초한 나를 지도자로 환영해 준 것에 대하야 만강의 치하를 듸리는 바이며 그러케 지도자로 추대를 해준다면 나는 여러분을 유도해 나갈 자신과 책임을 갓지 안으면 안될 줄 암니다.[52]

그러나 곧바로 이승만은 각 정당을 대표하는 이 사람들에게 협박과 경고도 잊지 않는다. 자신이 갖고 있는 권력자원, 즉 미군, 미국과의 밀착, 대중들의 지지를 활용하여 벌써 그러한 자원을 활용하기 시작하고 있음을 알 수 있다. 호소와 강박을 결합하는 정치 언술이었던 것이다. 정치적 목적 달성을 위한 의지의 숨김과 표출, 수단의 동원과 활용의 측면에서 볼 때 그는 마키아벨리가 말했던 바의 비르투를 갖는 정치인이었던 것이다.

> 그러나 우리의 과거의 운동사를 살펴볼 때 거기에는 민족의 반역자가 업지 안어 이들의 모반으로 우리의 운동은 그 종국의 결실을 보지 못한 것이 수삼 회가 아닌 만큼 지금 이 자리에서 이러한 말슴을 하는 것은 본의가 아니나 만일에 여러분 중에서 나를 환영해 주는 그 기분이 작심삼일(作心三日)로 끗친다면 그 역시 하는 수 업는 일일 것입니다. 그러나 이러한 경우가 만분의 일이라도 잇다면 나는 단호코 그와 상대하야 최후까지 투쟁할 것을 사양치 안을 것이며 노골(老骨)이라 할지라도 과거의 경난(經難)

52) 『건국과 이상』, 34쪽.

을 산리어 죽엄이라도 불사하는 바입니다. 그럼으로 우리는 이 당면한 시급한 문제 즉 합동통일을 유일한 방법 수단으로 하야 자주독립의 조급한 실현을 도모할 것만이 우리에게 맛겨진 절대한 과제이라는 것을 밋고 오즉 이 길을 위하야 단합하는 전진이 잇기만 바랄 뿐입니라.[53)]

3. 일혓든 강산을 찻자

이승만에게 주권국가를 수립하기 이전까지는 국토조차 되찾은 것이 결코 아니었다. 이번은 다시없는 기회였다. 북쪽은 아직 알 수 없었다. 그러나 45년이 가기도 전에 이미 이승만은 남쪽 상황에 대해서는 거의 자신감을 갖고 있었다.

우리에게 급한 문제는 일헛던 3천리 강산을 찾는 것이 급한 문제이고 유일한 문제이다. 우리가 이 기회에 찻지 못하면 또 다시 어들 수 업는 기회인 것을 알아야겟다. 북쪽의 문제는 아직 알 수 업스나 남쪽에는 우리에게 동정하는 분들이 만흐니까 이 모든 문제의 해결은 우리의 손에 달이엿다.[54)]

이 말은 하지를 포함한 미군정에 대한 신뢰와 직결된다. 다투어도 미군이 떠난 다음에 다투자, 즉 주권국가를 건설한 다음에 갈등하자는 것이었다.

내가 미주에서 들을 때에는 하지 장군이 한인에게 불공평한 정치를 한다고 신문지에 선전되어 미국 내에 다소간의 여론이 잇섯스나 와 보니 이 모든 점이 와전되여 잇는 것을 알 수 잇다. 하지 장군은 우리와 동일한 목

53) 『건국과 이상』, 35쪽.
54) 『건국과 이상』, 35쪽.

> 적을 갖고 잇다. 우리가 할 일만 한다면 지금이라도 우리의 자주독립은 실현될 것이다. 다만 우리에게 요구되는 것이 통일 뿐이다. 여하한 일이 있다고 하드래도 일흔 땅을 찾는 일에 전력할 뿐임니다. 우리가 파가 갈리고 각자가 각각 자기의 의견만을 갖고 쟁론만 하고 잇다면 우리가 차질 것을 못 찻고 말 것임니다. 그러니까 차즐 것을 찻고 나서 연합군이 떠나간 다음에는 각자의 의견도 발표하고 주의를 위해서 싸워도 조흘 것임니다.[55]

내부의 싸움 때문에 망하고 만 것을 반복하지 말자는 것이었다. 동시에 자기 역시 결연히 투쟁할 것을 다짐하고 있다. 귀국 이후 점점 강경해지던 그의 언명이 이제는 싸움을 각오하는 단계로까지 나아가 있었던 것이다.

> 우리는 과거 40년간 일본인이 세계에 대하야 조선사람을 묵살식히는 선전만 한 것을 상기하고 우리는 뚜렷한 한인이라는 것을 이 기회에 세계에 선전합시다. 세계는 우리 한인에게 주목을 갖고 잇습니다. 4천 3백년의 역사를 가진 우리가 과거에 잇서 우리의 부형의 잘못으로 40년간 극도의 고통을 바덧고 지위 싸홈에 우리는 망하고 만 것입니다. 지금에는 이 추태와 더러운 것을 버립시다. 지금은 애국심만을 갖고 나아가야 할 것입니다. 만일에 불행히도 싸워야 한다면 나도 끗까지 싸홈으로 일생을 맛치겟습니다. 우리는 민생을 위하야 죽기를 배웁시다.[56]

북한문제도 그로서는 핵심 문제였으나, 그는 모종의 계획이 있음을 암시하고 있다. 또 국가에 대한 이승만의 관견이 유기체 국가주의임을 깨닫게 된다. 개인은 유기체로서의 국가의 전체 생명의 일부인 것이다.

---

55) 『건국과 이상』, 36쪽.

56) 『건국과 이상』, 36쪽.

북쪽문제가 갑갑합니다. 지금이라도 뛰여가서 보고 십습니다. 그러나 나는 밋습니다. 우리가 나아갈 길이 잇는 것을 확신합니다. 나에게 계획이 잇습니다. 우리는 각각 한 자리씩 분담해서 충실이 일합시다. 돈과 힘을 모아서 이 국가를 위하야 밧치자 그리하여 이 국가의 목슴을 살립시다.[57]

4. 전국민에 맹서

이승만은 수많은 군중들을 앞에 둔 대중연설에서도 역시 평민, 대중, 국민, 백성들과의 자기일치를 강조하였다. 끝없이 대중을 동원하고 대중에 의거하였던 그가 대중 저항으로 축출되었다는 것은 아이러니였다.

이번 내가 미국에서 온 것은 한 시민으로 한 평민으로 온 것이며 나는 한 평민이 되기를 조와합니다. 그럼으로 정부의 책임자가 되기를 원치 안으며 높은 지위와 권세 잇는 자보다는 자유를 나는 더 사랑합니다. 나는 항상 우리 민족의 자유를 얻고저 애써왓스며 어떠케 하면 자유롭게 여러 나라 사람과 함께 사러갈 수 잇슬까를 생각하고 오늘까지 싸워온 것임니다.[58]

권력의지를 제외할 때 이 말은 상당 부분 이승만의 진심을 담고 있는 것이었다. 그는 이 자유를 곧바로 세계 자유진영, 곧 냉전체제와 연결하여 접근하고 있다.

우리는 이 자유를 사랑하는 세계 각국 사람과 동진(同進) 병행해야 할 줄 암니다. 그럼으로 우리는 이 자유를 얻기 위하야 정당 분열과 40년간 일본제국주의의 탄압으로 찌드러진 당파적 정신을 터러버리고 우리의 주의

---

57) 『건국과 이상』, 36-37쪽.

58) 『건국과 이상』, 37쪽.

> 주장을 버리고 오직 통일되어야만 하겟습니다. 나 역시 이점을 염려하며 이번에 귀국하얏스나 여러분은 통일 협조할 것을 잘 알고 게시며 잘 합처야 우리나라를 차즐 수 잇다는 것을 듯고 나는 감격하고 있습니다.[59)]

맥아더와 하지와 아놀드는 이승만에게는 최대의 후원자인 동시에 정치적 자원이었다.

> 이번 동경에서 맥아더 대장이 나에게 북위 38도 문제는 어떠케 된 일인가 하고 질문을 하얏스며 이곳에 와서 하지 중장과 아놀드 소장에게서도 이러한 질문을 바덧습이다만은 나는 이를 대답못햇습니다. 그러나 이 문제를 잘 알고 잘 대답하는 사람이 잇스리라는 것을 나는 알고 잇습니다. 그럼으로 우리는 이 문제를 아러야겟고 또 아러야 할 권리가 잇슬 줄 압니다. 그것을 아는 길은 자기를 버리고 다 합치는 그 길 박게 없읍니다. 우리는 죽어도 가치 죽고 살아도 가치 살아야 함니다. 이 길을 위하야 나는 압잡이로 나슬 터이니 여러분도 다 가치 나와 함께 나아가십시다.[60)]

자유진영—당파통일—맥아더(-하지-아놀드)—북쪽문제—앞잡이론—“살아도 같이 살고 죽어도 같이 죽자”는 연환 고리는 이승만 구상과 노선의 총합의 성격을 갖는다. 그에게 내부 당파 문제와 대북-대공 승리, 그리고 맥아더를 통한 미국지지 확보와 자유진영 연대, 국가건설, 자기의 승리, 대중결집은 전체로서 하나로 그려져 있는 것이었다. 개인과 국가와 민족과 세계를 유기체적으로 연결하는 사고였던 것이다. 거기에서 개인과 경쟁과 파당과 차이는 배제된다. 즉 개인주의와 자유주의, 거기에 바탕을 둔 정당경쟁과 대의민주주의는 그가 권력을 종식하는 시점까지 일관되게 배척하려 했던 사상이자 체계요 질서였던 것이다.

---

59) 『건국과 이상』, 37쪽.

60) 『건국과 이상』, 37-38쪽.

5. 태극기와 절므니들

『건국과 이상』은 “가슴 속에서 태극긔를 내여두르며 대한독립만세를 부르는” 3·1운동 당시의 한 감동적인 장면을 다룬 이야기로 끝을 맺는다. 이승만은 “이것이 우리 대한 어린이의 기상이요, 이것이 우리 대한 청년의 정신”이라며 “이 기상과 이 정신만 가지고 수화(水火)를 무서워 말고 전진 전진 나아가면 우리의 만년 유전하는 3천리 금수강산은 우리 대한 사람의 대한으로 영원무궁히 보전할 줄 믿습니다”고 맺는다.[61] 과거를 동원하여 가장 극적이고 감동적인 민족의 역사로부터 3천리 금수강산과 대한의 영원무궁의 기상과 정신을 추출하고 있는 것이다.

Ⅳ. 맺음말에 대신하여

이 짧은 저서는 이승만의 식민시기 경험과 건국 이후의 노선이 압축되어 드러난 일종의 소우주와 같은 책이다. 그것도 가장 중요한 시기에 나타난 사상의 응축이었다. 정치인의 사상과 노선은 평상시의 이성보다는 격변기의 직관을 통해 훨씬 더 잘 드러난다. 평상시는 윤색을 포함한 정리된 언어를 통해 나타나지만, 격동의 순간에는 육성과 행동을 통해 직접 드러난다는 특성을 갖는다. 따라서 한 사람의 정치노선과 사상을 평가하는 데서는 후자가 더 정직하고 근거 있는 자료라고 할 수 있다.

그동안 공개되지 않은 저서인 『건국과 이상』에서 가장 두드러지게 나타난 이승만의 정치노선은 단일기치 아래의 대동단결과 사회통합, 통일의 추구였다. 이 점은 귀국 이래, 집권 이래 이승만의 기저 노선이었다.

---

61) 『건국과 이상』, 38-40쪽.

이 점은 전체와 부분, 공동체와 개인을 직접 연결하는 국민주의나 유기체 국가사상으로 연결되었는바 계급, 개인주의, 자유주의, 대의주의, 정당정치에 대한 부인과 거부로 나타났다. 그러나 그의 통합 주장은 다른 이념과 견해에 대한 상당히 강력한 배제주의와 함께 하였다는 점에서 대동단결의 범주가 전적으로 정치적 이념적 계선을 따라 있는 것임을 알게 해준다.

두 번째는 친미주의였다. 이 점은 이 책 전체를 관류하는 일관된 정치노선이라고 할 수 있었다. 미국에서 활동했을 뿐만 아니라 미국의 특별한 배려와 주선으로 빠른 귀국을 결행할 수 있었던 이승만으로서는 친미주의는 불가피한 것이었고, 이는 특별히 맥아더-하지를 포함한 현실적 후원자들의 존재로 인해 더욱 강화되었다. 그는 지속적으로 미국과의 협조를 강조한 동시에 미국이 자신의 뒤에 있음을 암시하였다. 국제협조로서의 친미노선인 동시에 국내의 통일과 통합이 얼마나 중요한지를 항상 강조하였다.

세 번째는 강력한 반계급, 반자본주의, 평등노선을 추구하면서도 동시에 완강한 반공주의를 초기부터 확고하게 견지하였음을 알 수 있다. 이 점은 경제적 평등주의와 권력 장악이 결합된, 일종의 국가자본주의나 국가사회주의 노선이 결합된 것으로 볼 수 있을지 모른다. 이 짧은 시기 동안 표출된 이승만의 반공주의는, 아직 특정한 대쟁(大爭)의 계기가 없었음에도 불구하고 이토록 증오와 배제감이 넘쳤음에 비추어 향후 사태 전개에 따라 더욱 강화될 것을 암시한 것이었다.

지속적인 대중노선, 군중노선 역시 이승만 정치의 핵심적인 기술이자 자원이었다. 이후 이승만은 기회만 있으면 대중 속으로 들어가려 하여 권력투쟁을 승리로 귀결시키곤 하였다. 평민, 평등을 강조한 소연 역시 이러한 군중노선과 연결되어 있었다. 물론 이는 한말 급진개혁운동 이래 이승만 노선의 연장에서 해석할 수도 있을 것이나, 그가 철저하게 다른 사상과 노선에 대해 배타적이었다는 점에 비추어 좀 더 숙고를 요한다.

권력의지(will-to-power) 역시 중요한 요소였다. 한말 이래 특히 조직의 창설이나 국가건설, 전체 상황의 격변의 순간에 이승만에게서 발견되는 일관된 특징의 하나는 강력한 권력의지였다. 그는 인공의 추대를 거부하는 동시에 잠시 김구를 존숭하는 언설을 표현하기도 하였다. 그러나 그는 그 시점에, 임정봉대를 추구한 것이 아니라 임정에 맞서는 가장 강력하고 포괄적인 조직체인 독립촉성중앙협의회를 조직하였다. 김구를 포함한 임정의 1진이 귀국한 시점을 고려할 때 이승만이 귀국 직후 초단기간에 독촉을 결성한 것을 보면 그가 얼마나 깊숙이 좌파추대 거부 및 임정제압을 통해 좌우 모두, 특히 우익의 구심점이 되려 노력하였는지 알 수 있다. 동시에 이는 그가 얼마나 강력하게 김구와 임정을 의식하고 있었는지를 보여준다. 그의 말 이면에 항상 숨어있는 본질은 예리한 권력투쟁과 강한 권력의지였던 것이다.

그의 권력의지는 그를 현실주의자로 몰아갔다. 이를테면 친일파에 대한 수용의사였다. 일본은 거부하나 친일파에 대한 일정한 수용을 밝히는 놀라운 발상을 해방 초기부터 갖고 있었음을 알 수 있다. 일제 패망 직후의 시점에 이렇게 발언한다는 것은 정말로 어려운 일이었다.[62] 반면 동족 중에 반민족, 분열행위를 하여 나라를 망하게 한 과거의 죄악에 대해서는 강도 높게 비판적으로 언급, 통합에 나서지 않고 배반행위를 할 좌익-공산계열에 대한 강력한 경고와 비판의 자료로서 민족을 패망시킨 사람들을 동원하고 있었다. 친일파는 용서하자면서, 공산주의자들은 망

62) 이승만은 10월 31일 박헌영과의 회담에서도, 통일단결 및 독촉 지지를 위한 조건으로 친일파 처벌을 요구하는 박헌영의 주장에 대해 “성스러운 건국사업에 친일파를 제외하자는 원칙을 시인하며 그러나 지금은 바쁜 때이니 그들을 처단할 수는 없지 않나”라며, 독촉에서의 친일파 배제로 후퇴하여 합의한 바 있었다. 『자료대한민국사』 1, 339쪽.

국세력(친일파)과 동일시하여 공격하고 있었던 것이다.

역사 동원과 호명 역시 중요한 정치 방식이었다. 3·1운동과 임정, 태극기 강조는 특히 그러하다. 가장 대중적이며 민족적이며 포괄적인 항일운동인 3·1운동과 임시정부를 계속 불러들였던 것은 민족적 정통성의 동원과 호소를 생각했던 것으로 보인다. 그러나 이것은 어디까지나 대중동원, 좌파 및 인공견제를 위한 것이었다. 나중에 임정과 경쟁할 때는 간단하게 임정을 돌려세우기 때문이다. 물론 이승만은 임정의 초대 대통령인 동시에 인공이 추대한 최고 지도자였다. 좌우파가 모두 최고 지도자로 추대할만큼 명성과 위신을 갖고 있었던 것은 부인할 수 없었다.

위의 복합적인 정치사상과 노선의 교직으로 드러나는 『건국과 이상』에 나타나 있는 이승만의 해방 초기 정치구상과 실천은 향후 다른 시기와의 비교를 통해, 또 심층적인 이론적 분석, 위계구별, 개념의 명확화, 현실 상황 고려를 통해 더욱 객관적이고도 체계적으로 구명되어야 할 것으로 보인다.

찾아보기

ㄱ

ㄴ

‖ ㄷ ‖

‖ ㅅ ‖

‖ ㅇ ‖

필자소개

‖ 송 복 ‖

서울대 정치학과(학사), 동 대학원(석사), 미 하와이대(석사), 서울대 사회학과(박사)

현 연세대 명예교수

논 저: 『성취사회와 천민문화』; 『열린사회와 보수』; 『조직과 권력』; 『한국사회의 갈등구조』; 「커뮤니티와 삶의 질」; 「핫머니 사회의 출현과 적응」; 「21세기 청소년의 위기와 과제」; 「가풍의 사회화 기능: 가풍 상실 가정의 사회학적 진단」; 「예의 행위자 연구 — 예의 총합적 행위자로서의 군자」 외 다수

‖ 오영섭 ‖

서강대 사학과(학사), 한림대 사학과(석사 · 박사)

현 연세대 현대한국학연구소 연구교수

논 저: 『한국 근현대사를 수놓은 인물들 1』; 『해공 신익희 일대기』(공저); 「이승만의 대한민국임시정부 통치구상」; 「이승만과 한글파동」; 「하와이에서 이승만의 언론활동」; 「이승만 대통령의 문인적 면모」; 「상해임정내 이승만 통신원들의 활동」; 「대한민국 건국의 일등공신 윤치영」; 「해방 후 평주 이승복의 신국가 건설운동」; 「대한민국임시정부 요인들의 단군인식」; 「일제시기 안정근의 항일민족운동」 외 다수

‖ 김용직 ‖

서울대 정치외교학과(학사), 동 대학원(석사), 미 North California대(박사)

현 성신여대 정치외교학과 교수

논 저: 『사료로 본 한국의 정치와 외교, 1945~1975』(편저); 『대안교과서 한국근현

대사』(공저); 『한국정치사상사: 단군에서 해방까지』(공저); 「개화기 한국의 근대적 공론장과 공론형성 연구」; 「3·1운동의 정치사상」; 「근대 한국의 민주주의 개념—독립신문을 중심으로」; 「동아시아 문명과 한국의 전략: 쟁점과 과제」; 「노태우 대통령의 북방정책과 신외교정책, 1988~1992」; 「당대 한국의 정치문화적 복합성」 외 다수

최정수

한양대 사학과(학사), 동 대학원(석사·박사)

현 고려대학교 동아시아문화교류연구소 선임연구원

논 저: 『T. 루즈벨트의 세계정책』; 「조지 W. 부시독트린의 역사적 기원」; 「미국의 필리핀 지배전략과 자치화정책」; 「T. 루즈벨트의 먼로독트린과 세계전략」; 「미국 현대외교의 기원: 시어도어 루즈벨트의 세계연방」; 「루즈벨트의 대한정책 수립, 1897~1903」; 「단재 신채호의 국제관」; "The Russo—Japanese War and the Root-Takahira Agreement" 외 다수

장규식

연세대 사학과(학사), 동 대학원(석사·박사)

현 중앙대 역사학과 교수

논 저: 『일제하 한국기독교 민족주의 연구』; 『1920년대 학생운동』; 「1920년대 개조론의 확산과 기독교사회주의의 수용·정착」; 「1900~1920년대 북미 한인유학생 사회와 도산 안창호」; 「1920~30년대 YMCA학생운동의 전개와 일상활동」; 「개항 후 미국사행과 서구수용의 추이」; 「일제하 미국유학생의 서구 근대체험과 미국문명 인식」; 「일제하 미국유학생의 근대지식 수용과 국민국가 구상」 외 다수

고정휴

고려대 사학과(학사), 동 대학원(석사·박사)

현 포항공대 인문사회학부 교수

논 저: 『이승만과 한국독립운동』; 『1920년대 이후 미주·유럽지역의 독립운동』; 「상해임시정부의 재정 운용과 이승만」; 「태평양문제연구회 조선지회와 조

선사정조사연구회」; 「세칭 한성정부의 조직주체와 선포경위에 대한 검토」; 「3·1운동과 천도교단의 임시정부 수립구상」; 「태평양전쟁기 미국의 대한민국임시정부에 대한 인식과 불승인정책」; 「식민지시대 미국 지식인의 한국문제 인식」 외 다수

▌박명림▐

고려대 정치외교학과(학사), 동 대학원(석사·박사)

현 연세대 대학원 지역학협동과정 교수

논 저: 『한국전쟁의 발발과 기원 1-2』, 『한국 1950: 전쟁과 평화』; 「헌법개혁과 정치개혁—헌법과 정치의 연결지점에 대한 심층분석과 대안」; 「탈냉전기 한국의 동아시아 인식과 구상」; 「남한과 북한의 한법제정과 국가정체성 연구: 국가 및 헌법 특성의 비교적 관계적 해석」; 「대한민국 건국과 한국 민족주의: 김구 노선을 중심으로」; 「이승만과 한국문제, 동아시아, 국제관계 인식과 구상」; "Original Peculiarities of Constitution and Democracy in South Korea" 외 다수

(집필순)

저서를 통해 본

이승만의 정치사상과 현실인식

저 자 송 복 · 오영섭 · 김용직 · 최정수
장규식 · 고정휴 · 박명림

발 행 연세대학교 출판부

주 소 서울시 서대문구 연세로 50

전 화 2123-3380~2

팩 스 2123-8673

http://www.yonsei.ac.kr/press

e-mail ysup@yonsei.ac.kr

등 록 1955년 10월 13일 제9-60호

인 쇄 (주) 태화북스

2011년 2월 28일 1판 1쇄

ISBN 978-89-7141-947-2 (93910)

정가 20,000원